Das verborgene Wissen
der Welt

ATLANTIS

wird herausgegeben von
Dr. Hans Christian Meiser

Über den Autor:

Helmut Uhlig (1922–1997) war eine Institution in der Berliner
Kunst- und Literaturszene. Mit zahlreichen Büchern, Aufsätzen
und Rundfunkbeiträgen hat er sich weltweit einen Namen
gemacht. Das vorliegende von ihm unvollendete Werk wurde
von seinem engen Freund und geistigem Vertrauten Jochen
Kirchhoff herausgegeben und mit einem abschließenden Essay
versehen.

ATLANTIS

Helmut Uhlig

Tantra-Magie

Das Leben als Kosmisches Fest

BASTEI
LÜBBE

BASTEI LÜBBE TASCHENBUCH
Band 70171

1. Auflage: Februar 2001

Vollständige Taschenbuchausgabe
der unter dem Titel
Das Leben als Kosmisches Fest. Magische Welt des Tantrismus
im Gustav Lübbe Verlag erschienen Hardcoverausgabe

Bastei Lübbe Taschenbücher und Gustav Lübbe Verlag
sind Imprints der Verlagsgruppe Lübbe

© 1998/2001 by Verlagsgruppe Lübbe GmbH & Co. KG,
Bergisch Gladbach
Lektorat: Jochen Kirchhoff, Berlin
Umschlaggestaltung: Wustmann & Ziegenfeuter, Dortmund
Satz: Dörlemann Satz, Lemförde
Druck und Verarbeitung: Ebner Ulm
Printed in Germany
ISBN 3-404-70171-2

Sie finden uns im Internet unter
http://www.luebbe.de

Der Preis dieses Bandes versteht sich einschließlich
der gesetzlichen Mehrwertsteuer.

INHALT

MENSCH WOHIN? –
DER TANTRISCHE WEG

Zu keiner Zeit ist so viel über den Menschen, die Erde, den Kosmos, über Weltveränderung und Weltgefährdung, über Lebensbedrohung und Daseinsnot, aber auch über Sinnsuche und Selbstverwirklichung nachgedacht, spekuliert und geschrieben worden wie am Ende des zwanzigsten Jahrhunderts, angesichts der Jahrtausendwende.

Untergangsvisionen, Theorien vom Kälte- oder Hitzetod des Erdballs, Schreckensbilder von einer rein naturwissenschaftlich dominierten, menschenverachtenden, sinnleeren Zukunft beherrschen die Medienlandschaft und damit die Zukunftsvorstellungen der Massen. Lebensangst ist ein weltbeherrschendes Menschheitsgefühl geworden, von dem sich weder die Mächtigen noch die Machtlosen, weder die Reichen noch die Armen, weder die Herrschenden noch die Unterdrückten freimachen können.

Das war, lesen wir in frühmittelalterlichen Schriften, vor tausend Jahren nicht viel anders. Die großen Zeitenschwellen scheinen Vorstellungen von Untergang und Vernichtung zu suggerieren, seit Jesus Christus nach der Lehre der Kirche dem Menschen die Auferstehung von den Toten und ein Jüngstes Gericht verheißen hat, die immer noch auf sich warten lassen, obwohl es religiöse Gruppen – wie die Zeugen Jehovas – gibt, die gerade dieses Ereignis für die unmittelbare Zukunft reklamieren und damit Anhänger gewinnen.

Für die meisten Menschen aber ist das Jüngste Gericht heute genausowenig ein ernsthaft diskutiertes Thema wie seine andere, Hoffnung erweckende Seite: die Erlösung der Gerechten. Dagegen ängstigen uns die natürlichen Katastrophen, die angekündigten Veränderungen der Erdatmosphäre, die Bedrohung und mögliche Vernichtung unseres Biotops.

Sorge und Verzweiflung gehen um. Da hilft auch keine Hoff-

nung auf den Erlöser, für den sowohl in den modernen Naturwissenschaften als auch in der neuzeitlichen Philosophie ohnehin
kein Platz ist.

»Weltabsolutismus« heißt die menschheitsbeherrschende Formel, die für menschliches Hoffen, Lebensglück und für Sinnerfüllung keinen Raum läßt. Der technikabhängige »gelebte« Mensch
unserer Tage geht, wenn auch noch immer von der Illusion möglicher Selbstverwirklichung beherrscht, auf seine selbstverschul-
dete Knechtung ins Computerjoch und damit auf seine geistig-
seelische Verkrüppelung, auf den totalen Sinnverlust zu. Viele
erkennen das, doch kaum jemand kennt oder weist einen Ausweg.

Nun scheint es freilich, als könne es für die Menschheit als
Ganzes, wie sie sich heute darstellt, das erhoffte Heilsgeschehen
auch gar nicht geben. Zu weit haben wir uns als Masse von der
sinnhaften, sinnstiftenden Natur als Abhängige brutaler Weltver-
änderer, als haltlose Konsumenten, als Egozentriker und Umwelt-
schänder entfernt.

Dabei fehlt es nicht an Kritikern dieser Entwicklung – vom
Illusionisten über den Untergangspropheten bis hin zum mili-
tanten Gegner des Fortschritts. Nicht immer ist ihre Absicht klar,
wenn auch Hilfe für den Menschen von vielen versprochen wird,
obwohl man daran angesichts vorliegender Fakten kaum glauben
kann. Idealistische Gesinnung ist oft nur eine Proklamation. Dahinter stehen meist rein materielle Interessen oder die Absicht,
wahrgenommen zu werden, in den Medien zu erscheinen.

Die Folge sind Zweifel und Verunsicherung des Einzelnen.
Der Mensch ist seiner selbst nicht mehr sicher in einer Welt der
Falschheit, der Täuschung, des Betrugs – übertüncht von der Er-
klärung bester Absichten, die Menschheit zu retten.

Wer kann das Wort noch hören, wer nimmt es ernst? Doch
wenn nicht: Wo bleibt ein Ausweg? Ich glaube, es gibt keinen für
die Gemeinschaft – auch nicht als Staat, Partei, Kirche, Verband,
Verein, Gemeinde, Sekte. Viele Vertreter dieser Gruppierungen
stehen im Verdacht der Täuschung, des Mißbrauchs, der Korrup-
tion. Auf alle Fälle taugen sie in ihrer oft fragwürdigen Befindlich-

keit nicht mehr, den Einzelnen Wege zu weisen, ihr Leben sinnvoll zu gestalten in dieser Zeit zunehmender Sinnlosigkeit allen Tuns und Strebens, des naturwissenschaftlichen wie des technischen, die nichts als die Selbstentfremdung des Menschen bewirken und damit das Leben vieler verdüstern, wenn nicht zerstören.

Mir ist es im Laufe der letzten Jahrzehnte zunehmend aufgefallen, daß mir diese Probleme immer dann besonders deutlich vor Augen traten und mein kritisches Bewußtsein schärften, wenn ich von einem meiner zahlreichen Asien-Aufenthalte nach Deutschland zurückkam. Das waren Reisen, die mich mit den Lebenslehren und Religionen des Ostens mehr und mehr vertraut werden ließen. Dabei wurde mir der Konflikt zwischen der Vita activa des Abendländers und der Vita contemplativa in der asiatischen Welt besonders deutlich. Ich erkannte, daß es Erscheinungen des westlichen Fortschritts waren, die uns immer weiter von einem erfüllten, befriedigenden Leben entfernten. Und ich begriff, in welche zunächst unbemerkte, dann aber immer stärker auf uns einwirkende Not wir durch die Lebenszwänge unserer Gesellschaft – Karrieredenken, Ehrgeiz, Habgier, Neid, Mißgunst, Besitzstreben – geraten sind. Doch ich sah auch, wie diese Tendenzen immer stärker und verheerender selbst auf viele Menschen Asiens übergriffen, sobald sie sich von ihren traditionellen Lebensformen unter westlichem Einfluß entfernten. Sie schienen mir dann noch stärker gefährdet als der Europäer, der sich aus seinen alten Bindungen gelöst hatte, soweit davon überhaupt noch die Rede sein kann.

In beiden Fällen hat der Mensch seinen religiösen, seinen numinosen Urgrund verloren, ist zum Opfer der rein materialistischen, pragmatischen Lebenshaltung geworden, die das moderne abendländische Weltbild beherrscht, das seinen geistigen Ursprung in jener Vita activa hat, die aus hellenisch-römischem Geist und paulinischem Christentum entstanden ist.

Die asiatische Welt ist von den Folgen dieses Phänomens erst im zwanzigsten Jahrhundert erreicht und angesteckt worden. Der Grund dafür, so scheint mir, liegt im Wesen des traditionellen asiatischen Geistes- und Gedankenguts selbst, in dem, was asiatische Religionen und Weisheitslehren dem Menschen – und nicht nur dem Asiaten – zu bieten und den Gefahren materialistischen Denkens entgegenzusetzen haben. Das galt und gilt, wie ich glaube, in ganz besonderem Maße vom Buddhismus und vom Taoismus. In beiden Lehren sind magische und kosmische Elemente lebendig, denen wir auch in uralten indischen Stammesreligionen sowie im Hinduismus und im Jainismus begegnen. Es sind Elemente, die wir wohl als Ursprungsvorstellungen von Menschengeist und Menschenwürde betrachten dürfen und die durch Jahrtausende nichts von ihrer Kraft, ihrer Bedeutung und ihrer sinnstiftenden Wirkung verloren haben. Wir fassen sie zusammen unter dem noch immer geheimnisvollen, magisch-kosmischen Begriff des Tantrismus.

Was Tantrismus ist und wie er uns helfen kann, das Leben zu meistern, ihm auch in bedrohlicher Umgebung Sinn zu geben, das will dieses Buch dem Leser vermitteln. Es berichtet von der Entstehung und der verbreiteten Geschichte des Tantrismus sowie von seinen vielfältigen Wirkungen bis in die Gegenwart, die auch für das dritte Jahrtausend richtungweisend sein können, zumal der Tantrismus Erkenntnisse der modernen Naturwissenschaften vorausgenommen hat und dem verständlichen menschlichen Wunsch nach Antworten auf letzte Fragen entgegenkommt.

Hinter dem Begriff Tantrismus, der heute für viele Menschen wie ein Zauberwort wirkt, verbirgt sich von alters her ein Mysterium, das oft vordergründig mißdeutet, aber noch nie wirklich enträtselt worden ist. Niemand hat bisher seine Dimensionen, vor allem seine zeitliche Tiefe erfaßt. Die Folge davon ist, daß es, mißbraucht und eingeebnet durch den Esoterik-Boom unserer Tage, zu einer beliebig verwendeten und vermarkteten Floskel geworden ist wie so vieles, das leichtfertig benutzt wird, ohne daß noch jemand weiß, was es wirklich bedeutet.

Das ist der Grund für meine nochmalige Beschäftigung mit dem Tantrismus, nachdem ich 1981 mit einer Ausstellung *Tantrische Kunst des Buddhismus* in Berlin auf einige wichtige Aspekte des weitgespannten Themas aufmerksam gemacht hatte.

Hier nun versuche ich, Tantrismus als kosmisches Phänomen, als eines der menschlichen Urerlebnisse, anzugehen und zu enthüllen. Neu bei meiner Betrachtung des Tantrismus ist, daß ich sie nicht auf die allgemeinen historischen Erscheinungen, wie sie uns im indischen und himalayischen Kulturraum begegnen, festlege, sondern nach den Ursprüngen und Kräften tantrischen Denkens und Erlebens frage. Denn ich glaube, daß sich im Tantrischen eines der Urphänomene menschlichen Seins überhaupt verbirgt. So will mein Text auch ein Versuch sein, diesem Urphänomen nachzuspüren und seine kosmischen Zusammenhänge erkennbar zu machen, die in den letzten Jahrzehnten des zweiten Jahrtausends auch für die westliche Welt, wie wir sehen werden, eine immer stärkere Bedeutung und Wirkungsmacht erlangt haben.

VOM GEHEIMNIS
INDISCHER HÖHLEN

Zu den erregendsten Erfahrungen unseres Daseins gehört es, einer fremden Lebenswelt zu begegnen, von der wir meinen, wir hätten sie uns durch eingehende Studien aus Büchern hinlänglich erschlossen. Doch dann erleben wir sie ganz anders als erwartet. So erging es mir, als ich im Herbst 1960 gut vorbereitet zum erstenmal nach Indien reiste. Die Ankunft auf dem Flughafen in Bombay, die lange Fahrt durch Slums zum Zentrum der Stadt, kurze Gänge durch überfüllte Straßen und schließlich das Boot am Gateway of India, das mich zur nahen Insel Elephanta bringen sollte – das alles fand ich so wie erwartet. Es war vorhersehbar gewesen.

Doch schon die Begegnung mit der mir von Abbildungen her bekannten Trimurti, einer Skulpturengruppe der drei Köpfe Shivas, des mächtigsten Hindu-Gottes, in einem der uralten Höhlenheiligtümer der Insel, löste in mir ein Gefühl der Fremdheit aus. Obwohl ich wußte, daß dieses berühmte Götterbild Shiva in seinen drei Hauptfunktionen als Schöpfer, Erhalter und Zerstörer – letzterer mit dämonischem Gesichtsausdruck – darstellte, empfand ich eine seltsame Distanz zu seiner im Halbdunkel dämmernden Erscheinung.

Die sich der Statue schweigend nahenden Inder in ihren blütenweißen Gewändern, die Frauen in leuchtenden, farbenprächtigen Saris, einen rubinroten, wie glühend erscheinenden Punkt zwischen den Augen, schienen trotz der räumlichen Nähe und ihrer Unbefangenheit weit von mir entfernt.

Die Blumenopfer, die sie voll Grazie vor ihrem Gott niederlegten, betrafen eine Sphäre, die sich mir trotz jahrelanger intensiver Beschäftigung mit dem hinduistischen Pantheon, seinem Kult und seinen Riten, nicht erschloß. Ich fühlte mich fremd und verständnislos. Was hier geschah, erreichte mich nicht, obwohl ich mich um ein Eindringen in diese Bilderwelt und ihre Hintergründe bemühte.

Bis zur Rückfahrt des letzten Schiffes blieb ich auf Elephanta. Abends im Hotel vertiefte ich mich in eine Darstellung der indischen Religionen aus der Feder eines Brahmanen, mit dem ich für den nächsten Tag verabredet war, den ich aber bisher nur brieflich kannte.

Sein Text fesselte mich beim Wiederlesen mehr als zu Hause in Deutschland, wo ich nur wenig damit anzufangen gewußt hatte. Es hatte mir die rechte Vorstellungskraft gefehlt. Die wirkte nun vom Elephanta-Erlebnis her nach und brachte mir zur Nacht wunderliche Träume, die allerdings mehr von den edelgewandeten schönen Inderinnen angeregt waren als von den Götterbildern, vor denen sie ihre Opfergaben dargebracht hatten.

Damals ahnte ich noch nicht, daß Träume viel mit der Wirklichkeit dieser Welt zwischen Indien und dem Himalaya, wie zwischen Indien und Südostasien zu tun haben. Sie sind hier selbst ein Stück Wirklichkeit. Und so müssen wir sie sehen und deuten.

Die Begegnung mit dem Brahmanen, einem hochgebildeten, alterslos wirkenden Mann in strahlend weißem Gewand, der mich am nächsten Morgen in der Hotelhalle erwartete, war eindrucksvoll. Er wirkte ganz anders, als ich ihn mir nach unserem etwas förmlichen Briefwechsel vorgestellt hatte.

»Sie sollen die Vergangenheit unserer Religionen kennenlernen«, sagte er nach der Begrüßung, »aber auch die jetzigen Praktiken: den ewigen Hinduismus.«

Wir fuhren an diesem Tag nach Kanheri. Es war meine erste Begegnung mit der Bilderwelt des frühen indischen Buddhismus, von dem mein Begleiter – ein Hindu – sprach, als sei er die legitime Religion seiner Vorfahren gewesen.

»Ich bewundere Buddha«, sagte er, »für mich und viele meiner Landsleute ist er der größte Inder, obwohl seine Lehre in Indien seit fast tausend Jahren in Leben und Kult kaum noch eine Rolle spielt.«

Ein größerer Gegensatz als der zwischen dem überschäumenden, benzinverpesteten Bombay und der Dschungeleinsamkeit von Kanheri ist kaum vorstellbar. Hier umfängt uns reine Natur. Dann begegnen wir in den buddhistischen Höhlenheiligtümern frühester religiöser Kunst, die in ihren Skulpturen Jahrhunderte älter ist als die steinerne Shiva-Welt von Elephanta.

Kanheris Einsamkeit war die Meditationsstätte von Mönchsgenerationen, die nichts anderes im Sinn hatten als das von ihrem Meister gewiesene Ziel: die Erleuchtung.

Die Mönche, die hier zu Tausenden in der Erwartung ihrer Erlösung aus dem Kreislauf der Wiedergeburten gelebt haben, sind verblichen. Die Steinskulpturen der Zeit blieben und beeindruckten mich in dieser Stunde auf eine kaum zu beschreibende Weise.

Man kann sie nicht mit Werken europäischer Plastik vergleichen, obwohl Impulse zur bildlichen Gestaltung Buddhas und seines späteren Pantheons um die Zeitenwende von der hellenistischen Kunst des Westens ausgegangen sind.

Hier in Kanheri denke ich freilich nicht an zu Hause, auch nicht an das frühe Griechenland und seine asiatischen Ableger. Ich denke an Shiva, sehe Buddha und vergleiche die beiden, die nicht vergleichbar sind. Ich versuche mir klarzumachen, versuche zu begreifen, wie so verschiedenartige Denk- und Glaubensweisen aus einem Volk, aus einem, wenn auch sehr großen Land – dem indischen Subkontinent – hervorgehen konnten.

Ich frage meinen Begleiter. Er lächelt.

»Es ist ganz einfach«, sagt er. »Wir Inder sind ziemlich tolerant. Das Bibelwort Jahves: Du sollst keine anderen Götter neben mir haben, versteht hier keiner. Und keiner würde es angesichts unserer großartigen, im Volk verwurzelten Götterfülle befolgen. Das ist auch der Grund, weshalb christliche Missionare in Indien kaum angenommen werden.«

Er weist auf die verwitterten Statuen: »Sehen Sie, ich verehre Buddha als Lehrer und Shiva als Gott.«

Ich erinnere mich beim Gang durch die skulpturierten Höhlen und Hallen, die hier vor zweitausend Jahren aus dem Fels gehauen worden sind, der sich zum Teil in der Zeitbestimmung und Erklärung widersprechenden Texte, die ich daheim aus vielen Bänden über indische Kunst zusammengetragen hatte.

Wie anders nun ist der in sich geschlossene Eindruck: so in der tiefen Chaitya-Halle mit dem Stupa im Zentrum, der die ihn einst umwandelnden Mönche an Buddhas Nirvana erinnern sollte, das auch ihnen als Ziel vor Augen schwebte.

Ein gerilltes Tonnendach schließt die Halle nach oben stilvoll ab. An anderen Plätzen treten Stifterfiguren entsprechend ihrer großen Bedeutung in der frühbuddhistischen Welt machtvoll in Erscheinung.

Aus späterer Zeit – die Entstehung der Höhlen erstreckte sich über Jahrhunderte – begegnet uns die Vielfalt des nun schon gewachsenen buddhistischen Pantheons.

Bodhisattvas und Taras werden als Helfer der Menschen in Not und Bedrohung angesehen und verehrt. Es war ein weiter Weg von der ursprünglichen Lehre Buddhas zu diesem Reichtum an hilfreichen Wesen, die ihre Entstehung der sich verändernden Lehre, wohl auch dem Einfluß der rivalisierenden Religionen des Hinduismus und Jainismus verdanken.

Ich bin in Nachdenken versunken.

Der Brahmane geht still neben mir her. Er respektiert meine Betroffenheit. Obwohl ich ihn gern so manches fragen möchte, bleibe auch ich schweigsam, bis wir wieder ins Freie treten, in die sonnendurchflutete, von Insektenschwärmen und vielfältigen Vogelstimmen erfüllte Natur.

Ich versuche, mir die endlosen Scharen von Mönchen vorzustellen, die hier der Lehre ihres Meisters nachzuleben trachteten – sinne nach über ihr Denken und Tun und über den Wandel, den die Lehre im Laufe der Jahrhunderte nach Buddha erfahren hat. Zu einem klaren Bild komme ich noch nicht. Es ist wie ein Mosaik aus vielen Steinchen, das aber keine Einheit ergibt.

Im Gesicht des Brahmanen erkenne ich ein feines Lächeln, als wisse er um meine Gedanken. Doch er schweigt weiter, will mir wohl Zeit lassen, mich in das Fremde, das hier zudem als Vergangenheit erscheint, hineinzufinden.

Erst am Abend kommen wir in ein intensiveres Gespräch, mit dem wir Brücken zu schlagen versuchen zwischen seiner und meiner Welt, aber auch zwischen Indien damals und heute. Wir übernachten in einem einfachen Gästehaus an der Straße, die weiter nach Norden führt. Ich bin froh, daß wir nicht nach Bombay zurückfahren müssen. So bleibt uns die Dschungelwelt mit ihrem Form- und Klangreichtum in den Abend und in die Nacht hinein erhalten.

Am nächsten Morgen brechen wir vor fünf Uhr auf. Zikadenklang belebt die mondscheinhelle frühe Stunde. Die Straße ist eine selten benutzte, schwer zu befahrende Piste. Doch unser Fahrer weiß Bescheid. Er steuert den Wagen sicher durch eine sich neben und über uns schlingende Lianenwelt, die reich mit phantastischen Felsformationen durchsetzt ist. Zuweilen turnen Affenfamilien zankend über den Weg. Tieraugen funkeln oft geheimnisvoll grün im Scheinwerferlicht. Dann erkennen wir Menschengruppen am Straßenrand.

Im ersten Frühlicht einer nur Minuten dauernden Dämmerung bewegen sich Pilgerscharen in Richtung einer sich vor uns gähnend auftuenden Dunkelheit. Beim Näherkommen erkennen wir einen riesigen Höhleneingang – einen schwarzen Erdschlund von erschreckender Tiefe. Die Pilger in hellen Gewändern strömen in das geheimnisvolle Dunkel, das von einem Felshang überragt wird, so daß der Himmel nur als schmaler Streif erkennbar ist, wenn man vor dem Höhleneingang steht.

Aus der Tiefe leuchten zahllose kleine Lichter, die die Schatten der Pilger in bizarrer Verlängerung an die Höhlenwände werfen. In der Ferne plätschert Wasser: eine Quelle, aus der ein Rinnsal gespeist wird, das sich zu einem kleinen See erweitert, in dem sich gleichfalls Lichter spiegeln. So entsteht der Eindruck eines von vielen festlich gekleideten Menschen durchwandelten Feenpalastes.

Alle tragen Blüten in den Händen. Viele treiben Schafe und Ziegen vor sich her oder ziehen sie an einem Strick durch die gespenstische Lichterwelt.

Die Höhle verzweigt sich mehr und mehr in viele Gänge zu einer Art von Labyrinth, das die Pilger genau zu kennen scheinen, denn sie bewegen sich sehr sicher, auch dort, wo nur wenige Öllämpchen brennen.

Nach einer scharfen Wendung des von uns eingeschlagenen Höhlenpfades, der hier fast ganz im Dunkel liegt, überrascht mich

Lichteinfall von oben. Fast kreisrund öffnet sich die hochgewölbte Höhle zum Himmel hin, an dem sich ein Wolkengebirge auftürmt. Unter dem weit offenen Höhlendach, in das der Dschungel, vom Tau smaragdgrün glitzernd, hereinblickt, drängen sich die Menschen um einen gewaltigen, hochragenden, rundbehauenen Steinblock, der, von breiten Rinnen gesäumt, für die Menschen unerreichbar in der Mitte steht.

»Shiva Lingam«, flüstert der Brahmane.

Priester nehmen die Tiere in Empfang und führen sie zu den Opferplätzen. Es ist ein ständiges Kommen und Gehen.

Über den hinteren Rinnen, dort, wo der Pilgerweg endet, stehen Männer mit sakralen Opfermessern, die das Blutopfer an den zahlreichen Tieren vollziehen. Die Rinnen wirken wie glühende Blutströme. Auf einem darüberliegenden Plateau gegenüber dem Lingam – dem steinernen Symbol des allmächtigen Zeugungsgliedes Shivas – erhebt sich ein schwarz schillerndes, blutverkrustetes Monstrum: zwei Göttinnen, Durga und Kali verkörpernd, die dämonischen, Blutopfer verlangenden Formen der Gattin Shivas, denen heilige Opferstätten wie diese geweiht sind. Sie gelten als zornvolle, schreckliche Varianten der Großen Göttin, der bis in die Gegenwart verehrten Indischen Weltenmutter.

Nirgendwo sonst in den heute noch lebendigen Religionen dieser Erde finden wir Leben und Tod, Zeugung und Vernichtung, Schönheit und Untergang so dicht beieinander, so unmittelbar aufeinander bezogen wie in diesen Durga- oder Kali-Heiligtümern, die für den Inder, wie man in den Gesichtern erkennen kann, etwas Beängstigendes, zugleich aber auch Beruhigendes und Rettendes auszustrahlen scheinen.

Eingehend erklärt mir mein Begleiter die Zusammenhänge auf dem Rückweg aus dem brodelnden, Blutgeruch verströmenden Schlund, der nur durch die begleitenden Blumenopfer, die von den Pilgern in die göttliche Sphäre verstreut werden, mit der Natur da draußen verknüpft ist.

»Im Opfer«, so sagt der Brahmane, »vollziehen die Pilger ihre Begegnung mit der Göttin und dem Gott. Shiva ist für sie in dem gewaltigen Lingam genauso gegenwärtig wie Durga und Kali in

den Blutströmen, die zu ihrer Besänftigung, und das heißt zur Erhaltung des Lebens, vergossen werden.«

Die Bilder meiner ersten Begegnung mit dem lebendigen Hinduismus in seiner extremsten, zugleich aber unmittelbarsten Form
begleiten mich an diesem Tag und den folgenden bis in meine
Träume.

Es war die überraschende Konfrontation mit der Kultwelt des
Tantrismus, die ich hier, kaum daß ich in Indien angekommen
war, erlebte: ein Fest, das einmal jährlich – im Herbst – in den großen Durga- und Kali-Heiligtümern als Sühne- und Opferhandlung
begangen wird.

ASKET ODER VERFÜHRER –
EINE TANTRISCHE
GÖTTERGESCHICHTE

Es gibt Aspekte der Wirklichkeit, die weder räumlich noch zeitlich zu erfassen sind. Sie haben keine historische Dimension. Sie wirken, für uns unsichtbar, aus dem All, aus dem Kosmischen, und sind doch in vielerlei Weise erkennbar. Durch sie wird auch das Tantrische gegenwärtig, wie ich es, ohne damals schon Zusammenhänge zu ahnen, in der Höhle Shivas und seiner dämonischen Gefährtinnen zum erstenmal erlebt hatte.

Ihren Ursprung haben diese Aspekte unseres Bewußtseins in der Trance- und Traumwelt religiöser Vorstellungen und in den daraus entstandenen Legenden. Eine dieser Legenden führt uns in ein Zentrum göttlicher Herkunft und göttlicher Dauer – zum heiligen Berg Kailash im Westen Tibets.

Er gilt den Indern noch heute als Mahameru, als Thron Shivas, des phallischen Gottes, dem wir als gewaltigem Lingam beim herbstlichen Opferfest für seine blutdurstigen Partnerinnen begegnet sind.

Shiva ist trotz der uralten Riten, mit denen er im ganzen Land als mächtigster Gott verehrt wird, für Indien ein sehr junger Gott – der letzte, der im riesigen hinduistischen Pantheon Macht erlangte, die er bis heute uneingeschränkt bewahrt hat.

Seine Urbilder reichen weit zurück, weiter als sein so bedeutender Name, der damals, als schon vielfältige Vorstellungen des großen Gottes bestanden, noch längst nicht existierte.

Aus der Harappa-Kultur des dritten vorchristlichen Jahrtausends stammt ein sogenanntes Siegesamulett, auf dem ein von Tieren umgebener, dreigesichtiger Gott mit Hörnerkrone dargestellt ist, der an den in Yoga-Stellung verharrenden Shiva späterer Reliefs erinnert. In vedischer Zeit, als das hinduistische Pantheon Gestalt gewann, hatte Shiva noch viele Gesichter und zahlreiche Namen: Rudra, Sarva, Ugra, Bhima. Als Bhima ist er der Fruchtbare, dessen Symbol, der Lingam, ihm bis heute geblieben ist.

Zum Kailash hat Shiva eine Beziehung, die schon lange bestand, bevor der Berg zum Thron des hinduistischen Götterfürsten wurde. Denn der Kailash war auch der Sitz des Asketen Shiva vor seiner Heirat mit Parvati, der schönen Tochter des Himalaya.

Man fühlt sich an Gestalten erinnert, die in Varanasi auf den Stufen zum Ganges sitzen, wenn man von jenem asketischen Shiva liest, er habe unbewegt, mit Asche beschmiert, das eine Bein über das andere geschlagen, mit einem schwarzen Antilopenfell bekleidet, eine Kette von Menschenschädeln um den Hals und das Haar mit Schlangen umwunden auf dem Kailash gethront. Noch immer kann man in einsamen Höhlen des Himalaya – in Ladakh oder in Nepal – Einsiedler treffen, die diesem Shiva gleichen, wenn ihnen auch die Kette aus Menschenschädeln und das Schlangengewinde in den Haaren fehlen.

Doch Shiva, der Asket, ist nach indischer Lebensauffassung nur die eine Seite des Gottes. Die andere hat der große indische Dichter Kalidasa vor tausendfünfhundert Jahren in seinem berühmten Epos *Kumarasambhava* beschrieben. Das Epos bezieht sich in seinem Titel auf einen Sohn Shivas, den indischen Kriegsgott Kumara – auch Skanda genannt –, dem selbst im buddhistischen Sri Lanka ein wichtiges Heiligtum, das Mahadevale in Kataragama, geweiht ist. Der uns überlieferte, von Kalidasa selbst stammende Teil des *Kumarasambhava* erzählt uns jedoch nicht die Geschichte Kumaras, sondern vielmehr, wie aus dem Asketen Shiva der große Liebhaber geworden ist.

Wir hören, wie Parvati, die im Epos den Namen Uma trägt, von Liebe für den einsamen Asketen erfüllt, sich in Askese übt, um Shivas würdig zu werden. Da die anderen Götter sich für den Kampf gegen den Dämonen Taraka einen Sohn des großen Shiva als Anführer wünschen, beschwören sie den Liebesgott Kama und seine Gattin Rati – die Liebeslust –, Parvatis Verlangen nach Shiva zu unterstützen. Das geschieht. Als Parvati vor Shiva erscheint, schießt Kama seinen Blumenpfeil auf Shiva ab. Wütend über diesen Angriff, verbrennt Shiva mit seinem Glutblick den Liebesgott, der seither zur Körperlosigkeit verdammt ist.

Doch Shiva bleibt ein Opfer des indischen Amor. Er kann sich nicht mehr von Parvati lösen. Was Kalidasa nun erzählt, ist eine Hochzeitsgeschichte mit Brautwerbern, Festfreuden und Geschenken, wie sie sich unter Brahmanen abspielt. Im achten Gesang seines Epos beschreibt Kalidasa dann die Vereinigung der Liebenden – Shivas Drängen, Parvatis schamhaftes Widerstreben, bis sie endlich seinen für einen Asketen ganz ungewöhnlichen Liebeskünsten erliegt und sich ihm hingibt.

Der Kailash wird für das göttliche Paar zum Liebeslager einer äonenlangen Begattung, aus der Ardhanarisvara hervorgeht, eine zweigeschlechtliche Gottheit, wie sie ein Felsrelief auf der Insel Elephanta zeigt. Die Haartracht der Figur ist halb männlich, halb weiblich. Nur eine Hälfte des Körpers zeigt eine weibliche Brust, und der Gesichtsausdruck vereint Schönheit, Anmut und Kraft: ein Ausdruck des Androgynen, über das wir noch sprechen werden.

Doch bleiben wir zunächst am Kailash. Shiva ist nicht der alleinige Herr des Berges. Auch darin spiegeln sich Großzügigkeit und Toleranz indischen religiösen Denkens. Der uralte, aus dem Westen gekommene vedische Gott Indra, für den Odin, Zeus und Jupiter abendländische Entsprechungen sind, hat seinen Sitz ebenso auf dem heiligen Kailash wie Kubera, der Gott des Reichtums, der ursprünglich einmal als Herr der Geister galt.

Von seiner fischäugigen Tochter Minaksi, der ein berühmtes Heiligtum im südindischen Madurai gewidmet ist, wissen wir, daß sie nur eine andere Erscheinungsform Parvatis ist. Auf diese Weise schließt sich in der indischen Mythologie immer wieder der Kreis ohne Rücksicht auf Logik und göttliche Genealogie. Kubera ist der Halbbruder des Dämonenfürsten Ravana, der sogar einmal versucht hat, Shiva, den er bewundert und verehrt, mitsamt dem heiligen Berg Kailash in sein Dämonenreich nach Sri Lanka zu entführen. Doch Shivas Rache ist furchtbar. Mit einem Zehendruck zerschmettert er die Arme des am Kailash rüttelnden Ravana.

Es zeugt von der tief im asiatischen Wesen verwurzelten Neigung, allen Göttern wohlgefällig zu sein und sich auch dann nicht von ihnen zu trennen, wenn eine neue Religion mit neuen Gottheiten gelehrt und geglaubt wird, daß wir den alten vedischen

Göttern Indra und Kubera, ja selbst dem jungen allgewaltigen Hindu-Gott Shiva im sich schnell erweiternden Pantheon des Mahayana-Buddhismus wiederbegegnen. Dabei ist es ganz natürlich, daß sie nicht nur einen Bedeutungswandel, sondern auch eine Veränderung ihrer göttlichen Machtposition hinnehmen müssen.

So wurde aus dem mächtigen Himmelsgott Indra der Bodhisattva Vajrapani, der auf vielen Gandhara-Reliefs als Begleiter und Beschützer Buddhas – als wohl ältester Dharmapala – auftritt. Auch Shiva finden wir unter den buddhistischen Dharmapalas – den zornvollen Gottheiten – wieder, die, als zum Buddhismus Bekehrte, die Funktion von Religionsschützern übernommen haben. Erzählt uns doch die Legende des nördlichen Buddhismus, daß der große tantrische Guru Padmasambhava, von dem wir noch hören werden, nach seinem Eintreffen in Tibet die feindlichen Götter und Dämonen gewaltsam überwunden und sie gezwungen habe, Schützer des buddhistischen Glaubens – Dharmapalas – zu werden.

Shiva trägt im buddhistischen Pantheon den Namen Mahakala. Wie im Hinduismus hat er auch als buddhistische Schutzgottheit viele Gesichter. Man kennt und verehrt ihn als den sechsarmigen schwarzen Sadbahunatha, der neben Messer, Doppeltrommel, Schlinge und shivaitischem Dreizack einen Rosenkranz aus Totenköpfen und eine blutgefüllte Schädelschale in den Händen hält. Seine Frau, die uns in Tibet als die hängebrüstige Göttin Lhamo begegnet, reitet auf einem Maultier über einen schäumenden Blutsee. Die abgezogene Haut eines besiegten Dämons dient ihr als Sattel. In ihren Händen hält sie ein Zepter und eine mit Blut gefüllte Schädelschale. Wahrscheinlich entstammt sie der unübersehbaren Schar von Feen und Hexen, die viele Gipfel zwischen Hindukusch und Himalaya bevölkern.

Sie ist in ihrer Gestalt als Lhamo die schrecklichste aller weiblichen Göttererscheinungen im tibetischen Buddhismus. Doch wohl gerade deshalb gilt sie in echt tantrischer Sinngebung als Schutzgöttin Lhasas, der Hauptstadt von Tibet.

Mit ihr und ihrer Beziehung zur Welt des Blutes, die sie mit ihrem Begleiter Mahakala, dem Großen Schwarzen, teilt, schließt sich der Kreis der Verwandlung, die aus Shiva, Durga und Kali ein ihnen entsprechendes und doch ganz anders begriffenes und wirkendes Paar im tantrischen Buddhismus geschaffen hat.

Hier erkennen wir auch, weshalb der Tantrismus eine nicht nur Zeiten, sondern auch religiöse Welten übergreifende Vorstellungs-, Erscheinungs- und Handlungssphäre darstellt, die so schwer zu verstehen und zu durchschauen ist.

Die Geschichte vom Kailash, von Shiva und Parvati sowie all den anderen Göttern, Dämonen und Bodhisattvas, der wir bis zur Entstehung der buddhistischen Tantra-Welt nachgegangen sind, macht die Allverflechtung tantrischer Kulte und ihrer vielfältigen Ausdrucksformen deutlich.

Seit der vieldeutige, machtvolle Reichtumsgott Kubera auf dem Kailash seinem Reich der unsichtbaren Geister eine Heimstatt bot, begriff man den heiligen Berg auch als Zufluchtsstätte der ihren Leib verlassenden Verstorbenen bis zur nächsten Wiedergeburt. Denn der Übergang des unsichtbaren Teils der Toten, ihres karmischen Geistleibs, in kosmische Sphären war für alle indischen Religionen eine Selbstverständlichkeit, an der niemand zweifelte. So begriff man Himmel und Berge von früh an als Regionen dieser auf ihre Wiedergeburt wartenden Abgeschiedenen, zu denen als besonders bevorzugter Platz durch Kuberas Macht nun auch der Kailash zählte.

Hier wird das tantrische Verwobensein der uns sichtbaren Welt mit der unsichtbaren und damit der menschliche Bezug zum Kosmos deutlich erkennbar, wie er sich dem Initiierten als tantrische Wirklichkeit darstellt.

Shiva und Buddha, Hinduismus und später Buddhismus sind sich dabei wesentlich näher, als es sich ein kritischer europäischer Betrachter mit seiner Neigung zur Trennung der Religionen und ihrer Glaubensformen vorstellen mag.

Die Vielfalt der hier beschriebenen Erscheinungen und ihrer Verwobenheit gehört bereits in die Ursprungsphase des Tantrismus und läßt erkennen, warum tantrische Elemente seit frühen Zeiten in alle Religionen Indiens Eingang gefunden haben.

Die jeweilige Bilderwelt des Tantrismus hat jedoch unterschiedliche Ausdrucksformen ihrer kosmischen Vorstellungen entwik-
kelt, die gut zu unterscheiden sind und bis heute in den Tempeln als Malereien und Skulpturen ihre ungebrochene Bedeutung
haben.

WAS TANTRA BEDEUTET

Als ich 1981 in Berlin die Ausstellung *Tantrische Kunst des Buddhismus* veranstaltete, hieß es im Vorwort des Katalogs: »Mit diesem Buch beginnt ein neues Kapitel asiatischer Kunstgeschichte. Tantrische Kunst gibt es seit fast eintausendfünfhundert Jahren. Doch ihre Geschichte ist noch nicht geschrieben.« Die Ausstellung wurde ein großer Erfolg. Das Katalogbuch ist seit langem vergriffen. So wurde von vielen Seiten der Wunsch an mich herangetragen, die fehlende Geschichte der tantrischen Kunst zu schreiben. Heute weiß ich, daß diese Idee nicht zu verwirklichen ist. Denn so, wie in fast allen bedeutenden Religionen tantrische Elemente zu erkennen sind, finden wir tantrischen Geist und tantrische Formen als Bestandteile vieler Werke der Weltkunst auch außerhalb Indiens. Das aber bedeutet, daß man dem Tantrismus und seinen mannigfachen Erscheinungen mit einer historischen Darstellung nicht beikommen kann. Denn er ist kein geschichtliches, sondern, wie wir es am Kailash erlebt haben, ein kosmisches Phänomen.

Ich möchte deshalb in diesem Buch, mit dem ich mich thematisch noch einmal dem Tantrismus zuwende, versuchen, eine möglichst breite Vorstellung von dem zu vermitteln, was Tantrismus war und ist, wo seine Ursprünge liegen, wie er sich ausgebreitet hat, was er in Indien und im Himalaya, in China, Japan und Südostasien bedeutet oder doch bedeutet hat, und welche Rolle er heute, zumindest nominell, weltweit spielt.

Dabei müssen wir uns ständig vergegenwärtigen, daß er vielfältig in vorgeschichtliche Bereiche zurückgreift. In Indien war er wahrscheinlich schon lange vor dem Eintreffen der arischen Eroberer als ein religiöses Phänomen unter anderen bei den Ureinwohnern zu Hause, bevor er im vedischen und brahmanischen Bereich Fuß faßte und von da aus wahrscheinlich über den Hinduismus in den Jainismus und schließlich auch in den späten Buddhismus des Vajrayana eindrang, mit dessen Kunst sich meine Berliner Ausstellung von 1981 ausschließlich befaßte.

Keine geistig-religiöse Bewegung hat eine ähnliche Breite und Tiefe erreicht und dabei ein vergleichbares Erfahrungspotential erschlossen wie der Tantrismus. Keine aber ist andererseits, vor allem in jüngster Zeit, mehr profaniert und mißdeutet worden – vor allem in Amerika und Europa. Der Grund dafür liegt sowohl in den ungeklärten Ursprüngen wie auch in der Vieldeutigkeit und Unterschiedlichkeit tantrischer Kulte und ihrer literarischen Quellen, den seit fast zweitausend Jahren in unübersehbarer Fülle entstandenen Tantras.

Diese Texte gehören zum Schwierigsten und in sich Widersprüchlichsten, was die Weltliteratur zu bieten hat. Sie sind von oft unerschließbarer, paradoxer Sprachgestalt.

Um so klarer erscheinen viele tantrische Kultanweisungen, die sich auf magische Praktiken und den sakralen Geschlechtsverkehr beziehen. Diese sind es vor allem, die in der westlichen Welt zu jenen Mißdeutungen und Vergröberungen geführt haben, die den Tantrismus heute in einem falschen, seiner Lehre unangemessenen Licht, das ich Zwielicht nennen möchte, erscheinen lassen.

Wir können Tantrismus nur verstehen und gerecht beurteilen, wenn wir uns aus dem Bannkreis gewohnter Ordnungen und Prinzipien befreien, wie sie Staat und Religion bei uns seit dem späten Mittelalter aufgestellt haben. Die uns besonders durch das kirchliche Christentum vermittelten Wertmaßstäbe einer Kategorienlehre von Gut und Böse, von Sittlich und Unsittlich verstellen den vorurteilsfreien Blick in die tantrisch verstandene und verwirklichte Welt. Das gilt besonders für die Beurteilung der Sexualsphäre, ihrer Ausdrucksformen und Praktiken. Die menschlichen Sexualbeziehungen unterliegen im Tantrismus keinen Tabus, da sie als eine der zentralen natürlichen Lebensfunktionen gesehen und auch ausgeübt werden.

Für die meisten westlichen Autoren, die seit mehr als hundert Jahren über Tantrismus geschrieben haben, ist das ein Grund zur Kritik gewesen, die meist in der alles Geschlechtliche schmähenden Terminologie des Christentums geboten wird. So verfiel der Tantrismus einer ethischen Abwertung, die zur Verteufelung seiner Kulte führte, ohne daß man hinter solchen kritischen Texten auch nur den Versuch eines Verständnisses der tantrischen Zusammenhänge erkennen könnte.

Dieses kritiklose Verharren in alten Vorurteilen hat in jüngerer Zeit jedoch eine Gegenbewegung ausgelöst. Angesichts des wachsenden Interesses an asiatischem Leben und Denken entstand weltweit eine Tantrismus-Mode, die vor allem aus den sexuellen Impulsen der Tantras lebt und damit zu jener Veroberflächlichung führte, die heute in den meisten tantrischen Kreisen, vor allem des Westens, zu beobachten ist.

Angesichts dieser komplizierten Sachlage haben wir uns beim Versuch, die Welt des Tantrismus heutigen Lesern zu erschließen, mit der historischen Dimension als schwierigster Aufgabe zu beschäftigen, ferner Sinn und Ziel tantrischen Denkens und Handelns in unserer Zeit zu betrachten, und das unter der mir notwendig erscheinenden Voraussetzung, alle Vorurteile und sittlichen Diffamierungen auszuschalten. Das wird sich hinsichtlich der Entfaltung des Tantrismus am besten aus der asiatischen Sicht verwirklichen lassen, um die ich mich seit nunmehr fünfunddreißig Jahren bemüht habe, mit dem Ergebnis, daß mir vieles klar wurde, von dem westliche Interpreten zwar sprechen, von dem sie aber, wie mir scheint, in den meisten Fällen kaum etwas verstanden haben. Denn es geht beim Tantrismus letztendlich nicht um Lehre und Moral, sondern um Sinn und Verwirklichung. Das aber heißt, wir bedürfen vor allem der sprachlichen Erschließung der zugrundeliegenden Begriffe, die bisher kaum versucht worden ist.

Obwohl die Wörter Tantra und Tantrismus seit einigen Jahren nicht nur in Fachpublikationen, sondern auch in den Massenmedien immer häufiger auftauchen, ist zu ihrer religiösen Deutung bis heute wenig geschehen. Man benutzt sie, wie so viele Begriffe, ohne genau zu wissen, wovon man spricht.

Die Schwierigkeit, Tantra zu erklären und zu verstehen, beginnt mit dem Wort selbst. Es ist wie die daraus hervorgegangene Bezeichnung Tantrismus vieldeutig und wird oft ohne jede Dif-

ferenzierung auf die unterschiedlichsten Lehren und Praktiken
angewandt. Schon seine Übersetzung aus dem Sanskrit bereitet
Schwierigkeiten. Die Wurzelsilbe *tan* bedeutet ausbreiten, ver-
mehren. Für das Hauptwort *tana* finden wir im *Wörterbuch Sanskrit-Deutsch* von Klaus Mylius die Übersetzung Faden, aber auch
Ausdehnung. Und unter *tantawa* steht: aus Fäden gemacht, ge-
webt. Für *tantra* sind zwei Bedeutungen verzeichnet: vorgeschrieben, normiert und Saitenspiel. In den religiösen Formen des Tantrismus dürfen wir von Gewebe, von kosmischer Allverwobenheit
sprechen, wenn wir den Begriff angemessen deuten wollen.

Im europäischen Raum tauchte das Wort Tantra zum erstenmal
1799 auf. Damals entdeckten englische Missionare in Indien
geheime Schriften der shivaitischen Sekte der Shaktas, die als
Tantras bezeichnet wurden. So gering auch das Verständnis für
die fremden Texte war und lange Zeit blieb – gewisse, immer wie-
derkehrende, als obszön, wenn nicht gar teuflisch geltende Wen-
dungen genügten, um die Tantras zu verdammen. Ohne Kenntnis
ihres wirklichen Inhalts wurden sie in allen Veröffentlichungen
der Kirche wie der Wissenschaft ein Jahrhundert lang verschwiegen oder als Produkte tiefer moralischer Verworfenheit verurteilt.

Noch in dem 1920 erschienenen zweiten Band der *Geschichte
der Indischen Literatur* von Moritz Winternitz lesen wir: »Barba-
risch wie der Inhalt der Tantras ist in der Regel auch das Sanskrit,
in dem sie geschrieben sind. Und man möchte an ihnen gerne
stillschweigend vorübergehen, wenn sie nicht im nördlichen Indien, in Tibet und später auch in China eine so große Verbreitung
gefunden hätten, daß ihnen jedenfalls eine große kulturgeschicht-
liche Bedeutung zukommt.«

Was Winternitz hier im abschließenden Nebensatz einräumt,
veranlaßte ihn wohl dann auch zu einer eingehenden Beschäftigung mit den Tantras, als deren Frucht er 1933 einen Aufsatz über
das älteste buddhistische Tantra, das Guhyasamaja, veröffent-
lichte. Andererseits bleibt es unverständlich, daß Winternitz in
seiner weitverbreiteten indischen Literaturgeschichte zu der oben
zitierten abwertenden Bemerkung über Tantras kam, obwohl er
sich bereits 1916 in einem Aufsatz »Die Tantras und die Religion

der Shakta« sehr viel verständnisvoller und positiver geäußert hatte.

Seit dem dritten Jahrhundert, vielleicht auch schon früher, sind in Indien hinduistische, buddhistische und auch jainistische Tantras in großer Zahl entstanden, von denen allerdings nur wenige wissenschaftlich bearbeitet, ediert, geschweige denn in europäische Sprachen übersetzt worden sind. Trotz des ständig wachsenden Interesses für asiatische Kulturen hat sich deshalb an der verbreiteten Unkenntnis über Tantras und Tantrismus bis heute nur wenig geändert. An die Stelle der Versuchung zu verschweigen ist der Streit der Gelehrten und Adepten über Ursprung, Bedeutung und Verbreitung der Tantras und des Tantrismus getreten, der immer noch anhält. Dabei hat sich der konkrete Wissensstand kaum verbessert. Der Grund für die Misere der Tantrismus-Forschung mag vor allem aus dem Zeitpunkt ihres Beginns zu erklären sein.

Als in der zweiten Hälfte des neunzehnten und zu Anfang des zwanzigsten Jahrhunderts begeisterte Männer wie Schiefner, Laufer, Schlagintweit und Grünwedel begannen, tibetische tantrische Texte ins Deutsche zu übersetzen, blühte bei uns ein wissenschaftlicher Realismus, der zu einem verhängnisvollen Wörtlichnehmen jener Texte führte, nicht aber in einer vorurteilsfreien, dem Geist der Tantras gerecht werdenden Interpretation seinen Ausdruck fand. So kommt es, daß uns diese Jahrzehnte eine Reihe wertvoller, wenn auch nicht in allen Teilen korrekter Übersetzungen brachten, dazu aber Kommentare, die davon zeugen, daß die Übersetzer zwar großenteils den Wortlaut, nicht aber den Sinn dieser Texte verstanden hatten.

Obwohl Freuds Schriften zur Psychoanalyse, die seit 1900 erschienen, zur Deutung der tantrischen Texte hätten hilfreich sein können, gehörten die Indologen und Tibetologen der ersten Stunde sicher nicht zu den Anhängern des umstrittenen jungen Wiener Professors. Sonst wäre es nicht zu verstehen, daß Berthold Laufer im Kommentar seiner 1911 erschienenen Übersetzung *Der Roman einer tibetischen Königin* die Symbolik dieser tibetischen Dichtung auf peinliche Weise mißversteht und Padmasambhava, den großen Lehrer des buddhistischen Tantrismus, einen »Roué und Wüstling« nennt. Noch 1933 schreibt Albert Grünwedel im Vorwort zu seiner Übersetzung der Lebensgeschichte des tantrischen Lehrers Naropa, der Text sei ein »furchtbares Buch« voll »unverschämter Heuchelei«.

Eine dermaßen emotionale Einstellung konnte der Erforschung des Tantrismus natürlich nicht dienlich sein. Und noch bis in unsere Tage halten sich, neben einer zunehmenden Versachlichung der wissenschaftlichen Diskussion, die aus einem Wörtlichnehmen der Texte und christlich-pietistischen Moralvorstellungen hervorgehenden Fehlinterpretationen tantrischen Schrifttums, die oft genug Anlaß zu sensationslüsternen Publikationen mit irreführenden Titeln gewesen sind.

Der Grund für Mißverständnisse, Intoleranz und falsche Auslegung, die einer gerechten Einschätzung des Tantrismus bei uns noch immer entgegenstehen, ist sowohl in der beabsichtigten, nur schwer durchschaubaren Vieldeutigkeit der Tantras wie auch in der Einseitigkeit der Betrachtung und Beurteilung tantrischer Praktiken zu suchen.

Die Texte der Tantras sind genauso wie die Beschreibungen tantrischer Kultvorgänge wörtlich genommen und auch so interpretiert worden. Daß ihnen eine tiefe Symbolik zugrunde liegt, tritt erst in jüngster Zeit durch behutsame Deutung zutage. Und allmählich begreifen wir, daß hier Texte und Rituale vorliegen, die vor tausendfünfhundert Jahren vorausgenommen haben, was abendländische Mediziner erst Anfang unseres Jahrhunderts entdeckten: die Geheimnisse des menschlichen Unterbewußtseins. Deshalb mein Hinweis auf Sigmund Freud. Die Umsetzung unserer inneren Wirklichkeit, unserer Vorstellungs- und Einbildungskraft ins Symbol und – um es begreiflich zu machen – ins Bild ist asiatischer Lebensart gemäß. Der Tantrismus hat hier seine Wurzeln.

Der erste Europäer, der vorurteilsfrei und mit großer Detailkenntnis über Tantras und Tantrismus geschrieben hat, war der viele Jahre in Bengalen und Assam ansässige Sir John Woodroffe, der unter dem Pseudonym Arthur Avalon nicht nur eingehende Darstellungen des Tantrismus, sondern auch eine große Anzahl von Übersetzungen tantrischer Texte veröffentlicht hat. Entsprechend der heutigen Situation in Indien befaßte er sich vor allem mit hinduistischen Tantras, wie sie noch in Bengalen und Assam lebendig sind. Indische Tantriker sehen in ihm sogar einen der Wiederbeleber tantrischen Denkens und tantrischer Praktiken. Wir werden ihm nach der Betrachtung der vielfältigen historischen Aspekte des Tantrismus ausführlich wiederbegegnen, und zwar dort, wo wir uns mit dem hinduistischen Tantrismus beschäftigen.

VOM ANDROGYN ZUM
ERKENNEN DER GESCHLECHTER

Nach dem Versuch einer möglichst umfassenden Entschlüsselung und Erklärung der Begriffe, um die es im Tantrismus geht, wollen wir uns nun den religiösen Ursprüngen und damit den Voraussetzungen tantrischen Denkens und Handelns zuwenden. Es ist, wie wir sehen werden, ein weites Feld, das wir da, nach gewissen Anfangserfahrungen, die wir in Indien und am Kailash gemacht haben, betreten.

Drei Dinge sind es, die den körperlichen Menschen von Anfang an vor allem bewegen: die Geburt, der Geschlechtsakt und der Tod. Sie sind elementare Urereignisse, die das Leben bestimmen und die Natur beherrschen. In ihnen offenbart sich auch das Göttliche, was immer Menschen darunter verstanden haben. Ohne sie aber wären weder Mensch noch Gott. Sie sind es, die uns Leben zum Bewußtsein bringen.

Dabei ist der Geschlechtsakt wahrscheinlich erst spät als Voraussetzung für Empfängnis und Geburt und damit für den ewigen Kreislauf, den wir Leben nennen, erkannt worden. Geschlechtliches Denken ist spätes Denken. Geschlechtliches Handeln blieb für endlose Zeiten unreflektiert, war willkürliche Bewegung und Erguß – ein Akt, der ohne Bedenken aus zweien eins werden ließ.

In der Rückschau erkannte man die zwei nur noch als eins: androgyn – und wurde sich erst allmählich wieder der Teilung, der Zweiheit der Geschlechter bewußt, ohne den Zusammenhang von Zeugung, Empfängnis und Geburt zu erkennen.

Hier haben wir eine der ältesten Wurzeln des Tantrismus offengelegt, aus einer Zeit, die weder um das Wort noch um seine spätere Bedeutung wußte. Damals aber begann schon die Vieldeutigkeit des Phänomens, die uns immer wieder beschäftigen wird. Das Androgyne ist dabei nur einer der frühen Aspekte kosmischer

tantrischer Totalität, wo immer auch seine Vorstellungswelt zum
erstenmal aufgetaucht sein mag.

In fast allen Volks- und Stammesreligionen der alten Hochkulturen entdecken wir androgyne Züge. Dabei war der bereits
angedeutete Glaube verbreitet, die Geschlechterteilung habe nicht
von Anfang an bestanden, sondern stelle einen Spätzustand unseres Menschseins dar. In Platons berühmtem Mythos vom Zwei-
geschlechterwesen, aus dem Mann und Frau entstanden sein sollen, haben wir einen späten Widerschein dieser ältesten Glaubensvorstellungen, die sich wohl aus einem Urwissen um die
anfängliche Einheit von Himmel und Erde im Kosmos herleiten.

Himmel und Erde, Licht und Finsternis, Sonne und Mond wurden als männlich und weiblich empfunden, zugleich aber auch
als Symbole einer großen kosmischen Ganzheit, die durch ihre
Spaltung in das Männliche und das Weibliche zeugend weiter
existiert.

Himmel und Erde definieren aus ihrem Dasein den Raum;
Sonne und Mond, Tag und Nacht, die Zeit. Dazwischen steht der
Mensch als ein in Raum und Zeit hineingeborenes Wesen, das
in seiner Sterblichkeit an der Unendlichkeit von Zeit und Raum
infolge des ihm sicheren Todes nicht teilnehmen kann.

In vielen indischen Stammesreligionen, die zum Teil heute
noch lebendig sind, findet dieses Urwissen seinen Ausdruck. So
verehren die Stämme Assams im Nordosten Indiens Sonne und
Mond als Doppelgottheit, die das männliche und weibliche Prinzip
in sich als Schöpferkraft, als Lebenswillen enthält. Bevor Sonne
und Mond sich für unser menschliches Auge teilten und nach diesem Glauben Welt und Menschheit in zwei Geschlechter ausein-
anderfallen ließen, bestand ein einziges ewiges Wesen von geistiger Natur. In der geschlechtlichen Vereinigung versuchen die
Lebenden, dieses Wesen wiederzugewinnen. Doch erst im Tod, so
will es die Vorstellung dieser Menschen, ist die alte Einheit, das
geschlechtslose Sein wiederhergestellt.

Hier liegt die Wurzel jener zwiespältigen Auffassung des Geschlechtlichen, der wir in fast allen Religionen begegnen. Kultische Sexualpraktiken als Fruchtbarkeitsriten stehen neben dem

Gebot sexueller Enthaltsamkeit und dem Bewußtsein, daß alles
Zeugen ein Zeugen zum Tode ist und nur die Unterbrechung der
Abfolge von Zeugung, Geburt und Tod Erlösung bringen kann.
Erlösung in diesem Sinne aber heißt Geschlechtsüberwindung:
Rückkehr in jenen androgynen Zustand des kosmischen Seins,
der nach uraltem Glauben am Anfang war. Hier ist der Androgyn
Ursprung und Ziel des Seins.

Wir begegneten ihm auf der Insel Elephanta in der Gestalt
des zweigeschlechtlichen Ardhanarisvara, der nach der Hindu-
Legende auf dem Kailash aus der endlosen Umarmung Shivas und
Parvatis hervorgegangen ist: ein Wesen mit zwei Gesichtshälften –
einer kraftvoll männlichen sowie einer anmutig weiblichen –, der
auch eine lieblich schwellende Brust entspricht. Es symbolisiert
zugleich die androgyne Einheit der beiden Gottheiten Shiva und
Parvati. Sie begegnet uns wieder in der vielfach ins Bild umgesetz-
ten Darstellung des körperlichen Einsseins von Vishnu und seiner
Gattin Lakshmi, dem anderen großen Hindu-Götterpaar.

Die Vorstellung des Androgynen, wie wir sie schon am Anfang
tantrischen Denkens ausgeprägt fanden, beherrscht also auch die
hinduistische Götterwelt, und das in durchaus sinnlicher Weise.

Doch begegnen wir dem Androgynen ebenso, wenngleich in
eigenartig verwandelter Bedeutung, mit ganz neuer, fast gegen-
sätzlicher Funktion, im Mahayana- und Vajrayana-Buddhismus,
und da besonders in seiner tantrischen Form, wie sie sich von
Indien aus über Nepal und Zentralasien bis nach Tibet, China und
Japan verbreitet hat.

Die androgynen Züge erscheinen im späten Buddhismus allerdings anders als in der Zweigeschlechtlichkeit shivaitischer und
vishnuitischer Formen der hinduistischen Götterwelt.

Skulpturen von Buddhas und Bodhisattvas, wie sie von der Zeitenwende an vielfältig in Indien, Afghanistan, Zentralasien und
China entstanden sind, zeigen Körpermerkmale einer alles Sinnlichen entkleideten Geschlechtslosigkeit. Das gilt für den meditativen Gesichtsausdruck mit nur selten männlich anmutenden Zügen wie für die oft an weibliche Formen erinnernde Gestaltung der
Brust und des Beckens. Arme und Beine sind ohne ausgeprägte

Muskulatur. In ihren besten Beispielen erreichen diese Buddha- und Bodhisattva-Darstellungen das vollendete Bild geschlechts- loser überirdischer Schönheit. Sie sind ein Prototyp des Andro- gyns im Sinne der Überwindung von Geschlechtlichkeit und damit von Zeitlichkeit.

Im Widerspruch zu diesen Beispielen einer geschlechtsvernei- nenden Haltung des Buddhismus, wie sie in solchen Bildwerken zum Ausdruck kommt, scheinen die zahlreichen tantrischen Figu- rengruppen zu stehen, die in geschlechtlicher Vereinigung dar- gestellt sind. Wir finden sie vor allem in Nepal und Tibet, wo sie als Yab-Yum-Figuren bezeichnet werden. *Yab* – Vater – und *Yum* – Mutter – tragen diese Bezeichnungen jedoch nicht als Ausdruck menschlicher Geschlechtlichkeit. Sie stellen vielmehr im ursprüng- lichen Sinne mann-weiblicher Beziehung die Elemente Kraft und Weisheit dar. Sie sollen dem Meditierenden helfen, Lebensdrang und Geschlechtslust zu überwinden, ihm den Weg zeigen zur Erleuchtung und damit ins Nirvana – den Zustand ohne Wiederge- burt. Wir haben es hier mit den umstrittensten Formen buddhisti- scher Kunst zu tun. Sie haben sich zweifellos aus den androgynen Vorstellungen der indischen Stammesreligionen entwickelt und dann – besonders in Tibet – ihre spezifische Ausformung erfahren.

Einem interessanten Beispiel androgyner Formentwicklung im Sinne des Geschlechtswandels begegnen wir in der um die Zei- tenwende entstandenen Figur des Bodhisattva Avalokiteshvara. Diese Heilsgestalt des »Herrn, der gütig auf uns herabschaut« hat sich wohl aus einem der zentralasiatischen Kushan-Prinzen der Zeitenwende entwickelt. Fürstlich in Haltung, Kleidung und Schmuck ist seine Darstellung in der Kunst von Gandhara, die am Anfang der bildlichen Darstellung von Buddhas und Bodhisattvas steht. Durch die Kaufleute der Seidenstraßen gelangte Avaloki- teshvara mit all den anderen Darstellungen buddhistischer Kunst über das Tarim-Becken bis nach China, Korea und Japan. Auf diesem Weg wandelte sich der Prinz vielfältig in lokal geprägte Erscheinungen der zentralasiatischen Oasenstädte.

In China begegnen wir ihm als Guanyn, in Japan als Kwannon in männlicher, aber öfter noch in weiblicher Gestalt. Aus dem

Prinzen ist im Wandel der Räume und Zeiten eine in ihrer Bedeutung an Christus erinnernde Göttin der Barmherzigkeit geworden.
In beiden Geschlechtsformen herrschen auch hier äußere Merkmale einer betonten Geschlechtslosigkeit vor. Das heißt, wir haben
es mit einem Wesen von androgyner Gestalt zu tun. Es erscheint
in vielköpfigen und vielarmigen Formen, die es in den Bereich
mythischer Erscheinungen entrücken.

Als Jinasagara-Avalokiteshvara begegnet uns der Bodhisattva
in Tibet männlich in geschlechtlicher Umarmung mit seiner
Prajna, was wörtlich übersetzt Weisheit bedeutet. Als Jinasagara –
das ist der Sieger, der das Luftmeer durchschreitet – wird er in
Verbindung mit der Weisheit zum Herrn der Lüfte, zum Überwinder von Zeit und Raum mit den Vorstellungen und Bedürfnissen,
die sie erwecken.

Das gleiche gilt auf andere Weise von dem ganz in statischer
Gelassenheit meditativ verweilenden achtarmigen, elfköpfigen
Avalokiteshvara. Hier ist der Bodhisattva als Androgyn sowohl mit
der esoterischen Welt der Buddhas verbunden, was man bildlich
an seinem obersten Kopf – einem Buddha-Kopf – erkennt, wie
auch mit dem Reich der zornvollen Gottheiten, wie der Dämonenkopf darunter zeigt.

Auch bei den Schutz- und Initiationsgottheiten – den Yidams –
verkörpert die Vielzahl von Gesichtern und Armen die Fülle von
Erscheinungen zwischen Menschen-, Götter- und Dämonenwelt,
die alle Ausdruck des ursprünglich Einen sind, zu dessen Einheit
sie wieder hinstreben.

Die gleiche Tendenz erkennen wir in der weiblichen Erscheinung der Ushnishavijaya, die als Bewahrerin der Buddha-Idee gilt.
In ihrer achtarmigen Gestalt streckt sie auf der hocherhobenen
äußersten Rechten den roten Buddha Amitabha, den Herrn des
westlichen Paradieses, empor. Er gilt zugleich als Herr des unermeßlichen Lichts und ist derselbe, der als oberster Kopf des elfköpfigen Avalokiteshvara erscheint.

Neben den Buddhas, Bodhisattvas und edlen wie zornvollen
Gottheiten begegnen wir im Vajrayana-Buddhismus aber auch
schon früh Mahasiddhas und großen Gurus, wie dem bereits mehr-

fach erwähnten Padmasambhava, als Vertretern der Menschenwelt, die als Lehrer und Heilige Mittler zwischen Erde und Kosmos sind.

Hier wird die Allverbundenheit und Verschwisterung der irdischen und der himmlischen Erscheinungen deutlich. Sie alle sind einmal aus einem Wesen hervorgegangen. In seinen Ursprung wollen sie zurück. Das ist einer der zahlreichen, sich in der buddhistisch-tantrischen Bilderwelt entfaltenden Aspekte. Denn die Vielfalt aus der Einheit und die Einheit, der alle Vielfalt entgegenstrebt, sind ein Grundgedanke des Buddhismus, der sich im Weg von der Zeugung über die Geburt zur erhofften Erleuchtung und der damit überwundenen geschlechtlichen Wiedergeburt ausdrückt. Es ist ein Gedanke, der die Verbindung des tantrischen Buddhismus mit der androgynen Vorstellungswelt der Frühzeit erkennen läßt.

Wie uns hier deutlich wird, spiegelt sich androgynes Denken jener Frühzeit in späteren, uns erhaltenen Bildern. Menschliches Gestalten macht uns Vorstellungen des Ursprungs bewußt, und wir erkennen, daß kosmische Allverwobenheit, wie sie sich im Verständnis des Tantrischen ausdrückt, androgyne Wurzeln hat.

Nicht Gegensatz, sondern Einheit, nicht Verworrenes – Chaos –, sondern Verwobenes – Tantra – stehen am Anfang. Insofern steckt im Tantrismus das religiöse Urbewußtsein, das lange vor dem Entstehen der hier behandelten Religionen bereits in der Großen Göttin, als erster für uns faßbaren Gottheit, seinen frühen, überwältigenden, schon vor dreißigtausend Jahren bildhaft gestalteten Ausdruck gefunden hat.

Diese ältesten Formen göttlichen Seins sind für uns die einzigen Zeugnisse ursprünglicher Religiosität, die sich uns von daher als jenes menschliche Urwissen um Ganzheit und Urverlangen nach ihrer Erhaltung darstellt. Dieses Ganzheitsbewußtsein, das der Mensch im Laufe der letzten Jahrtausende weitgehend verloren hat, ist, wie wir in den nächsten Kapiteln erkennen werden, tantrisches Bewußtsein, das aber heißt: Voraussetzung menschlicher Selbstverwirklichung aus der Einheit leiblichen Seins und kosmischer Spiritualität.

DAS GEHEIMNIS DER GROSSEN GÖTTIN VON LAUSSEL

Das Erlebnis von Geburt und Tod war zweifellos die Ursache der Entstehung und Entfaltung frühester religiöser Vorstellungen. Den Mutterschoß, aus dem alles Leben hervorgeht und in den – als Mutter Erde – auch alles zurückkehrt, begriff man von Anfang an als das Göttliche, als das Numinose schlechthin. Aus dem Schoß wurde im menschlichen Glauben, dem Bild der Gebärenden folgend, die Große Göttin. Sie beherrschte als die Eine in vielerlei Gestalt über Jahrzehntausende die religiösen Gefühle der Menschen: eine Gefühlswelt des in die Göttin – in die Große Mutter – gesetzten und von ihr ausgehenden Vertrauens.

Wir begegnen schon im Paläolithikum, der Altsteinzeit, dem Austritt des Menschen aus seiner ursprünglichen Unmündigkeit, aus dem, was Prähistoriker, Archäologen und Völkerkundler auch heute noch als primitiv bezeichnen.

Den Schritt aus der puren Vitalität menschlicher Anfänge in eine Bewußtseinssphäre erkennender Mentalität werden wir wahrscheinlich zeitlich nie fixieren können. Doch wie weit frühestes kosmisches Erleben und Erkennen in älteste Menschheitshorizonte zurückreicht, erleben wir in der Höhlenkultur des französischen Jungpaläolithikums. Ihre ganz Europa und das nördliche Asien bis nach Sibirien übergreifenden, erst in unserer Zeit durch spektakuläre Funde zutage gekommenen, religiös zu deutenden Begleiterscheinungen, wie die berühmten Frauenstatuetten, dürfen als erste Zeugnisse der Großen Göttin gelten. Wir können diesen Schluß freilich nicht allein aus ihrer offenbar schon früh vergöttlichten Weiblichkeit ziehen, gegen die das Männliche in Darstellungen jener Zeit total unterrepräsentiert ist. Aber die Art, wie das Weibliche in Erscheinung tritt, läßt keine Zweifel an seiner zeitprägenden zentralen Stellung zu. Die Betonung der Geschlechtsmerkmale – Brüste und Schamdreieck –, ausladende weibliche Formen, die häufige Darstellung von Hochschwangeren und Gebärenden sowie von Vulven als gravierten Zeichen weisen auf die Bedeutung des Schwangerseins und der Geburt für die Menschen jener Zeit hin.

Ob hier die Vorstellung von einer diesen Lebensbereich und damit menschliches Existieren gewährleistenden Großen Göttin schon besteht, kann aus den Statuetten allein nicht geschlossen werden. Doch der Weg zur Verehrung einer Muttergöttin ist durch diese Figuren vorgezeichnet.

Wichtigste Voraussetzung für solche Verehrung war die Geburt. Dabei spielt in jener Phase der Menschheitsentwicklung Geschlechtsverkehr als erkannte Voraussetzung für Empfängnis, Schwangerschaft und Geburt gewiß noch keine Rolle, da zwischen Koitus und Schwangerschaft kein eindeutig erkennbarer Zusammenhang besteht. So mag schon früh die Vorstellung kosmischer Beziehungen zu den Gestirnen – besonders zu den Mondphasen – entstanden sein. Solches Bewußtsein stärkte die Position der Frau im Alltag und war für ihre religiöse Bedeutung im Zusammenhang von Lebenserwartung und Lebensbewältigung wichtig.

Wir stehen hier am Anfang der Vergöttlichung des Weiblichen und wollen uns diese Situation an einem faszinierenden Beispiel einer rätselhaften Zusammengehörigkeit bildhafter Darstellungen aus dem paläolithischen Frankreich deutlich zu machen versuchen.

In der an ausgemalten Höhlen und über die Landschaft verstreuten Frühfunden reichen Dordogne hat man 1894 einen hundertfünfundzwanzig Meter langen Lagerplatz aus der frühesten zeitlichen Epoche des Moustérien – Laussel – entdeckt, der unter einem Felsüberhang Schätze aus Jahrtausenden barg.

Über hunderttausend Jahre weisen die ältesten Steinwerkzeuge zurück, die hier gefunden wurden. Die historischen Horizonte, die sich darüber befanden, sind durch drei sterile Schichten von achtzig, hundertzwanzig und neunzig Zentimetern voneinander getrennt. Das beweist, daß wir es in Laussel mit einem immer wieder neu aufgesuchten und bevölkerten Zentrum des frühen Menschen zu tun haben.

Die wichtigsten Fundstücke entdeckte Dr. Lalanne, der seit 1908 in Laussel ausgrub, in der dritten Schicht. Es sind sechs Reliefblöcke mit menschlichen Darstellungen, die zu den ältesten uns bekannten Reliefs zählen und über deren Bedeutung noch viel gerätselt wird. Sie dürften ab 20 000 v. Chr. entstanden sein. Ihr Zusammenhang mit dem damals bereits verbreiteten Kult der Großen Göttin ist unverkennbar. Man vermag sogar eine thematische Zusammengehörigkeit zu erschließen, obwohl die Entstehung der einzelnen Reliefs wahrscheinlich zeitlich weit auseinanderliegt. Daß die gleiche Kultgemeinde damit umgegangen ist, unterliegt jedoch keinem Zweifel.

Die Reliefs, die sich jetzt im Museum von Bordeaux befinden, gehörten zu einem von dieser Kultgemeinde als zentralem Versammlungsort lange begangenen Heiligtum. Sie stellen wahrscheinlich die Große Göttin in verschiedenen sakralen Positionen mit einem mehrdeutigen Handzeichen, einen Mann von priesterlichem Gestus im Profil, eine weitere männliche Gestalt sowie eine schwer erkennbare, in ihrer Art einmalige Figurenkomposition dar. Die Reliefs zeigten bei ihrer Entdeckung rote Ockerspuren, die symbolisch auf die Bedeutung des Grundlebenselements Blut für den hier vollzogenen Kult hinweisen. Denn Ocker finden wir in jener Zeit überall in Verbindung mit dem Heiligen, aber auch – bei Beisetzungen – mit dem Tod.

Wie im alten Indien der Großen Weltenmutter begegnen wir auch hier – nur um Jahrzehntausende früher – der Erscheinung des Weiblich-Göttlichen in unübersehbar kosmischem Zusammenhang. Die Große Göttin als Allmutter tritt in Laussel wie später in den indischen Kali-Heiligtümern als dem Blut verbundene Göttin in Erscheinung, die Leben und Tod in ihren Händen hält.

Diese Gemeinsamkeit im Kultgeschehen ist unverkennbar, obwohl an eine Glaubensverbindung, an einen Einfluß über Jahrzehntausende und über Tausende von Kilometern Entfernung hinweg gewiß nicht zu denken ist. Um so weniger aber sind gleiche Urimpulse, gleiche kosmische Vorstellungen in diesen frühen Kulturen auszuschließen. Wir dürfen sie als numinosen Allzusammenhang frühester menschlicher Empfindungen und Bedürfnisse deuten, die gleichen religiösen Ursprungs sind, und die wir als einen ersten Impuls des Tantrischen, das wir ja nicht als begrenzendes Wort, sondern als umfassendes Sein begreifen wollen, verstehen und interpretieren können. Die Reliefs von Laussel bieten hierzu einen Ansatz, von dem aus ich versuchen möchte, auf eine aus der damaligen Zeit und ihren Erscheinungen abgeleitete Weise mich an die Denk- und Glaubenswelt unserer ältesten Vorfahren heranzutasten.

Das verbindende Element früher tantrischer Kulte ist – in Laussel wie an den indischen Opferstätten der Göttin Kali – das lebendig Flüssige: das Blut. Es ist nicht nur Lebenselixier, sondern Voraussetzung des Lebens schlechthin. Es ist auch Symbol der Verbindung zwischen Mensch und Kosmos, zwischen Mutter und Göttin. Sein Strom fließt im Rhythmus der Gezeiten, bestimmt die Zyklen der Frau. Wenn er zum Stocken kommt, ist neues Leben zu erwarten oder aber auch das Ende der Fruchtbarkeit erreicht: das nicht mehr Gebärenkönnen, das die Frau als Unfruchtbare aus dem Kreis des Weiblich-Göttlichen, aus der Welt der Großen Mutter ausschließt.

Es ist jene geheimnisvolle Welt kosmischen Seins, zu der der Mann keinen Zugang hat. Für ihn bedeutet Blut bedrohliche Gefahr. Denn das Blut ist meist die Folge von Verletzungen – vor allem auf der gefährlichen Jagd. Verbluten war oft der Grund für das Ende eines Lebens, dessen Erneuerung, dessen so erwünschte Wiederkehr offenbar nur durch Ocker erwirkt werden konnte.

Verstorbene wurden deshalb schon bei den Neandertalern in Ocker gebettet. So war Ocker von Anfang an die Farbe des Todes, aber auch des neu erwarteten, durch Geburt wiederkehrenden Lebens. Diese Bedeutung hatte zweifellos auch die Ockerbemalung der Reliefs von Laussel.

Sie haben wohl im Kult eine Brücke zwischen Leben und Tod, aber auch zur Wiedergeburt von Leben dargestellt. Wir befinden uns in Laussel zweifellos in einem der solchem Kult dienenden Heiligtümer der Großen Göttin, der Gebärenden, die dadurch auch zur Erweckerin der Toten wird. Denn der Wiedergeburtsgedanke gehört schon früh zur Glaubenswelt der Muttergottheit. Nur

Wiedergeburt garantiert den Fortbestand des Lebens. Betrachten wir die Reliefs von Laussel unter diesen Voraussetzungen.

Ihre Figuren enthüllen auf eindringliche Weise das Geheimnis der Großen Göttin und ihrer Umwelt, das heißt, älteste Kultformen der Menschheit. Sie spiegeln sich in den steinernen Bildern, die Lalanne ab 1908 unter dem Felsüberhang von Laussel entdeckt hat. Während die kleineren Reliefs als bearbeitete Kalksteinblöcke erst bei der Ausgrabung zutage kamen, war die größte Figur – sie mißt 54 mal 36 Zentimeter – in einen feststehenden großen Steinblock unter dem Felsdach eingemeißelt.

Die als »Venus von Laussel« bekannte, fußlos aufrecht stehende, nackte Frauenfigur, die aus dem Fels wie aus einer zur Geburt geöffneten Vagina hervortritt, trägt auf dünnen, im Fels verschwindenden Beinen, über ausladenden Oberschenkeln einen breithüftigen Leib mit betontem Schamdreieck und tiefliegendem großen Nabel. Die massigen Brüste beherrschen den ganzen Oberkörper. Die linke Hand ruht lässig ausgestreckt auf dem Bauch. Der gesichtslose Kopf ist im Profil nach rechts gewendet und schaut auf ein hornförmiges Gebilde, das die Figur mit der erhobenen rechten Hand über die rechte Schulter hält.

Wir haben es bei diesem Frauenrelief zweifellos mit der Hauptfigur des Heiligtums zu tun. Das läßt den Schluß auf eine Darstellung der Großen Göttin zu. Sie als »Venus« zu bezeichnen, wie es von Anfang an geschah und wie es auch Denis Vialou in seinem 1992 erschienenen Band *Frühzeit des Menschen* im Universum der Kunst übernimmt, halte ich, um der Redlichkeit der Begriffsbildung willen, für bedenklich. Diese aus der klassischen Mythologie stammende Benennung führt meines Erachtens auf eine falsche Spur. Denn es geht hier offensichtlich nicht um eine Präsentation von Schönheit – auch nicht aus dem Geschmack jener Zeit heraus –, sondern von elementarer archaischer Vitalität mit tiefem Symbolgehalt. Den suggeriert vor allem der hornförmige Gegenstand in der erhobenen Rechten der Figur.

Man hat ihn seiner Form entsprechend als Bisonhorn gedeutet. Als solches könnte das mit der Öffnung über die Schulter der Frau gehaltene Horn ein Opfergefäß sein, aus dem sie, entsprechend der Ockerbemalung des Reliefs, Blut über ihren Körper oder auf den Boden des Heiligtums ausgießt. Vielleicht trinkt sie auch auf der Jagd durch die Männer vergossenes Blut, um zerstörtes Leben in Form eines Blutopfers zu erneuern. Dazu könnten die Kerben passen, die in das Horn geschlagen sind und als Jagdkerben zu deuten wären.

Doch, wenn überhaupt, dann ist das wahrscheinlich nur die halbe Wahrheit über die Gottheit und ihr Tun, falls sie, woran ich nicht zweifle, tatsächlich die Große Göttin verkörpert: Es sind dreizehn Kerben, die wir deutlich in das hornartige Gebilde eingeritzt finden. Sie könnten dem hochgehaltenen Gegenstand eine ganz andere oder vielleicht auch nur eine zweite, freilich bedeutendere Rolle im Bild zuweisen. So, wenn wir uns vorstellen, daß es ein Symbol des aufgehenden Mondes sei, dessen Wachstum in den ersten dreizehn Nächten nach dem Wiederaufscheinen der Mondsichel mit den Kerben gemeint ist. Damit würde das Horn zum Mondsymbol. Dieser Verbindung der Göttin zum Kosmischen über den Stier und seine Hörner begegnen wir in späteren Kulturen immer wieder – so in Anatolien und Mesopotamien wie in Ägypten und Kreta. Vielleicht stehen wir hier am Anfang dieser Symbiose von Mond und Göttin vor mehr als zwanzigtausend Jahren.

Was das Horn von Laussel möglicherweise als Doppelsymbol ausdrückt, mag für den Eiszeitmenschen eine Art Uhr gewesen sein, die er Nacht für Nacht aufmerksam bangend beobachtet hat: das Wachstum der Sichel zur Scheibe und ihr Rückgang ins Dunkel mondloser Nacht. Doch was für den Menschen damals wichtig war, was für ihn Fortbestand des Lebens bedeutete, war das sich immer wieder erneuernde Wachstum von Nacht zu Nacht.

So können wir die Sichel in der Hand der Göttin als Symbol des zunehmenden Mondes, des Hellerwerdens deuten – und die Göttin selbst als Mittlerin zwischen Kosmos und Erde, zwischen Mond und Frau, ein Zusammenhang, wie man ihn in den weiblichen Zyklen längst schon erkannt hatte.

Damit fände aber auch die andere Deutung, als Horn, aus dem Blut geopfert wird, seine Berechtigung. Blut, das aus dem wachsenden Mond fließt, entspricht dem Blut, das der Frau entsprechend ihrer Erfahrung von Monat zu Monat immer wieder das Fühlen, ja das Wissen um ihre ungebrochene Weiblichkeit und ihre Fruchtbarkeit gibt.

Wahrscheinlich als Opfer und Reinigung empfunden, wiederholt es die Göttin hier in heiliger Handlung vor allen, die, um ein Wort aus unserer Sprachwelt zu gebrauchen, »guter Hoffnung sind«.

War es ein frühes Frauenmysterium, das sich hier so vollzog?

Die Vieldeutigkeit der Erscheinungen, die wir an diesem Relief von Laussel in so überraschend früher Phase religiöser Kulte erkennen, ist jedenfalls eines der wichtigsten Charakteristika tantrischer Kultformen überhaupt. Aus ihm gehen, wie wir sehen werden, auch die zahlreichen Ersatzhandlungen hervor, die das tantrische Ritual des Gläubigen bestimmen.

Um diesem Phänomen als Ursprungsereignis in Laussel noch weiter nachzuspüren, wollen wir uns zunächst den anderen Reliefs zuwenden, die unter dem Eindruck der einen, in ihrer Wucht überwältigenden Figur in vielen Darstellungen kaum Beachtung gefunden haben.

Da sind zwei weitere weibliche Figuren, von denen die eine gleichfalls etwas Gebogenes in der rechten Hand hält. Im Gegensatz zu der stehenden Figur sind die beiden kleineren – sie messen 37 mal 38 und 20 mal 31 Zentimeter – weit weniger eindrucksvoll ausgeführt. Der fast quadratische Kalksteinblock zeigt eine offenbar hockende Frau mit betonten Brüsten und einem gleichfalls nur angedeuteten, aber nicht ausgeführten Gesicht, die das hornähnliche Gebilde, das noch mehr dem zunehmenden Mond ähnelt, in der ausgestreckten, aber nicht erhobenen Rechten hält. Wahrscheinlich handelt es sich um die Darstellung des Anfangs der Mondphase des wachsenden Gestirns, während die stehende Gottheit mit ihrem dreizehnfach gekerbten, hoch erhobenen Horn den Halbmond, den Höhepunkt des Wachstums, darstellt.

Ein noch größeres Rätsel gibt die offenbar Fragment gebliebene dritte Kalksteinplatte auf. Ich möchte in ihr mit aller Vorsicht das erste surrealistische Relief der Weltkunst sehen. Ich habe es mit

Freunden betrachtet, und wir haben seine Formen eingehend diskutiert. Die Darstellung wird im allgemeinen als nackte Frauenfigur mit hängenden Brüsten und ins Gesicht fallenden Haaren interpretiert. Studiert man jedoch die einzelnen Teile des Reliefs, so passen sie nicht in diese Bildvorstellung. Die Brüste, als Blickfang, sind gewaltig, doch sie gleichen eher einem breit ausladenden Gesäß. Und das, was man vom haarbedeckten, mit einem Zierband geschmückten Kopf sieht, ist sicher das Hinterhaupt der Figur. Die beiden Arme scheinen gleichfalls von hinten gesehen zu sein. Das wird besonders am rechts im Bild befindlichen Oberarm in seiner sehr realistischen Ausführung deutlich.

Auch diese Figur hielt ursprünglich wohl etwas in einer Hand. Wenn sie von hinten dargestellt ist, wäre es die Rechte, wie bei den anderen Frauenreliefs. Doch der Gegenstand, den sie hielt, fehlt. Oder hat es ihn nie gegeben? Weist sie nur auf etwas hin – auf den Vollmond vielleicht, den sie aber nicht in der Hand hält, auf dem sie vielmehr thront? Dann bedeuten die so deutlich vom Körper abgesetzte Unterpartie der Figur Mond und Bauch der Göttin sowie ihre darunter als Dreieck erkennbare Vulva: das mondbezogene weibliche Zentralsymbol.

Das ist ein Deutungsversuch, den ich gern mit Experten, aber auch mit Menschen, die genau hinschauen können, weiter diskutieren würde. Wahrscheinlich gibt es noch andere, tiefer gehende Erklärungen. Genau das aber wäre tantrisch und würde meinen Interpretationsansatz unterstützen.

Doch wir sind noch nicht am Ende der Rätsel von Laussel. Neben der stehenden Göttin hat eine Doppelfigur, die in eine wie zur Geburt geöffnete Vagina eingeschlossen erscheint, die größte, noch immer anhaltende Diskussion herausgefordert. Wie zwischen äußeren Schamlippen, die zugleich weit ausgreifende stilisierte Arme sein könnten, liegen eingebettet zwei spiegelbildlich ineinander verschlungene Figuren, von denen die obere eindeutig als Frau mit mächtigen Brüsten zu erkennen ist. Von der unteren Figur sieht man nur die Schultern und den Kopf. Das übrige liegt unsichtbar unter der Frau oder steckt in ihrem Körper.

Der Ausgräber Lalanne erkannte sofort die Zweideutigkeit der

Darstellung: Koitus oder Geburt. Auch der französische Steinzeit-
forscher Abbé Breuil vertrat diese Auffassung, ohne sich für eine
der beiden Versionen zu entscheiden. Könnte es aber nicht wirklich beides bedeuten und vielleicht sogar ein bildhafter Hinweis
auf ein erstes Erahnen der Zusammenhänge zwischen Koitus,
Empfängnis und Geburt sein?

Damit sind wir bei der Menschheit anderem Teil, dem Mann,
und der Frage nach seiner Stellung, nach seiner Bedeutung in
jener frühen Gesellschaft der Eiszeitmenschen.

Zwei männliche Figuren begegnen uns in Laussel. Doch im
Gegensatz zu den ausgeprägten Vulven der weiblichen Darstellungen erkennt man an ihnen kein Geschlechtsmerkmal. Sie wirken androgyn. Die Gesichter sind kaum ausgeführt, die Körper
von nackter Schlankheit, aber ohne männliche Akzente. Die besser erhaltene der beiden Figuren – sie mißt 47 mal 25 Zentimeter –
trägt einen Gürtel. Der Körper ist so gestellt, daß man die Brust
von vorn, den Unterkörper im Profil sieht. Das Gesäß zeigt eine
unverkennbar weibliche Ausprägung.

Der Unterschied zwischen der Bedeutung und Stellung von
Frau und Mann in der Eiszeitwelt wird an diesen Reliefs ganz deutlich. Man erkennt, daß die Göttin gegenüber dem Jäger, der hier
wohl dargestellt ist, dominiert. Die Frau steht eindeutig der Göttin
näher, während der Mann offensichtlich der Tierwelt zugezählt
wird. Das erkennen wir zwar nicht an Beispielen aus Laussel, wohl
aber in vielen Ritzzeichnungen der Zeit, die eindeutig den Mann
meinen, bei denen das Gesicht einen tierähnlichen Ausdruck mit
vorgeschobener Kinnpartie und fliehender Stirn zeigt. Es ist allerdings vermutet worden, daß hier Maskenträger dargestellt sind,
die sich auf verdeckter Jagd befinden.

Doch auch dieser Tatbestand würde an der deutlich erkennba-
ren Vorrangstellung der Frau nichts ändern. Sie steht der Großen
Göttin am nächsten und zelebriert den Kult.

Darauf weisen neben den Figuren in Laussel auch in einer
tieferen Schicht gefundene Steine mit deutlichen Ritzungen hin,
die Hermann Müller-Karpe in seinem *Handbuch der Vorgeschichte*
als Vulven deutet. Betrachtet man sie genau, könnte es sich aber

auch um Vorgängerzeichen jener mehrdeutigen Objekte handeln, die von den Göttinnen in der rechten Hand gehalten werden, also um Mondsicheln, vielleicht auch um Bisonhörner. Doch sind uns Vielfachdeutungen in dieser frühen Welt nicht mehr fremd, so daß auch hier an eine sich über lange Zeiten entwickelnde Beziehung zwischen Frau, Göttin, Mond und horntragendem Tier gedacht werden kann. Im Heiligtum der Eiszeit kommt der Zusammenhang vielfältig bildhaft an den Tag, ohne daß wir im Laufe folgender Jahrtausende die Bilder aus dem Auge verlieren werden.

DIE GROSSE GÖTTIN
UND DER STIER

Mehr als zehntausend Jahre nach Laussel stehen wir noch einmal in einem Heiligtum der Großen Göttin. Wir begegnen ihr als Thronender wie als Gebärender im anatolischen Çatal Hüyük. Ihre Macht über Leben und Tod scheint ungebrochen. Doch sie teilt ihr Heiligtum mit einem Tier, von dessen Vorgänger sie in Laussel nur das Horn in der Hand hielt: mit dem Stier, dem vergöttlichten Nachfahren des fast ausgestorbenen Bison. Daß der Stier schon früh zu göttlichen, wahrscheinlich vom Mann suggerierten oder sogar erzwungenen Ehren gekommen war, steht seit der Entdeckung von Çatal Hüyük außer Zweifel.

Auf alle Fälle erkennen wir im Horn – des steinzeitlichen Bison wie des vergöttlichten Stiers – das wohl älteste Symbol männlicher Potenz. Wir finden es in vorgeschichtlichen Zeiten – nach Laussel – immer wieder und nun eindeutig als Phalluszeichen, das sicher vom Mann ganz bewußt aus dem Tierreich genommen wurde, denkt man nur an die großartigen Tiermalereien der französischen und spanischen Eiszeithöhlen, in denen der Mann kaum vorkommt, es sei denn als Gefällter, als Unterlegener – ob auch als Maler, wissen wir nicht.

Der Mann der Frühzeit, scheint es, bedurfte angesichts so deutlicher weiblich-göttlicher Präsenz der sichtbaren und spürbaren Verstärkung seiner körperlichen Erscheinung. Die bot der Stier in machtvoller, gewandter Tierheit, aber auch als prachtvoller Vertreter erigierter Potenz, dessen sich der Mann gern als göttliches Vorbild, zumindest aber als Traumbild bediente.

Im Stier zeigte sich ein unübertrefflicher Ausdruck von Kraft und Stärke sowie von vitaler Schönheit, der selbst, wie wir aus dem Mythos wissen, die Prinzessin Europa nicht widerstehen konnte.

In vielen Sagen und Mythen wurde der Stier zum Partner, oft

freilich auch zum Widerpart der Göttin, der Frau. Andererseits sehen wir ihn schon früh und sicher nicht zufällig als Gegner des Mannes in kämpferischen Spielen auf Leben und Tod, die im Stierkampf bis heute lebendig geblieben sind.

Nirgendwo ist die frühe bildhafte Gegenwart des Stiers – vor allem in Gestalt seines mächtige Hörner tragenden Kopfes – so überwältigend wie in den Ausgrabungen von Çatal Hüyük. Während wir unter dem Felsen von Laussel in einem Heiligtum von Jägern und Sammlern der Eiszeit über deren religiöse Vorstellungen und magisches Brauchtum angesichts geheimnisvoller Reliefs nachdachten, stehen wir in Çatal Hüyük, nahe dem anatolischen Konya, in einem Ausgrabungsfeld, das seit 1961 Teile der ältesten uns bisher bekannten Stadt dieser Erde zutage gebracht hat. Es ist eine Stadt der Großen Göttin, für die der Gott noch das Kind war. Denn in einigen der freigelegten Sanktuarien, die sie mit ihrem Bild beherrscht, ist sie als Gebärende dargestellt, die den Stier zur Welt bringt.

Der Stier als Ganzfigur, gemalt oder modelliert, vor allem aber in allen Varianten und Größen des Kopfes und der Hörner, beherrscht zusammen mit der meist in Gebärposition, mit weit gespreizten Beinen präsenten Göttin eine große Zahl der ausgegrabenen, zum Teil noch recht gut erhaltenen Heiligtümer.

Göttin und Stier, als Quellen der Fruchtbarkeit, als Elemente des Gebärens und des Zeugens, beherrschen die Welt von Çatal Hüyük, eine erste Welt urbaner Entfaltung menschlicher Schöpferkraft aus dem Geist des nun offenbar schon dialektisch empfundenen kosmischen Seins. Dabei ist, wie wir aus den erhaltenen Skulpturen sehen, die Kraft der Göttin, ihre Dominanz, noch ungebrochen. Auf einem Leopardenthron sitzend, repräsentiert sie Macht und Dauer der Stadt.

Ockerbemalung enthüllt hier wie in Laussel den Zusammenhang und die Funktion der Heiligtümer als Stätten des Leben beherrschenden und erhaltenden Blutes, aber auch des Todes. Denn die Menschen von Çatal Hüyük bestatteten ihre Verstorbenen unter den Sitzbänken der Häuser und Sanktuarien. Diesen Leichenstätten steht in Malerei und Skulptur das Künftige, das aus gött-

lichem Schoß Erwartete, in vielfältiger, freilich oft nur schwer
deutbarer Gestalt gegenüber.

Wir sprachen bei der Betrachtung einer Reliefplatte aus Laussel von erster surrealistischer Gestaltung. In Çatal Hüyük gibt es
dafür viele rätselhafte Beispiele. So finden wir an der Ostwand
einer Kultstätte über einer Leichenreste bedeckenden Platte einen
großen Stierkopf, der aus einer rotbemalten Nische hervorschaut.
Über seinem rechten Horn sind ein paar weibliche Brüste an der
Wand plastisch nachgebildet. Die Nordwand wird von drei weiteren Stierköpfen verschiedener Größe beherrscht. Rechts von dem
aus der Nische hervortretenden Kopf ist ein Widderkopf mit echten Hörnern modelliert, über dem sich zwei weitere Brustnach-
bildungen befinden. In ihre offenen Brustwarzen sind die Zähne
eines Fuchses und der Schädel eines Wiesels eingefügt.

Dieses Beieinander von Skulptur und Naturrelikt ist in Çatal
Hüyük sehr häufig. Wir dürfen darin die Verbindung von Natur
und Kultbild, letztlich wohl eine Brücke zwischen Göttin und Erdenleben, zwischen Ewigem und Vergänglichem sehen.

Tiefer noch, und viel schwerer zu deuten, führen die zum
Teil großartigen Wandmalereien mehrerer der Heiligtümer Çatal
Hüyüks in diese älteste religiöse Problematik und ihre kaum nach-
vollziehbare Spannweite ein.

Malerei ist in Çatal Hüyük so alt wie die Stadt selbst. Wir finden Reste in den frühesten Schichten. Nicht nur die Wände, sondern auch alle Gegenstände, vor allem solche, die ohne Zweifel
dem Kult dienten, wurden bemalt.

Offenbar färbten die Frauen aber auch Augenbrauen, Lippen
und Wangen, ja zum Teil wohl den ganzen Körper, wie wir aus
farbigen Menschendarstellungen der Wandmalereien schließen
dürfen. Dort begegnen uns neben Frauen auch rotbemalte Jäger
bei kultischem Tanz. Ihre Bindung an die Große Göttin wird durch
Leopardenfellschurz und -mütze erkennbar.

Wahrscheinlich beherrschte die Farbe den ganzen Lebensstil
von Çatal Hüyük, wie auch anderer Orte jener Zeit. Ob sie dabei,
wie es scheint, wesentlicher Ausdruck des Kults war, ist nicht zu
entscheiden, wobei wir allerdings die schwerwiegende Frage offen

lassen müssen, ob eine Unterscheidung zwischen Kult und Alltag in dieser frühen Welt überhaupt möglich und somit als Argument zulässig ist.

Daß Farben wichtige Elemente des Kultischen waren und sicher verschiedenartige kultische Bedeutung hatten, erkennt man daran, daß auch die Menschen- und Tierskelette bemalt wurden. Eine breite Palette von sorgfältig aus Mineralien gewonnenen und zubereiteten Farben, die sich zum Teil bis heute gut erhalten haben, stand den damaligen Künstlern zur Verfügung. Das Ergebnis ist einzigartig.

Die Wandmalereien von Çatal Hüyük breiten einen Kosmos aus realen, surrealen und ornamentalen Elementen von reicher Vielfalt vor uns aus. Sie lassen zum erstenmal in der uns durch Ausgrabungen erschlossenen Geschichte eine tantrische Bilderwelt, das heißt, einen Allzusammenhang des Lebendigen und des Phantastischen, als menschliche Vorstellung erkennen.

Ihre kultische Bedeutung kann aus der Tatsache erschlossen werden, daß Malereien, die ihren rituellen Sinn im Kultzusammenhang erfüllt hatten, weiß übertüncht wurden. Zum Teil hat man sie durch andere Malereien ersetzt. Es gibt aber auch Beispiele, daß Wandmalereien immer wieder weiß übermalt wurden, ohne daß man die Wand noch einmal in ein kultisches Szenarium verwandelte. Welche Gründe dafür jeweils maßgebend waren, wissen wir nicht. Wohl aber können wir aus den erhaltenen oder doch aus Bruchstücken rekonstruierten Bemalungen gewisse Schlüsse auf die Deutung des kultischen Zusammenhangs ziehen.

Im figürlichen Bereich spielen die Farben Schwarz und Rot eine zentrale Rolle. Dabei sind Tiere, die dem Tod zuzuordnen sind, wie etwa stilisierte fliegende Geier, schwarz gemalt. Tanzende Menschen – sie sind nur selten dargestellt – erscheinen weiß oder rot. Wir dürfen also davon ausgehen, daß Schwarz die Farbe des Todes, Rot dagegen – als Symbol für Blut – die Farbe des Lebens war.

Die Bedeutung der in den Wandmalereien reich vertretenen, vielgestaltigen Ornamentik von Çatal Hüyük zu entschlüsseln, bedürfte einer breitangelegten Analyse, für die uns noch wesentliche Voraussetzungen fehlen. Doch enthüllen diese Kompositionen für jeden Betrachter ein so hohes Maß an Stilgefühl und Kompositionssicherheit, daß man unwillkürlich nach ihren Quellen, nach den Anfängen fragt.

Viele der Muster hinterlassen beim Betrachter den Eindruck von Kelims oder Teppichen. Und tatsächlich dürfen wir im Zusammenhang mit anderen Relikten der Kultur von Çatal Hüyük annehmen, daß bereits in jener frühen Kulturepoche – vor zehntausend Jahren – auch die Teppichknüpferei und das Weben erfunden worden sind. Denn die Struktur der ornamentalen Fresken deutet auf textile Vorbilder hin. Das führt nun freilich zu dem betrüblichen Schluß, daß viele Zeugnisse dieser alten Kultur, die aus vergänglichem Material bestanden, unwiederbringlich verloren und unrekonstruierbar sind – ein Tatbestand, der für viele Plätze uralten Kulturerbes gilt.

Ein wichtiges Problem, das in Çatal Hüyük erstmals deutlich zutage tritt, ist die Deutungsfrage. Vieles, wenn nicht alles in dieser uralten Stadt, ist zweifellos religiösen Ursprungs. Doch wie weit wir es bei der künstlerischen Gestaltung des Lebendigen – von Mensch und Tier – mit Realitäten zu tun haben, ist schwer zu entscheiden und wird noch heute heiß diskutiert. Gibt es etwa in den Skulpturen Porträts von Frauen jener Zeit – vielleicht von Priesterinnen?

Der Leopardenthron läßt sicher auf die Große Göttin schließen. Andere weibliche Figuren tragen ein aufgemaltes Gewand aus Leopardenfell. Haben wir es dabei vielleicht mit Gefährtinnen der Göttin – mit ihren Priesterinnen – zu tun? Oder galt eine auserwählte Frau aus der Stadt selbst als Verkörperung der Großen Göttin? Auf diese Fragen werden wir wahrscheinlich nie eine endgültige Antwort finden. Trotzdem gibt uns das Ausgegrabene einen Rahmen, in dem wir Deutungsversuche unternehmen können.

Zum zentralen Problem werden dabei das Verhältnis von Göttin und Stier und die Bedeutung der ersten eindeutig männlichen Figuren, die in Çatal Hüyük auftauchen. Der Stiergott ist zweifellos jünger als die Große Göttin und blieb wahrscheinlich im Verständnis der Frühmenschen lange in ihrer Abhängigkeit, be-

griff man ihn doch als den von ihr Geborenen. Neben ihm war der
Mann als Jäger ein rein irdisches Wesen ohne Himmels-, ohne
Mondverbindung. In Malereien der Eiszeit finden wir ihn oft als
einen vom Bison Gefällten, als ein Opfer der Gottheit.

So stand der Mann lange Zeit im Schatten von Göttin und Stier,
obwohl er sich insgeheim, wenn auch mit viel geringerer Kraft,
dem Stier verwandt fühlte, ja, ihn vielleicht selbst mit Geschick
den Frauen gegenüber in seine göttliche Position gebracht hat.
Doch über diese Zusammenhänge wissen wir nichts; sie lassen
sich auch nicht aus den Funden erschließen.

In Çatal Hüyük spielt der Stier offensichtlich neben der Großen
Göttin, wenn auch eindeutig ihr Geschöpf, eine bedeutende Rolle.
Seine Stellung zum Mann oder besser – des Mannes zu ihm – läßt
sich daraus jedoch nicht erkennen.

Neben den in die bemalten Wände der Heiligtümer von Çatal
Hüyük eingelassenen Stuckreliefs der Großen Göttin, des Stiers
sowie anderer Tierköpfe und menschlicher wie auch tierischer
Körper und Körperteile fand der Ausgräber James Mellaart fünfzig Skulpturen, zwischen 5 und 30 Zentimeter messend, die zum
überwiegenden Teil Frauen darstellen. Mellaart bezeichnet sie in
seinem Grabungsbericht als Göttinnen. Unter ihnen begegnen wir
mehrfach der bereits erwähnten, auf einem Leopardenthron sitzenden majestätischen Erscheinung der Großen Göttin. Doch es
gibt auch Zweifelsfälle, die eher an den Alltag, vielleicht auch an
Frauen im Kult denken lassen.

Die Brücke zu den wenigen von Mellaart als männlich gedeu-
teten Darstellungen schlägt eine nur 5,5 Zentimeter hohe Miniatur,
die ein auf einem Leoparden reitendes Kind darstellt. Vielleicht
haben wir hier erstmals den Menschensohn der Großen Göttin
vor uns, den wir in den späteren Hochkulturen als Sohngeliebten
häufig wiederfinden.

Nur vier der fünfzig bisher ausgegrabenen Statuetten lassen
sich als eindeutig männlich interpretieren. Sie befinden sich alle in
Sitz- oder Hockstellung. Mellaart bezeichnet sie in einer Auflistung
als Gefährten der Göttin, im Bildteil als männliche Gottheiten. Die
größte von ihnen mißt 21,5 Zentimeter. Sie sitzt nackt auf einem

Hocker und wirkt geschlechtslos. Nun finden wir in Çatal Hüyük auch bei den weiblichen Skulpturen kein Schamdreieck darge- stellt. Doch die leiblichen Formen, die schwellenden Brüste, sind hier eindeutig als Geschlechtsmerkmale zu erkennen und zeugen von göttlicher Fruchtbarkeit. Die männliche Figur dagegen wirkt wie ein verängstigt Wartender, der im krassen Gegensatz zur prachtvollen Weiblichkeit der Skulpturen der Großen Göttin steht. Erstaunlich, daß Mellaart diese Männerfigur, die einzige von einer gewissen formalen Bedeutung, als »charakteristisch für das Selbst- bewußtsein, den Stolz und die Männlichkeit des Mannes von Çatal Hüyük« bezeichnet, als »einen, der noch jemand war, mit dem man rechnen mußte und der nicht wie später völlig den Listen der Frau unterworfen war«.

Man fragt sich, was solch eine subjektive, von Vorurteilen be- stimmte Aussage in einem wissenschaftlichen Grabungsbericht zu suchen hat, der sonst von Sachlichkeit geprägt ist. Doch zeigt uns das Beispiel, wie schwer es ist, die wirkliche Bedeutung religiöser, kultischer Zusammenhänge der Frühzeit mit Göttern und Men- schen, die sie schaffen und zelebrieren, zu erkennen und richtig darzustellen. Einen Gott jedenfalls, wie Mellaart meint, haben wir in dieser sterilen Sitzfigur gewiß nicht vor uns.

Das wichtigste Stück, das im unmittelbaren Zusammenhang mit unserem Thema in Çatal Hüyük gefunden worden ist, stellt eine klar erkennbare Szenenfolge auf einer grünlich-grauen Re- liefplatte von 12 mal 12 Zentimetern dar, die links ein sitzendes Paar beim Koitus und rechts eine Geburt zeigt. Diese ganz reali- stisch dargestellten Vorgänge erinnern in ihrer Bedeutung an die eigenartig abstrahierte, mindestens zehntausend Jahre ältere Re- liefplatte von Laussel. In beiden Fällen, in Çatal Hüyük mit noch größerer Sicherheit, darf man an früheste Formen des Hieros gamos – der Heiligen Hochzeit – denken, die in der sumerischen Hochkultur Mesopotamiens, im vierten Jahrtausend v. Chr., zum Zentralkultgeschehen einer Frühreligion wurde, in der sich der Mann als Priesterkönig durchgesetzt hatte und in göttlicher Funk- tion mit der höchsten Priesterin als Vertreterin der Großen Göttin den sakralen Geschlechtsakt vollzog.

Weder dort noch in den frühen Darstellungen dieses Vorgangs, denen wir hier begegnet sind, handelt es sich um Begegnungen von Mann und Frau außerhalb der kultischen, das heißt der numinosen Sphäre. Es sind die ersten überlieferten Beispiele eines tantrischen Kultgeschehens, deren Wiederholung uns nun durch die Jahrtausende der Begegnungen und Auseinandersetzungen zwischen Gott und Göttin als tantrischer Aspekt begleitet, wobei der Stier als Macht- und Potenzsymbol der Männlichkeit in vielen nachfolgenden Kulturen – wie in Ägypten und Kreta – erhalten bleibt.

HIEROS GAMOS –
DAS ÄLTESTE RITUAL
DER VEREINIGUNG

Der Weg von den ältesten Glaubens- und Kulterscheinungen, die wir an Plätzen wie Laussel oder Çatal Hüyük aufgespürt haben, bis zu den erhaltenen Zeugnissen erster Hochkulturen führt über viele Jahrtausende. Und doch begegnen uns religiöse Grundtendenzen und Verhaltensweisen, wenn auch in unterschiedlicher Art und Gewichtung, hier wie dort.

Es gibt Beständiges und sich Wandelndes, wobei sich der Wandel im kultischen Bereich offenbar am unauffälligsten und langsamsten vollzogen hat.

Wir können ihn im Laufe der Frühzeit menschlicher Kulturentfaltung am deutlichsten an der Position der Großen Göttin und ihren Veränderungen erkennen. Diese vollzogen sich im Zusammenhang mit der Ausbildung politischer Macht einzelner Bevölkerungsgruppen und ihrer Anführer. Mit dem Entstehen von Rivalitäten zwischen Stammesverbänden und dem dadurch bedingten Hervortreten einzelner Männer aus der Masse begannen sich Gesellschaftsstrukturen auszubilden, die bis heute in ihren Grundzügen fortbestehen.

Eine ihrer Folgen war die allmähliche Unterdrückung der Frau und ihre Verdrängung aus der gesellschaftlichen Öffentlichkeit, die sie so lange dominiert hatte. Damit änderte sich auch die Stellung der Großen Göttin.

Religion war nun nicht mehr Ausdruck des kosmischen Allzusammenhangs aus der Urkraft des Leben gebärenden und erhaltenden Weiblichen, sondern zweckbestimmter Ritual- und Kultverbund zur Errichtung und Bewahrung politischer und militärischer Macht.

Diese Entwicklung vollzog sich an den wichtigen Plätzen kultureller und politischer Entfaltung verschiedenartig und unterschiedlich schnell. Dabei wurden die Frauen im Alltag früher deklassiert als die Große Göttin im Kult, zu der, angesichts ihrer weitgehenden Unantastbarkeit, die aufstrebenden Mächtigen zunächst noch und vielerorts sehr lange ein gutes Verhältnis, zumindest als religiöse Fassade, zu erhalten bestrebt waren.

Doch allmählich hat auch die Große Göttin und damit das Göttlich-Weibliche in der Gesellschaft mehr und mehr an Bedeutung verloren. Der Mann drängte immer stärker zur Herrschaft und zu führenden Positionen, auch im religiösen Bereich. Er wollte selbst göttlich werden oder doch den unsichtbaren Gott als Priester vertreten.

Die Große Göttin war ihm dabei schließlich nur noch Mittel zum Zweck und die Frau vor allem die Gebärerin kampfestüchtigen Nachwuchses. So sind die Funktionen geblieben, aber die Positionen haben sich vom vierten vorchristlichen Jahrtausend an deutlich zugunsten der Männerwelt verschoben.

Was sich erhalten, ja zunächst sogar noch erweitert und vertieft hat, war das kosmische Bewußtsein, auch in der Beziehung der Geschlechter – zwischen Mann und Frau, vor allem aber im Kult zwischen Herrscher und Priesterin. Es war ein symbolischer Vorgang, durch den der König zum Gott, die Göttin dagegen zur Priesterin wurde. Dem Aufstieg des Mannes in göttliche Bereiche entsprach der Abstieg der Göttin zur Frau als Dienerin des Mannes.

Am tantrischen Kultbezug, an der Allverwobenheit heiligen und geheiligten Seins, hat sich dadurch zunächst dem Anschein nach nichts geändert.

Im Gegenteil!

Die zum Kultvorgang auf höchster Ebene gesteigerte Begegnung der Geschlechter, das Ritual der kultischen Vereinigung des zur Macht gekommenen Mannes mit der Vertreterin der unsichtbaren Großen Göttin im Hieros gamos – der Heiligen Hochzeit – wurde zum höchsten Zeremoniell der jungen Städte und Staaten, zum ersten politischen Sakralakt in der Entstehungszeit der frühen Hochkulturen.

Beim Hieros gamos erlangt der Mann, erstmals für uns deutlich erkennbar, Bedeutung im kultischen Zusammenhang – ob von ihm erzwungen oder vielleicht sogar von der Frau, zumindest von gewissen, eine neue weibliche Machtposition anstrebenden Frauen, gewollt, bleibt dabei offen.

Doch mit der Ausbildung des Hieros gamos als der ältesten auch historisch nachweisbaren, in Keilschrifttexten überlieferten heiligen Handlung entstehen aus Ursprungsgeschichten und magischen Vorgängen an heiligen Plätzen die ersten Mythen.

Religion und Kult werden sprachlich faßbar.

Dabei sind der Legende, wie wir bei den Sumerern erleben, bunte Flügel des Phantastischen gewachsen. Und aus der geheimnisvollen Strenge der Kulte entwickelte sich schon früh das Fest. Es war das religiöse Ritual, an dem nun auch das Volk – zumindest mit seinen bevorrechtigten Gruppen: den Anfängen von Adel – teilnehmen durfte.

Bestimmend für die Auswahl war der König, der Herrscher. Er schuf Gesellschaftsstrukturen, die es in der Zeit der dominierenden Großen Göttin wahrscheinlich noch nicht gegeben hat. Da bestand die Exklusivität in der Naturreligion des Göttlich-Weiblichen, im geheimen Kultgeschehen von Geburt und Tod.

Ein gewaltiger Umbruch hat sich, wie die Forschung der letzten hundert Jahre zeigt, erst im Mesopotamien der Sumerer, später dann im ganzen Vorderen Orient, aber auch in Zentralasien, Indien und China vollzogen.

Es war die Zeit vor etwa fünftausend Jahren, in der sich die Vorstellungswelt tantrischer Lebenserfahrung und -erfassung auszubilden und als ganzheitliches Bewußtsein zu entfalten begann, die dann, als ihre mythisch-historischen Ursprünge längst wieder vergessen waren, in Indien, im Himalaya-Raum sowie in Süd- und Ostasien als Tantrismus zu neuer, wenn auch oft gefährdeter Blüte gelangten.

Dem ältesten Trieb dieser zunächst noch nicht als Begriff erfaßten Sinnes- und Geisteshaltung wollen wir bei den geheimnisvollen Sumerern nachspüren, einem Volk unbekannter Herkunft, von dem wir erst seit hundert Jahren wissen. Es entfaltete in Mesopotamien, zwischen Euphrat und Tigris, im vierten vorchristlichen Jahrtausend eine erste Hochkultur, die um 2500 in den Städten Ur, Uruk und Lagasch ihre Blütezeit erreichte.

Dort ist es, wo wir beginnen wollen mit der Suche nach dem Fortbestehen und der Wiederbelebung elementarer göttlich-weiblicher Kräfte in den Götterhierarchien, die das alte Prinzip der Großen Göttin machtpolitisch und religionsdogmatisch überlagert haben als Zweckverbände, wie wir sie noch heute in den großen Weltreligionen deutlich erkennen können.

Menschliche Zweckbestimmung und Machtbindung des Religiösen waren der Anfang des Verfalls numinosen Lebensgefühls und magischer Wirklichkeit.

So haben wir bei der weiteren Verfolgung unseres Themas immer zwei Stränge der religiösen, vor allem der kulturellen Entwicklung im Auge zu behalten, die gleiches suggerieren und doch nicht das gleiche bedeuten, sich vielmehr meist als Gegenteil erkennen lassen. Für diese Doppeldeutigkeit der kultischen Absicht und ihres Bezugs ist die Heilige Hochzeit der Fürsten Sumers nicht nur das älteste, sondern wohl auch das prägnanteste Beispiel.

Angesichts der um 3000 v. Chr. beginnenden Ausbildung einer Bilderschrift im mesopotamischen Raum, aus der sich die Keilschrift mit ersten Texten entwickelte, die von Göttern sprechen, stehen wir erneut vor dem Rätsel, das den Ursprung des Religiösen betrifft.

Hier zeigt sich, ohne daß wir uns die Gründe erklären können, ein eigenartiger Dualismus zwischen Menschen und Göttern. Obwohl es zweifellos die Menschen waren, die sich ihr Pantheon schufen und dabei den Göttern zum erstenmal unterschiedliche Namen gaben – die Große Göttin nannten sie Inanna –, sind es nach Aussagen dieses ältesten aufgezeichneten Mythos vielmehr die Götter gewesen, die sich Menschen als Hilfskräfte für die harte tägliche Arbeit geschaffen haben.

Der wirkliche Vorgang der bildhaften Erzeugung von Göttern nach dem Vorbild des Menschen bleibt verschwiegen und wird somit zum unausgesprochenen, vielleicht vom Volk auch gar nicht durchschauten Geheimnis.

Die Mächtigen, die Klugen unter den Menschen dieser ersten, Kulturzusammenhänge knüpfenden Stunde, schufen aus ihrer Vorstellungskraft aber nicht nur Götter. Sie führten diese Götter auch über zahllose Generationen ursprünglichen göttlichen Seins zurück bis in die Anfänge menschlichen Denkens. So entstand aus und mit ihnen der erste Schöpfungsmythos. Das alles wurde von den frühen Fürsten – den Stadtherren – suggeriert und inszeniert, um sich selbst in die göttliche Generationenfolge einbringen zu können, das heißt, zu legitimen Nachkommen der von ihnen geschaffenen Götter zu werden.

Diese nach dem Mythos ältesten Götter Sumers sind darum um vieles jünger als Inanna, die Große Göttin, der wir im frühen Sumer nicht nur als einer der mächtigsten, sondern vor allem auch als der klügsten Gottheit begegnen. Um sie rankt sich schon in nicht historisch faßbaren Zeiten das Fest des Hieros gamos.

Der große Sumerologe Stephen Langdon hat diese Heilige Hochzeit bereits 1926 nach eingehender Forschung als den »größten aller religiösen Kulte des Altertums« bezeichnet.

Wir haben sie hier als ein Phänomen kosmischer Religiosität, als Ausdruck jenes magisch-kultischen Allzusammenhangs, den wir tantrisch nennen, zu untersuchen. Dabei stellen wir fest, daß sie wohl am Anfang der historisch nachweisbaren Kulte aus tantrischem Geiste steht, aber in Sumer weder als Ursprungserscheinung zu betrachten ist noch kulturell isoliert und ohne langwährende zeitliche Nachfolge bestanden hat.

Sie steht im Zentrum einer kultischen Entwicklung, die Jahrzehntausende vorher begonnen hatte und, wie unser Buch im weiteren zeigen wird, bis heute, wenn auch oft verfälscht, lebendig geblieben ist.

Wann die Heilige Hochzeit im sumerischen Kult begründet wurde, wissen wir nicht. Wahrscheinlich haben sie die Sumerer, deren Urheimat wir in Zentralasien vermuten, nach Mesopotamien mitgebracht, wo sie nicht nur als Ritual ausgebildet wurde, sondern auch ihren architektonischen Rahmen erhielt: den Stufenbau, die Zikkurat, der, wie wir heute wissen, ein Tieftempel als Totenreich entsprach.

Dieses Bauensemble von höchst bedeutungsvoller Komplexität war die Szene eines zum Neujahrsfest jeweils im Frühjahr vollzogenen Rituals von einprägsamer Prächtigkeit, in dessen sichtbarem Mittelpunkt der prunkvoll gekleidete Fürst stand, während sich das Zeremoniell selbst als wohl bewußte, aber doch geheime Handlung im Tempel auf der Höhe des Stufenbaus, abgeschlossen von den Augen der Menge, vollzog.

Wir können das Fest der Heiligen Hochzeit nach Bruchstücken von Keilschriftplatten, die Adam Falkenstein und Samuel N. Kramer übersetzt haben, in seinem Ablauf wie in seiner kultischen Bedeutung gut rekonstruieren. Es war, zumindest in Zeiten seiner schönsten Entfaltung, ein Fest zur Demonstration der Machtfülle des jeweiligen Stadtfürsten, aber, im Bewußtsein der Gesellschaft, vor allem ein Fest zur Sicherung des Fortbestands von Fruchtbarkeit und Leben, die zu gewährleisten es von Zeit zu Zeit auch der Beschwörung des Todes in Form eines magischen Massensterbens bedurfte. Doch das war des Festes andere, dunkle Seite.

In seiner Kultfolge zeigt es, daß der Wiedergeburtsgedanke, wie hier in Sumer, tief in den frühen Religionen verwurzelt war. Er bestimmte den Lebens- und damit auch den Festrhythmus der frühen Menschheit, deren wesentliche Erkenntnis die sich im Kosmos, in der Natur und im Menschenleben ausdrückende ewige Wiederkehr des Gleichen war. Die Heilige Hochzeit ist dafür das sich alljährlich wiederholende, als Ursymbol zu begreifende Ereignis gewesen.

Von seiner Doppeldeutigkeit sprachen wir schon. Die Heilige Hochzeit war Mythos und Realität zugleich. Sie wurde wahrscheinlich in einer sehr archaischen Form schon lange vor der Entstehung und Aufzeichnung des Mythos von Inanna und ihrem Geliebten Tammuz vollzogen.

So werden der Mythos zum Spiegel einer frühen Wirklichkeit und das Kultgeschehen zum Anlaß einer der großartigsten Mythen, die wir aus unserem Themenbereich kennen.

Versuchen wir zunächst eine Rekonstruktion der Wirklichkeit, wie sie sich in vielfältigen historischen Beispielen des Hieros gamos in sumerischen Stadtstaaten vollzogen hat.

Die mesopotamischen Städte der Frühzeit waren Wohngemeinschaften der Viehzüchter, Ackerbauern und Handwerker. Eine besondere Rolle spielten in der komplizierte Bearbeitungsmethoden erfordernden, ständig von Hochwasser bedrohten Landschaft zwischen Euphrat und Tigris die mit der Regulierung der schwer zu bändigenden beiden Ströme betrauten Männer. Wahrscheinlich war die so notwendige, das Leben bestimmende Wasserwirtschaft der Anlaß zum Bau erster Siedlungen und zur Begründung fester Städte.

Dabei spielte der die Stadt und den Fluß überragende Turmbau – die Zikkurat – von Anfang an eine zentrale Rolle. Sie war das kultische Zentrum, der Platz, wo die Priesterin der Großen Göttin, die zu Anfang noch keinen Namen hatte, die hilfreiche Beziehung zum Göttlichen aufrechterhielt.

Hier nun, an einer Stätte zwischen künstlichen Wasserarmen, vollzog der Stadtfürst, zunächst wohl ein Primus inter pares ohne besondere Machtbefugnisse, einmal im Jahr mit der höchsten Priesterin der Zikkurat die rituelle Vereinigung als Heilige Hochzeit. Es war der Akt, durch den Fruchtbarkeit erneuert, Leben bewahrt und Zukunft gesichert werden sollten.

Das Neujahrsfest, an dem diese heilige Handlung alljährlich vollzogen wurde, war das Fest der kosmischen Bindung des Menschen an seine Götter, die in der Vereinigung der Großen Göttin mit ihrem Sohngeliebten, jenem uralten Akt des Einswerdens, symbolischen Ausdruck fand.

Fürst und Priesterin transponierten diesen Urvorgang Jahr für Jahr aufs neue in die Wirklichkeit ihres Alltags, dem sie dadurch Heiligung und Dauer bescherten.

Das Fest, bei dem zumindest in späterer Zeit wohl die ganze Stadt als Zeuge zugegen war, wurde von Musikanten und Sängern eingeleitet, die mit einer uns nicht zu vergegenwärtigenden Klangfülle die Verbindung zwischen Erde und Kosmos, zwischen Mensch und Gott, zwischen Augenblick und All herstellten. Seinen Höhepunkt erreichte das Kultgeschehen mit dem Auftritt des Königs und seiner feierlichen Begegnung mit der auserwählten Priesterin.

Von dieser entscheidenden Szene besitzen wir eine bildliche Darstellung auf einer großen, etwa fünftausend Jahre alten Alabastervase, die sich im Irak-Museum von Bagdad befindet. Sie zeigt in den unteren Szenen eine lange Opferprozession von nackten

Männern, unter denen, als Zeichen des Reichtums der Stadt, Widder und Muttertiere dargestellt sind sowie junge Dattelpalmen und Getreide, das aus einer stilisierten Wellenlinie, dem Wasser des Lebens, hervorsprießt.

Im oberen Fries erkennen wir die Göttin Inanna, ausgewiesen durch die ihr heiligen, als Insignien beigegebenen Schilfbündel, denen wir im Süd-Irak noch heute an den urtümlichen Rohrhütten des Mündungsgebiets von Euphrat und Tigris begegnen. Auf der Vase stellen sie wohl den Eingang zum Heiligtum der Göttin dar. Dahinter häufen sich Opfergaben.

Ein der Göttin entgegentretender Mann, der von einem nackten Diener mit Opfergefäß und einem Schleppenträger begleitet ist, blieb im Relief leider nur bruchstückhaft erhalten. Wir erkennen eine Figur im landesüblichen Zottenrock, den wir als Tammuz, den aus dem Mythos bekannten Geliebten der Inanna, deuten können.

Vielleicht ist es aber auch die Szene der Begegnung eines Stadtfürsten mit der Göttin. Das wäre dann die Einbringung der Realität in den Mythos, durch die das Ansehen des jeweiligen Fürsten gesteigert werden sollte. Denn so vollzog sich die heilige Handlung im jährlichen Festritus sumerischer Städte.

Im Innern des Heiligtums, unsichtbar für das sich drängende Volk, wird das Brautlager rituell vorbereitet und die zum Beischlaf auserwählte Priesterin von ihren Gefährtinnen feierlich entkleidet, gebadet und gesalbt. Dann tritt sie, in festliche Gewänder gehüllt, dem gleichfalls in ein Staatsgewand gekleideten König beim Klang von Hymnen entgegen, die das Ereignis begleiten.

Die erklärenden Hymnen, die uns aus den Keilschrifttexten vertraut sind, sprechen zunächst von der Bedeutung des Festes für die ganze Stadt und das Land, ja für den Kosmos, und gehen dann über in einen Zwiegesang zwischen König und Priesterin, der durch Chorsätze ihrer Begleiterinnen ergänzt wird.

Aus dem Nebenraum des heiligen Lagers vernimmt man dann die Stimme des Fürsten, der zu dieser Stunde den Stadtgott simuliert. Er verkündet die Aufgabe, die er zu meistern hat: »Es gilt die Göttlichen Gesetze zu erfüllen für diesen Tag des Heiligen Beischlafs, zu Neujahr, dem Fest der Heiligen Riten.« Dann geht sein

Text zum Geschehen selbst über: »Eine Schlafstatt ist errichtet für meine Göttin, ein Bett, das ihr zusagt. Gebadet ist sie für meinen heiligen Schoß. Inanna wurde mit Seife gewaschen. Man hat den Boden mit duftendem Zedernöl besprengt.«

Daraufhin stellt ihm die Priesterin als Stellvertreterin der Göttin eine Frage, als könne sie der heiligen Begegnung noch nicht ganz gewiß sein: »Was wird mit meiner Scham, dem hochgewölbten Hügel. Wer wird mich, die Jungfrau, pflügen, meine Vulva und ihren wasserreichen Grund, mich, die Göttin. Wer wird seinen stoßenden Stier bei mir festmachen?« Darauf die Begleiterinnen im Chor: »Göttin, der König selbst wird den Pflug über dich führen. Der König wird dir die Vulva pflügen.« Jetzt ruft sie dem König entgegen: »Pflüge meine Vulva, Fürst meines Herzens.«

Das ist für den Herrscher die Aufforderung, das Brautgemach zu betreten. Und nun heißt es von ihm in der lyrischen Diktion der Keilschrift: »Im Schoß des Königs streckt sich aufrecht die Zeder. Erhobnen Geschlechts naht sich der König dem heiligen Schoß, bettet sich der Göttin zur Seite. Zärtlich liebkost er ihr den heiligen Schoß.«

Auf Terrakotten aus dem zweiten Jahrtausend finden wir vielfältig dargestellt, was sich dann im Innern des heiligen Gemachs begab. Die Göttin oder die sie vertretende Priesterin, das ist nicht auszumachen, liegt mit zum Koitus gespreizten Beinen auf dem Ruhebett ausgestreckt. Es ist die Position, die wir Jahrtausende später noch im hinduistischen Indien beim tantrischen Kultgeschehen als Vereinigung des zelebrierenden Priesters mit einer geweihten Jungfrau auf Miniaturen antreffen.

Die Vereinigung des Herrschers mit der Erwählten, der Himmelsbraut, wie es in vielen Texten heißt, hat sich offenbar unterschiedlich vollzogen: im Stehen oder Sitzen, wie es noch späte tantrische Kultbronzen in Indien, Nepal, Tibet und China zeigen, oder im einander zugewandten Liegen, bei dem die Beine der weiblichen Figur den König umklammern, wie wir es auch von sumerischen Terrakotten her kennen.

Für die den sakralen Geschlechtsakt begleitenden Gesänge des Volkes gibt es verschiedene bildreiche Varianten aus der Vorstellungskraft der Draußenstehenden. Doch alle, das zeigen die überlieferten Texte, fühlen sich mit den beiden im heiligen Gemach innig verbunden, wissen um die Bedeutung, die der kultischen Vereinigung dieser Stunde zukommt. Es ist ein Beischlaf als Ritual menschlicher Selbstbehauptung in einer gefahrvollen, von vielen Schrecken und Nöten bedrohten Welt.

Deshalb konnte es bei der alljährlich wiederholten heiligen Zeugung letztendlich auch nicht bleiben. Sie mußte mit der dunklen Seite unseres Seins auf geheimnisvoll schreckliche Weise verbunden werden, durch eine Kulthandlung, die nicht Jubel auslöste, sondern gemeinsames Verstummen: den kollektiven Tod.

Es war das Fest, dem wir in den Königsgräbern von Ur in Südmesopotamien wie auf einer Momentaufnahme seines Höhepunkts begegnen.

Nachdem Sir Leonard Wolley diese Gräber aus der frühdynastischen Zeit Sumers, die um 2500 v. Chr. zu datieren sind, ausgegraben hatte, glaubte er der biblischen Sintflut auf der Spur zu sein. Diese Annahme hat sich aber nicht bestätigt. Dagegen wissen wir heute, daß sich in den königlichen Grabgewölben von Ur beim Tode des Königs oder – noch wahrscheinlicher – bei seiner als Ritus vollzogenen symbolischen Auferstehung ein Erinnerungsfest an die zu seinen Lebzeiten alljährlich wiederholte Heilige Hochzeit mit besonders großem Aufwand noch einmal, wenn auch auf ganz andere Weise vollzogen hat.

Es wurde zum großartigsten, prächtigsten, zugleich aber entsetzlichsten Ritual, das wir aus dieser Zeit, ja, das wir historisch nachweisbar überhaupt kennen. Und doch dokumentiert es die sumerische Unsterblichkeitsidee: den tief verwurzelten Glauben an die Wiedergeburt und den Kult, der zu ihrer ständig neuen Verwirklichung führt.

Dabei sind die Gräber von Ur nicht die einzigen, wenn auch die bedeutendsten Beispiele dieses Kults. Hier zeigen die Ausgrabungen den Ablauf und die Bedeutung des Rituals. Sie erbringen den Beweis für den Wiedergeburtsglauben, der viel älter und auch viel weiter verbreitet war, als das heute, angesichts seiner Verurteilung durch das frühe christliche Dogma, angenommen wird.

Der Befund in Ur ist von grausiger Realität, aber auch von glaubensmächtigem Eindruck. Was man in den Grabkammern und auf der unterirdischen Rampe, die zu ihnen führte, fand, ist der königliche Hofstaat im Augenblick des Vollzugs jenes spätsumerischen Opferrituals: ein Massensterben in höchster, wohl von Drogengenuß begleiteter Seligkeit. Die Menschen verharren in der Position, die sie beim Eintreten der Totenstarre einnahmen, nachdem sie offenbar einen kostbaren Becher mit Gift geleert hatten.

Hier ist anläßlich der Auferstehungsfeier des verstorbenen und beigesetzten Königs – analog zum uralten Mythos von Inanna und Tammuz, bei dem Tammuz, der zeitweise in die Unterwelt verbannte Geliebte Inannas, alljährlich im Frühjahr wiederaufersteht, das heißt, aus der Unterwelt zurückkehrt – ein Opfer unvorstellbaren Ausmaßes gebracht worden.

Die Königin, die zugleich Priesterin war – Partnerin des Herrschers beim Hieros gamos –, starb mit auserwählten Begleitern und Begleiterinnen im Augenblick der Auferstehung des Königs.

Die in Ur gefundene, herrlich geschmückte Leiche einer Königin wird auf etwa vierzig Jahre geschätzt. Das könnte darauf hindeuten, daß sie als Priesterin nicht mehr für ihre Fruchtbarkeit voraussetzende Funktion als königliche Partnerin bei der Heiligen Hochzeit taugte.

Die letzten Geheimnisse jenes frühen Kultgeschehens und seiner tiefsten Bedeutung für Tod und Wiedergeburt werden wir wahrscheinlich nie enträtseln. Doch die Lebendigkeit des Wissens darum in weiten Teilen der Erde bis in die Gegenwart läßt uns erkennen, daß hier ein im Menschen seit Urzeiten angelegtes kosmisches, das aber heißt tantrisches Bewußtsein zum erstenmal für uns deutlich nachvollziehbare kultische Verwirklichung gefunden hat, die trotz allen Kulturwandels nie ganz verlorengegangen ist.

DIE VIELDEUTIGKEIT
DES HOHEN LIEDS

Wir können den sumerischen Mythos von Inanna und Tammuz als den ältesten tantrischen Mythos bezeichnen. Er hat nicht nur vielfältige Realität im frühen Vorderen Orient – wahrscheinlich auch in Ägypten – gewonnen, sondern blieb in Ausführung und Bedeutung, wie wir sehen werden, über Jahrtausende lebendig.

Von seiner Rolle, die er noch im späten Babylon gespielt hat, berichtet Herodot im ersten Buch seiner berühmten *Historien*, die im fünften vorchristlichen Jahrhundert entstanden sind. Herodot beschreibt ausführlich die vom Euphrat in zwei Teile getrennte Stadt Babylon, die Metropole des alten babylonischen Reiches. Auf der einen Seite befand sich die Königsburg, auf der anderen der Baalstempel – das Heiligtum des höchsten Gottes der Babylonier, den Herodot als Zeus-Baal bezeichnet. Er hat nach seiner Aussage in den *Historien* diese Bauwerke selbst noch in Funktion gesehen und schreibt darüber:

»In der Mitte des Heiligtums ist ein Turm gebaut, ohne Innenraum, ein Stadion lang und breit, und auf diesen Turm ist ein weiterer Turm gekommen und dann immer noch einer drauf, bis es acht sind. Der Aufstieg ist außen rings um alle Türme herumgeführt; und ist man bis zur Mitte aufgestiegen, gibt es einen Ort zur Rast und Sitze zum Ausruhen, und da lassen die Aufsteigenden sich nieder und ruhen sich aus. Auf dem letzten Turm aber steht ein großes Gotteshaus, und in dem Haus steht ein großes Ruhebett mit schönen Decken und daneben ein goldener Tisch. Aber ein Götterbild ist nicht darinnen aufgestellt. Und nachts schläft auch kein Mensch dort, außer zuweilen eine Frau alleine, die sich der Gott auserwählt hat aus allen Frauen des Landes, wie die Chaldäer sagen, die die Priester dieses Gottes sind. Diese behaupten auch – ich glaube es aber nicht –, daß der Gott selber in den Tempel kommt und auf dem Bette ruht, ganz wie im ägyptischen

Theben, wo es die Ägypter behaupten, denn auch dort ruht in dem Heiligtum des ägyptischen Zeus eine Frau. Sie naht sich nie dem Lager eines Mannes. Ist der Gott aber gekommen, dann wird sie nachts mit eingeschlossen im Innern des Tempels.«

Nach diesem lebendigen Zeugnis Herodots hat sich die Heilige Hochzeit in Babylon wie in Ägypten dann noch bis in die Mitte des ersten vorchristlichen Jahrtausends erhalten.

Der entscheidende Wandel aber, der sich seit dem dritten Jahrtausend in diesem Kultgeschehen vollzogen hat, ist die zunehmende männliche Dominanz beim Hieros gamos. Der Gott steigt von oben herab und vereinigt sich mit der irdischen Priesterin, die nun keine göttliche Rolle mehr spielt, obwohl sie eine Priesterin der Göttin Ischtar – der babylonischen Nachfolgerin Inannas – ist.

Bis ins alte Griechenland haben sich Elemente des Kults, wenn auch in profanierter Form, ausgedehnt. An die Stelle Baals trat dabei kein Geringerer als Dionysos, den uns Aristoteles in der Nachfolge des Tammuz als den die Heilige Hochzeit vollziehenden Gott beschreibt.

Auch hier geht es um die Bewahrung und Neubelebung von Fruchtbarkeit. Dionysos, der wie Tammuz auf Zeit in den Hades – Persephones düsteres Reich der Schatten – verbannt wurde, kehrt alljährlich zur Neuerweckung keimenden Lebens auf die Erde zurück. Er kommt mit dem Schiff über das Meer und landet im Hafen von Piräus. Von dort wird eine Statue, die ihn verkörpert, auf einem Karren zu seinem Athener Heiligtum gefahren. Nach der Begrüßung des Gottes bringt man sein Bild ins Bukolion, den Amtssitz des Archon Basileus, des höchsten Wahlbeamten Athens.

Als für ein Jahr amtierender, für das Wohl Athens verantwortlicher Vertreter der Stadt übernimmt der Archon nun die Rolle des Gottes und vollzieht mit seiner Frau, so wie einst die Könige Sumers mit einer Priesterin Inannas, die Heilige Hochzeit.

Das Bewußtsein von der notwendigen alljährlichen Erneuerung der Fruchtbarkeitsidee war also noch vorhanden. Doch aus dem Mythos und seiner symbolischen Verwirklichung im Alltag war eine Kulthandlung geworden, die zum tantrischen Ursprung des Geschehens keine Verbindung mehr hatte. Religion und Sexualität, die ursprünglich eine kosmische Einheit bildeten, waren auseinandergefallen. Der Kult wurde entweder in bürgerlichen Formen nachgeahmt, wie vom Archon Basileus und seiner Ehefrau, oder er entartete zur Tempelprostitution, die als Späterscheinung kultischer Sexualität im frühen Christentum zur Verneinung und Verurteilung der Sexualität überhaupt führte.

Der hier angedeutete Konflikt reicht im Vorderen Orient zurück bis in Texte des Alten Testaments und ihrer späteren Aufnahme in den Kanon der Bibel. Ein Beispiel von besonderer Brisanz ist dafür das »Hohe Lied«, das in der großartigen Übersetzung Martin Bubers »Der Gesang der Gesänge« heißt.

An dieser frühen hebräischen Liedersammlung und ihrer späteren, bis in die Gegenwart reichenden unterschiedlichen Deutung läßt sich die Spannung zwischen mythischer und profaner Sexualität nachweisen, die zu einer Spaltung des Sexuellen in eine kultische und in eine als sinnlich-unzüchtig betrachtete Sphäre geführt hat.

Den entscheidenden und wohl auch einzig akzeptablen Deutungsansatz für das Hohe Lied und seine Datierung bietet Hartmut Schmökel in seiner Studie *Heilige Hochzeit und Hoheslied*. Er schlägt darin die Brücke von Mesopotamien nach Palästina und erbringt den Beweis für natürliche Zusammenhänge, die durch christliche Fehldeutung und engstirnige Moralisierung zerrissen wurden, so daß bis in die jüngste Zeit eine historisch vertretbare Erklärung nicht möglich war.

Das Hohe Lied ist ein Stück großartiger tantrischer Literatur im Alten Testament, dessen mythisch geprägte, Sprache gewordene Sinnlichkeit die natürliche Verbindung zwischen Religion und Sexualität noch einmal klar aufscheinen läßt. Hier wird erkennbar, daß altjüdisches Lebensgefühl weit von der Sinnenfeindlichkeit und Körperverdammnis frühchristlicher Proselytenmacher entfernt war.

Liest man heute das Hohe Lied, diese kürzeste, leider bruchstückhafte Dichtung des Alten Testaments, unbelastet von den vielen, meist in moralischen Vorurteilen begründeten Deutungsversuchen, wird einem klar, daß es sich hier um eine dem Mythos

entstammende, stark erotisch betonte Gedichtfolge handelt, die
ihre thematische Anregung von der Inanna-Tammuz-Literatur her
empfangen hat.

Das zeigt schon der Anfang des kurzen Textes. Da lesen wir in
Bubers Übersetzung:

> »Der Gesang der Gesänge, der Schlomos ist.
> Er tränke mich mit den Küssen seines Mundes! –
> Ja, gut tut mehr als Wein deine Minne,
> gut tut der Duft deiner Öle,
> als Öl hat sich dein Name ergossen,
> darum lieben dich die Mädchen.
> Zieh mich dir nach, laufen wir!
> Brächte der König mich in seine Gemächer,
> jauchzen wollten wir und uns freuen an dir.
> Mehr als Wein rühmen wir deine Minne:
> geradeaus liebt man dich.«

Die Erwähnung Schlomos (Salomos) in der ersten Zeile hat dazu
geführt, den König Salomo als den Schöpfer des Gedichts anzu-
sehen. Erwiesen ist das bis heute nicht. Aber zeitlich könnte man
sich diese Autorschaft schon vorstellen. Dies um so mehr, als man
in Salomo auf Grund seiner Lebenseinstellung – seiner Weltoffen-
heit – durchaus einen Anhänger des Hieros gamos und der rituellen Liebe sehen kann.

Daß die Wurzeln des Gedichts in der Vorstellungswelt der
Heiligen Hochzeit zu suchen sind, beweisen die zitierten Anfangs-
zeilen. Hier hat Schmökel den richtigen Interpretationsansatz gefunden. Das ist um so bedeutungsvoller, als sich ganze Kirchen-
väter- und Gelehrtengenerationen um eine symbolische Deutung
der nach ihrem Wortsinn aus christlicher Sicht anrüchigen, un-
züchtigen Verse bemüht haben.

Diese symbolische Exegese geht bis auf die Aufnahme des
Hohen Lieds in den kanonischen Textbestand des Alten Testaments zurück. Man hat die an sich so eindeutigen Liebesgeschich-
ten ohne viel Widerspruch unter Juden als Ausdruck der Liebe

Gottes zu seinem auserwählten Volk, bei den frühen Christen als die Liebe Christi zu seiner Kirche, zur Seele der Gläubigen gedeutet.

Auf dem Zweiten Konzil von Konstantinopel wurde 553 n. Chr. die sinnliche Auslegung des Hohen Lieds als häretisch verurteilt, und Theodoros von Mopsuestia, der diese Meinung vertrat, wurde mit dem Bann belegt.

Vorher schon hatten eifernde Kirchenväter alles nur mögliche zur mystischen Verklärung des Hohen Lieds getan – an ihrer Spitze Origenes, gefolgt von Bernhard von Clairvaux, Bonaventura und Franz von Sales, die sich in phantasievoll blutleerer Interpretation übertrafen.

Dabei soll nicht verkannt werden, daß frühe Texte oft vieldeutig sind. Doch beim Hohen Lied richten sich alle christlichen Deutungsversuche allein gegen das betont Sinnliche des Textes und damit gegen die Lebendigkeit ursprünglicher Kultformen, die sich darin ausdrücken.

Hier zeigt sich einer der Gründe für die unnatürliche, die Ganzheit von Sinn und Sein zerstörende Haltung des asketischen, den Leib verdammenden Christentums, an der die Kirche mit dem Zölibat bis heute festhält. Das hat nicht nur zu einer Entwürdigung des Priesterstands geführt, sondern auch zu einer Herabsetzung der Frau als Verführerin und Lustobjekt. Die Entartung der einst heiligen körperlichen Vereinigung – der Hingabe zu mythischem Einssein – in gemeines Dirnentum hat hier genauso ihren Grund wie die daraus folgende Verachtung, die der Frau als Dirne widerfuhr.

Diese Zusammenhänge sind in der westlichen Welt weder erkannt noch je auch nur ansatzweise dargestellt worden. Wo es versucht wurde, wo man eine Brücke zwischen den Hochkulturen des Vorderen Orients und ihren frühen mythischen Akzenten nach Indien geschlagen hat, wie Karl-Heinz Golzio in seiner Studie *Der Tempel im alten Mesopotamien und seine Parallelen in Indien*, sucht man eine spirituelle Klarstellung der Zusammenhänge vergeblich. Der Grund dafür: Es fehlt in der westlichen Wissenschaft an Einsicht in die kosmische Ganzheit früher Kulte, am Begreifen dessen, was wir als tantrische Wirklichkeit aus ihren mythischen Tiefen verständlich machen möchten.

Golzio vermittelt zwar einen Eindruck von den kosmisch astronomischen Ursprüngen des Tempelbaus in Mesopotamien und seinen Auswirkungen bis nach Indien, doch die Bedeutung damaligen Wissens und Glaubens, in deren Mittelpunkt der Hieros gamos stand, durchschaut er nicht. Er erwähnt den Vorgang, um ihn auf typisch europäische Wissenschaftlerweise zu relativieren. Obwohl er babylonische Texte zitiert, in denen Inanna/Ischtar als »Herrin der Herrinnen, Göttin der Göttinnen, als Königin und Lenkerin der gesamten Menschheit« angesprochen wird, erkennt er ihre zentrale Rolle in der Heiligen Hochzeit nicht. Sie ist für ihn nicht Große Göttin, als die sie der von ihm zitierte Text einwandfrei erweist, sondern »Freudenmädchen und Kurtisane, also Göttin der sexuellen Liebe«.

Eine schlimmere Verkennung frühgeschichtlicher Lebensformen ist kaum denkbar.

Die vom Mann als Herrscher vorgenommene Entwürdigung der Frau in ihrer ursprünglich göttlichen Rolle wird so zu einem wissenschaftlichen Differenzierungs- und Erklärungsfaktor, der die Göttin zur Dirne, die Heilige Hochzeit aber, wie Golzio schreibt, zur »Garantie der rechten Ordnung« macht. Denn ein »Fruchtbarkeitsritus« könne sie wohl – so Golzio – nicht sein, da »weder Inanna noch Tammuz Vegetationsgötter« seien. Weiter kann man wissenschaftliches Schubladendenken nicht treiben.

Kein Wunder, daß Golzio auch die von ihm nachgewiesene Verbindung zwischen dem Tempelbau in Mesopotamien und Indien samt der korrespondierenden Kultformen in ihrer religiösen, das heißt mythischen Urbedeutung offenbar überhaupt nicht begreift und eine Spätfolge des Hieros gamos wie des tantrischen Kults – die sogenannte sakrale Prostitution – in den Mittelpunkt seiner weit von den Ursprüngen entfernten Betrachtung setzt.

Die dadurch entstehende Verschiebung des Bedeutungshorizonts frühester Vereinigungskulte, wie sie im Hieros gamos und im tantrischen Ritual vorliegen, versperrt die Erkenntnis, daß wir es mit einem Kontinente übergreifenden, frühgeschichtlichen kosmischen Bewußtsein von der religiös-sexuellen Einheit des Menschen zu tun haben.

Diese Erkenntnis ergibt sich für uns auch aus Sprache und Bedeutung des Hohen Lieds. Seine spätere, die Wirklichkeit umgehende symbolische Auslegung durch die Kirchenväter hat ihren Ursprung in der Sexualitätfeindlichkeit des frühen Christentums. Sie richtete sich gegen die in anderen Religionen der Zeit ausgeprägten Sexualkulte, besonders gegen Einflüsse aus dem asiatischen Osten, wie sie in der Gnosis vielfältig in Erscheinung traten.

Die Verteufelung des Sexuellen war aber auch Ausdruck der aus männlich-herrscherlicher Sicht betriebenen Zerstörung der magisch-mythischen Ganzheit des Lebens durch die zunehmende Dominanz des von Frauenmißachtung geprägten machtgierigen, die Ordnung der Großen Göttin mehr und mehr zerstörenden Mannes.

Diese Haltung wurde zur verhängnisvollen Lebens- und Lehrstruktur des christlichen Abendlandes und ihres Übergangs in menschenverachtende Ideologien männlich-inhumaner Prägung, wie sie sich in totalitären Regimen genauso ausgedrückt haben wie im hemmungslosen, rein materialistischen Kapitalismus von heute. Beider Verhältnis zur Frau – soweit diese nicht bereit ist, männliche Züge solcher Art anzunehmen – ist das der Erniedrigung, der Vermarktung, der Prostitution.

Das Wort Prostitution, das im Zusammenhang mit kultischen Handlungen völlig fehl am Platze ist, wird im *Duden* als »gewerbsmäßige Unzucht« definiert. Hier wird eindeutig klar, daß dieser vom Manne installierte und ausgebeutete Erwerbszweig mit religiösen Ritualen nicht das mindeste zu tun hat, es sei denn in seiner späteren Entartung. Insofern ist das in der abendländischen Literatur schon früh benutzte Wort, das die Vermarktung des weiblichen wie auch des männlichen Körpers meint, im Kultzusammenhang erst vom Augenblick dieser Entartung an zu Recht verwendbar.

Wenn Golzio Inanna als »Freudenmädchen und Kurtisane« bezeichnet, so gibt er sich damit als Vertreter jener männlich-arroganten Denkweise zu erkennen, aus der sich die wissenschaftlichen Fehlurteile ergeben haben, die das abendländische Bild vom Menschen bis in die Gegenwart verhängnisvoll prägen. Dabei ist Golzio nur einer unter vielen, die uns eine falsche Vorstellung von der Vergangenheit, vor allem aber von den frühen Verbindungen zwischen West und Ost vermittelt haben.

So wird die Rolle, die man der Sexualität zuschreibt, völlig vordergründig, ohne den tiefen Sinnzusammenhang, den sie in der Frühmenschheit besaß, dargestellt. Das zeigt sich in der unterschiedslosen Verwendung des Wortes Prostitution für die käufliche Liebe wie für den rituellen Geschlechtsverkehr, für den die Bezeichnung Unzucht nur aus abendländisch-puritanischer Sicht verständlich ist.

Der Begriff Tempelprostitution oder »sakrale Prostitution«, wie ihn Golzio verwendet, ist allein schon deshalb ein Fehlgriff. Er zeigt die falsche Optik der Wissenschaft, die ihre Wurzeln in der Betrachtungsweise hat, die vom britischen Kolonialherrn auf die sakrale Sexualität Indiens, wie sie bis ins neunzehnte Jahrhundert bestand, angewandt wurde.

Wir werden deshalb von Begriffen wie Prostitution und Tempelprostitution dort absehen, wo es um alte religiöse Zusammenhänge geht, um auf diese Weise deutlich zu machen, daß der Geschlechtsakt im kultischen Leben etwas anderes bedeutet als im Alltag. Obwohl er auch im Tantrismus nur einen Aspekt darstellt, bleibt er in ersterem doch Ausdruck jener lebendigen Ganzheit, die unter christlichem Einfluß im Abendland und seit dem neunzehnten Jahrhundert auch in Indien zerfallen ist.

TANTRISCHE
SELBSTBEHAUPTUNG
IM KALI-YUGA

In den letzten Kapiteln sind wir den frühen Kultformen sexueller Vereinigung nachgegangen und konnten dabei feststellen, daß sie ursprünglich – zumindest teilweise – als sakraler Akt verstanden und praktiziert wurde. Man begriff sie als zeugenden, Fruchtbarkeit erhaltenden kosmischen Vorgang von zentraler Bedeutung für Lebensführung und Lebenserhaltung. In welchem Verhältnis sie zum profanen Geschlechtsverkehr stand und welche Rolle dieser in der Frühzeit spielte, wissen wir nicht. Doch die Entartung der heiligen Handlung in Mißbrauch und Unzucht, wie sie aus der zum Gewerbe degenerierten sogenannten Tempelprostitution hervorgegangen ist, war einer der verhängnisvollsten Vorgänge in der Menschheitsgeschichte. Denn er hat nicht nur zur Erniedrigung und Entwürdigung der Frau geführt, sondern später auch zur Geschlechtsverachtung überhaupt.

Verachtung und Schmähung des Sexuellen in den Religionen haben hierin genauso ihre Wurzeln wie der menschenunwürdige Sexkult unseres Jahrhunderts, der viel zur geistigen und seelischen Verkrüppelung der Menschheit beigetragen hat. Das wird uns am Verständnis und den Praktiken dessen, was man heute tantrisch nennt, besonders deutlich.

Wie weit dieser Pseudotantrismus oberflächlicher, geschäftstüchtiger Macher von der tantrischen Wirklichkeit – von dem, was Tantrismus als Geisteskraft für uns sein kann – entfernt ist, wollen wir nun, zunächst aus mythischen Quellen Indiens, zu erklären und zu verstehen suchen. Dabei wird uns auch klar werden, daß Hieros gamos und Sexualkulte nur einen Teil des kosmischen Gesamtzusammenhangs bilden, in dem das Tantrische wurzelt, seine besondere, Menschenwürde verkörpernde Bedeutung hatte und bei rechter Geisteshaltung immer noch hat oder doch haben kann.

Tantrisches Denken ist ganzheitliches Denken, ist Urdenken. Das tantrische Ritual ist ein Urritual. Es entstand vor Jahrtausenden aus der Erkenntnis, daß es zwei Urelemente des Seins gibt: das weibliche und das männliche. Sie beide zur Übereinstimmung, zur Einheit zu bringen, war die früheste fordernde Einsicht des Menschseins. Sie führte, zunächst ohne Klarheit des Weges, zum tantrischen Bewußtsein.

Wer heute über Tantra und Tantrismus schreibt – ob in Indien, im Himalaya, in Japan, in Amerika oder Europa –, sucht nach den historischen Wurzeln seines Tantrismus und wird mir deshalb so weit zurück in die Anfänge nicht folgen wollen. Er wird die von mir aufgezeigte Verwandtschaft, ja Übereinstimmung von Hieros gamos und tantrischem Ritual nicht wahrhaben wollen. Und doch ist sie, betrachten wir das Leben als Ganzheit, unbestreitbar. Differenzierungsprozesse sind meist keine Erhellungs-, sondern Verdunkelungsprozesse. Das gilt auch und besonders im Bereich tantrischen Denkens und Praktizierens.

Drei elementare Bewußtseinsstufen bestimmen seit Urzeiten unser menschliches Erleben und Erfahren: die Zeugung, das Sterben und die Wiedergeburt. Sie sind, symbolisch betrachtet, die Elemente des tantrischen Rituals: Leben bestimmend und Sinn gebend. Insofern ist das Tantrische, wenn man es auch erst sehr viel später so nannte, das Uranfängliche und das Dauernde. Es wurzelt im ewigen Kreislauf – dem Samsara –, ist aber zugleich die einzige Möglichkeit zu seiner Überwindung: zum Nirvana.

Das gilt besonders für unser Zeitalter: das Kali-Yuga.

Yuga stammt aus dem Sanskrit und bedeutet Weltalter. Der Begriff wurzelt in der Zeitvorstellung, von der wir allerdings nicht sagen können, wann und wo sie entstanden ist. Wir erleben ihn als eine Art Selbstdarstellungsfaktor in verschiedenen Kulturen: bei den Griechen, im Vorderen Orient und in Indien, wo der Begriff Yuga schon früh auftaucht.

Übereinstimmend spricht man dabei von vier Weltzeitaltern – zuletzt im alttestamentarischen Buch des Propheten Daniel, wo von einem geheimnisvollen Traum des babylonischen Herrschers Nebukadnezar berichtet wird, den Daniel, ein israelischer Gefangener am babylonischen Königshof, als die Vorhersage ständig zunehmenden Machtverfalls in den auf Babylon folgenden Reichen deutet.

Was hier als prophetisch zu verstehender Traum in die Zukunft weist und den Niedergang menschlicher Macht voraussagt, das hat sich in den griechischen wie in den indischen Vorstellungen vom Ablauf der vier Weltzeitalter bereits vollzogen.

Die sorglosen goldenen Zeiten, wie sie Hesiod in seinen *Erga kai hemerai (Werke und Tage)* beschreibt, liegen genauso unvorstellbar weit zurück wie die dem Kali-Yuga vorangegangenen guten Zeiten Indiens, in denen die Menschen sorglos, ohne Krankheit und Schmerzen Jahrhunderte lebten und den Tod nicht als drohendes Ende empfanden, weil sie sicher waren, damit nur in einen anderen, schöneren Bewußtseinszustand einzutreten.

Die indische Überlieferung benennt die vier Zeitalter unseres Äons – des gegenwärtigen Weltzyklus – in der Endlosigkeit des Kommens und Vergehens nach den Zahlen des indischen Würfelspiels: Krita-, Treta-, Dvapara- und Kali-Yuga.

Als Beginn des Kali-Yuga wird das Jahr 3102 vor unserer Zeitrechnung angegeben. Es ist die Zeit, in der sich die ganzheitliche, von der Großen Göttin beherrschte Ordnung aufzulösen beginnt. Von da an wird tantrisches Bewußtsein zu einem Akt der Selbstbehauptung und ist es – betrachten wir die geschichtlichen Abläufe – bis heute geblieben, wenn auch unter großen Schwierigkeiten.

Wenn wir das verstehen wollen, dürfen wir uns freilich nicht an das Wort, an den Begriff des Tantrischen halten, sondern müssen an seine tiefste Bedeutung denken. Sie wurzelt im indischen, im asiatischen Geist. Sie ist nur kosmisch, nicht historisch faßbar. Der traditionelle abendländische Geist steht ihr verständnislos gegenüber, da er nicht ganzheitlich, sondern dialektisch angelegt ist.

Ich möchte, bevor wir uns Beispielen der Selbstbehauptung im Kali-Yuga – das aber heißt der heute überschaubaren Geschichte des Tantrismus und seiner Funktionen – zuwenden, den Unterschied zwischen abendländischem und aisatischem Denken an den Grundsätzen verdeutlichen. Daraus kann der Ansporn zu tan-

trischer Selbstbehauptung entstehen. So wird aber auch klar werden, weshalb tantrisches Denken bei uns kaum verstanden wird
und in Indien von der britischen Kolonialmacht unterdrückt
wurde. In jüngster Zeit ist es in sektiererischen Zirkeln zu meist
einseitigen Praktiken verkommen, die nichts mehr mit seinem
Sinn zu tun haben, oder es geht im pseudowissenschaftlichen
Kauderwelsch verständnisloser Interpreten unter.

Der Grund dafür liegt in der tiefen, unüberbrückbaren Kluft
zwischen asiatischem und abendländischem Denken – zwischen
dem kosmischen, unbegrenzten Bewußtsein des Inders und dem
begrenzten historischen Bewußtsein des Europäers, das zukunfts-
orientiert ist und damit seit Beginn des zwanzigsten Jahrhunderts
weltweit Anerkennung und Nachahmung gefunden hat.

Die Yuga-Lehre Indiens steht dazu im völligen Gegensatz. Sie
ist ahistorisch und kennt keine Grenzen, sie lebt aus dem Urbewußtsein der Unendlichkeit von Raum und Zeit und der ständigen
Wiederkunft aller Erscheinungen. Wiedergeburt ist aus solchem
Wissen das Gesetz der ständigen Wandlung, dem alles Leben unterliegt.

Gemessen an dieser Weite kosmischen Bewußtseins ist die
jüdisch-christliche Vorstellungswelt mit einem historischen Zeit-
raum von sechstausend Jahren seit der Weltschöpfungsgeschichte
der Bibel, an der christliche Sektierer zum Teil noch heute festhal-
ten und die bis ins neunzehnte Jahrhundert verbindliche Kirchen-
lehre war, nur ein Partikelchen.

Die modernen Naturwissenschaften haben sich zwar auf anderen Wegen dem indischen Urbewußtsein von der zeitlichen und
räumlichen Unendlichkeit genähert. Aber der grob materialistisch
eingestellte Großteil der heutigen Konsum-Menschheit mit ihren
oberflächlichen Bedürfnissen ist weit von einem kosmischen Bewußtsein und einer entsprechenden sinnvollen Lebensform entfernt.

Vor allem diese Erkenntnis war es, die mich veranlaßte, dieses
Buch zu beginnen, verbunden mit der Gewißheit, daß wir im Kali-
Yuga mehr und mehr der Hilfen bedürfen werden, die tantrische
Selbstbehauptung zu bieten vermag.

Wir kehren damit notwendig in des Wortes Bedeutung zum Themenkreis unserer Anfangskapitel – nach Indien – zurück. Seinem Geist müssen wir uns öffnen, wenn wir den Weg verstehen wollen, den ich nun als den tantrischen beschreiben möchte. Es ist ein Weg, der aus dem Unendlichen kommt und ins Unendliche führt, ein Weg, auf dem man, sein Ich vergessend, erkennen kann, daß der Mensch wie jedes andere Lebewesen nur ein Vorübergehendes ist in der Erscheinungen Flut. Das lehren uns auch die Yugas, denen die Unendlichkeit unserer Wiedergeburten entspricht.

Im Gegensatz zu Nebukadnezars Traum, den Daniel deutete und der in die Zukunft wies, weisen die Yugas in die Vergangenheit. Doch sie bedeuten nicht nur die Zeit, sondern auch das Göttliche, das sich in ihr verwirklicht, an dem Zeit meßbar oder doch vergleichbar wird.

Die indische Gottesvorstellung und ihre Erscheinungen sind aus diesem Grund mit keinem Gott monotheistischer Religionen – wie Judentum, Christentum oder Islam – vergleichbar. Auch sie leben aus dem Unendlichen von Raum und Zeit, zunächst namenlos, wie die indische Weltenmutter, später mit zahllosen Namen, die das vedische und, daraus folgend, das hinduistische Pantheon prägen. Es ist die Zeit, in der tantrisches Bewußtsein in Erscheinung tritt, sich allmählich aus kosmischem Urbewußtsein entfaltet.

Ereignisreich gestalten sich die Beziehungen zwischen Gottheiten in ihren unterschiedlichen Wesensarten, als gütige und schreckliche Götter, wie auch zu den Menschen. Zahllose Geschichten und Legenden berichten davon, vermitteln Einsicht in die vielfältige Verschlungenheit irdischen Seins, gewähren Einblick in die himmlischen Dimensionen, deren Ausdehnung unendlich ist. So entsteht auch die geschichtslose, allumfassende Zauberwelt der indischen Literatur. Meist kennen wir weder ihren thematischen Ursprung noch den Verfasser.

Welt tut sich auf und verschließt sich wieder. Götter bekämpfen sich. Menschen sterben und werden neu zum Leben erweckt. Dahinter steht ein großer Impuls: die Weltenmutter in verschiedenen Erscheinungen und ihr unüberschaubares Pantheon. Sie ist, das spürt man im indischen Mythos, die Ursprungskraft des Lebens und damit auch der tantrischen Selbstbehauptung in schlimmen Zeiten – wie eben im Kali-Yuga –, dem als hilfreiches kosmisches Bewußtsein, als Erinnerung an bessere Zeiten die tantrische Lebenshaltung als ursprüngliche Kraft geblieben ist. Doch dürfen wir das Tantrische nicht, wie es oft geschehen ist und wie es sich auch in der indischen Religiosität darstellt, als eine Erscheinung des Kali-Yuga begreifen. Es ist älter und umfassender. Nur deshalb vermag es bis heute im allgemeinen Dunkel zu bestehen und zu helfen. Und das, weil ihm eine zeitliche wie räumliche Dimension von Unendlichkeit eigen ist. Beide zu begreifen und sich bewußt zu machen ist natürlich äußerst schwierig. Auf diese Schwierigkeit werden wir im weiteren Verlauf unserer Betrachtungen immer wieder stoßen.

Um den Einstieg zu erleichtern, wenden wir uns zunächst den drei zusammenhängenden Ursachen kosmischen Seins zu, aus denen tantrisches Bewußtsein entstanden ist: dem allgegenwärtigen Göttlichen, das sich früh in der Weltenmutter manifestiert, dem Entstehen des Irdischen in lebenden Wesen und dem Opfer, durch das diese sich dem Göttlichen verbinden.

Das ist, wie wir sehen werden, nicht nur ein Phänomen indischer Geistesentfaltung. Wir begegnen ihm früh im ganzen Orient bis an die Grenzen Europas. Doch ist Indien das Feld der weitesten Ausdehnung solchen Denkens in Religionen und Literatur sowie seines – wenn auch modifizierten – Überdauerns bis in die Gegenwart.

DER SCHOSS,
DEM ALLES ENTSTAMMT

Der Schoß, dem alles entstammt, ist Gaia, die Weltenmutter, uns bis heute gegenwärtig als Mutter Erde. Sie ist das uns nächste Glied des Kosmos, dem alles zugehört und der alles verbindet – unendliches Gewebe: Tantra, Allverwobenheit. Mutter Erde ist die Segensreiche, aber auch aus frühmenschlicher Sicht die Verlangende, die Fordernde. Wenn sie blühen, wenn sie Früchte bringen soll, bedarf sie der Befruchtung, nicht anders als die Frau, von der man Nachwuchs erwartet.

So entstand die Vorstellung vom Opfer und seiner Darbringung: ein früher Akt menschlichen Bewußtseins, wenn wir das richtig sehen: ein Akt, der Blut forderte – Menschenblut.

Deutlich wird uns das auch im indischen Mythos vom Erscheinen der Großen Weltenmutter aus dem geheimnisvollen Anfangslosen allen Seins. Ihr Mythos ist, wie wir es im Höhlentempel nahe Bombay erlebt haben, bis heute mit Blutopfern verbunden. So, wie ihr früher rituelle Menschenopfer gebracht wurden und sich Menschen, wie Legenden berichten, durch das Abschlagen des eigenen Hauptes selbst geopfert haben, werden ihr bis heute stellvertretend Tiere dargebracht.

Die Göttin, einst und wohl über endlos lange Zeiten das Göttliche schlechthin, heute – als Kali – nur noch ein schrecklicher Teilaspekt, verlangt nach Blut. Nur so kann sie selbst am Leben bleiben und das Leben auf Erden erhalten. Es ist ein Wechselspiel des Gebens und Nehmens – das Grundmotiv des Lebens im Samsara.

Vom Opfergedanken und der Opferwilligkeit gegenüber der blutfordernden Göttin berichten zahllose Legenden, in denen harte Realität und beglückendes Wunder oft seltsam miteinander korrespondieren, so etwa in der Geschichte von den vertauschten Köpfen, die Thomas Mann zu seiner bekannten Parabel inspirierte.

Sie berichtet von zwei Freunden, die auf einer Reise an einem heiligen Badeplatz rasten. Sie sehen ein auffallend schönes Mädchen, das badet und dann seine Andacht verrichtet, in das sich der eine von beiden über die Maßen verliebt. Er versichert seinem Freund, daß er wohl sterben müsse, wenn seine Liebe keine Erfüllung fände. Der Freund macht die Eltern des Mädchens ausfindig und bittet seinen Vater, mit ihnen wegen der Eheschließung zu verhandeln. Die Heirat kommt zustande, und bald darauf tritt das junge Paar in Gesellschaft des Freundes, der die Ehe vermittelt hat, eine Reise an. Als sie unterwegs an einem berühmten Kali-Tempel vorbeikommen, bittet der junge Ehemann Frau und Freund, vor dem Tempel zu warten, damit er der Großen Göttin seine Dankbarkeit für die wunderbar gefügte Ehe erweisen könne. Drinnen erwartet ihn das blutüberströmte Bild der achtzehnarmigen Kali, die Dämonen überwältigt und eine stierköpfige Erscheinung unter ihren Füßen zermalmt. Angesichts der schrecklichen Gottheit, deren Blick ihn zu bannen scheint, überfällt den jungen Mann, der ohne Opfergabe vor der Gewaltigen steht, der unüberwindliche Drang, sich Kali selbst als Opfer darzubringen. In einem Nebenraum findet er das Schwert des Opferpriesters und schneidet sich damit voll heiliger Inbrunst das Haupt ab.

Die draußen Gebliebenen warten lange auf seine Rückkehr. Schließlich tritt der Freund in das Heiligtum, um nach ihm zu suchen. Als er ihn tot vor der Göttin hingestreckt findet, packt ihn ein solches Grauen, daß er nicht anders kann, als das Schwert aus der Hand des Freundes zu nehmen und sich selbst zu entleiben. Ein Meer von Blut ergießt sich bis zu den Füßen der Göttin, während draußen die Dämmerung hereinbricht und die junge Frau von zunehmender Angst erfaßt wird.

Schließlich betritt auch sie den Tempel und erblickt entsetzt das Geschehen. Verzweifelt greift sie nach einer Luftwurzel und will sich erhängen. Doch da ertönt donnernd die Stimme der Göttin, die ihr Einhalt gebietet und sie auffordert, die beiden ins Leben zurückzurufen, indem sie ihnen ihre Köpfe wieder aufsetzt. In ihrer Verwirrung (oder aus welchem Grund auch sonst) gibt die junge Frau die Köpfe auf den jeweils anderen Körper. Eine Verwechslung vielleicht oder eine Fehlleistung aus dem Unterbewußtsein? – In Indien hat man nie eine Antwort versucht. Im Westen dagegen wurde über die Legende vielfältig spekuliert, und Thomas Mann hat daraus ein Stück Freudscher Analyse gemacht, wie es westlicher nicht sein könnte, bei all seiner Fähigkeit zu indischer Märchenerzählweise.

Wir haben es bei dieser Legende bereits mit einer Spätversion des Opfergedankens zu tun, so, wie Kali eine Spätform der Weltenmutter ist: ihr negativer, Angst und Schrecken verbreitender Aspekt. In die Spätzeit gehört auch das Wunder der Wiederbelebung und das Vertauschen der Köpfe. Wir sind hier schon weit vom Ursprünglichen entfernt. Der Geist des Opferns ist in Phantasie umgeschlagen, aus dem Ritual ist literarische Unterhaltung geworden.

Doch die Vorstellung der Wiederbelebung, die im indischen Mythos wie in der Legendenwelt des Alltags eine bedeutende Rolle spielt, ist nicht denkbar ohne die uralte Gewißheit der Wiedergeburt. Sie ist indisches Lebens- und Überlebenselement – vielleicht der tiefste Gedanke, der östliches von westlichem Denken trennt.

In ihm gründet auch das Verhältnis zur Weltenmutter, zum Opfer und endlich zum Tod. Der Dreiklang von Zeugung, Geburt (als Wiedergeburt) und Tod spiegelt sich in den tantrischen Riten der sakralen Vereinigung, die als Samenopfer begriffen wird, in der durch Blutopfer immer neu eintretenden Geburt und dem Tod, der die äußerste Folge des Blutopfers war in Zeiten, die noch ganz von diesem Dreiklang erfüllt waren. Es sind jene Zeiten, in denen sich das tantrische Ritual aus dem Mythos entwickelte und tantrische Lebensformen stilbildend wurden. Aus ihnen erwuchs den Menschen die Kraft, im Kali-Yuga – diesem Zeitalter der Ängste und Schrecken – zu bestehen und von Geburt zu Wiedergeburt zu überdauern.

In diesem magisch-mythischen Gedankenfeld werden Mutter Erde und Mutterschoß der Frau eins. Das ihnen in endlosen Folgen entsteigende Lebendige darf aber nicht nur menschengesichtig, nicht allein irdisch gesehen werden. Das Irdische ist nur

Durchgang. Der Verstorbene wie der Wiedergeborene bewegen sich schwerelos zwischen Himmel und Erde, bevor sie gehen und wiederkommen. Ihr Ziel sind Sonne, Mond und die anderen Gestirne, ihr Gegenüber Götter, Geister und Dämonen. Auf diesen Wegen opfern sie nicht nur Blut – eigenes und fremdes –, sondern sie werden, gestorben, auch selbst zum himmelstrebenden Opfer aus dem Rauch ihrer Totenfeuer.

Das Kosmische ist allgegenwärtig: im Makrokosmos der Erde und der Gestirne mit allen darein verwobenen Wesen und im Mikrokosmos des Einzelnen, der Abbild des Ganzen ist. Solches Wissen und Erfahren ist aber nicht auf den indischen Raum beschränkt. Wir begegnen ihm in der Orphik, bei den Vorsokratikern, vor allem bei Pythagoras, sowie in der Gnosis. Hier taucht jene kosmische Brücke wieder auf, von der wir sprachen und die als tantrisch zu begreifen nun schon nicht mehr schwerfällt.

Losgelöst von dem, was wir in seiner materiellen Vordergründigkeit als Wirklichkeit begreifen, begegnen wir in dieser Welt, die für uns längst vergangen ist, in Indien aber zumindest teilweise noch weiterbesteht, einer spirituellen, kosmischen Sphäre wunderbarer Bilder und Gedanken, die – heute freilich bei den meisten nur noch im Unterbewußten – mehr mit unserem Leben zu tun hat, als wir ahnen.

Der Schoß, dem alles entstammt, ist wie die Erde, auf der wir vorübergehend leben, aus solcher Sicht nicht mehr als eine optische Täuschung, etwas Sichtbares, das aber nur zu einem ganz geringen Teil Wirklichkeit ist. Das hat schon Bachofen, wenn auch nicht an indischen, sondern an vorderasiatischen Funden, nachgewiesen, die in bildhafter Darstellung den geheimnisvollen Seelenweg zeigen, der sich aus kosmischem Bewußtsein für den geistigen, den empfindsamen Menschen ergibt, wenn er die Erde verläßt.

Diese Trennung von Hiersein und Anderswosein, von körperlicher und spiritueller Existenz geht in den frühen indischen Geheimtexten – den Brahmanas – bis zur Vorstellung von zwei Geburtsmöglichkeiten, die der Mensch durch das rechte Feueropfer beim vedischen Ritual der drei Feuer hat. Dabei wird zwischen

der leiblichen Wirklichkeit des Hier und Jetzt – der Erdwieder-
geburt und der himmlischen Wiedergeburt unter Göttern – ein
Wissens- und Willensakt gesetzt. Und so lesen wir das in der Geheimlehre der Upanishaden-Zeit, um 800 v.Chr.:

»Zwei Mutterschoße fürwahr gibt es: den Schoß der Götter und
den Schoß der Menschen. Denn zweierlei Welten gibt es: Das eine
ist die Götterwelt, das andere die Menschenwelt. Was der menschliche Schoß ist, das eben ist die Menschenwelt, das ist der gebärende Teil am Weibe, aus ihm kommt die Nachkommenschaft zur
Geburt…

Ebenso ist der Götterschoß die Götterwelt. Das Spendenfeuer,
ahavaniya-agni – das unter den drei Feuern des vedischen Rituals
das Tor zur Götterwelt bildet wie das Südfeuer zu den Mächten
des Todes und der Vernichtung, indes das Hausvaterfeuer im irdischen Dasein dient –, ist der Schoß der Götter, die Götterwelt. Wer
daher seine Spende ins Hausvaterfeuer gießt, von dem darf man
denken: Er macht sich hier auf Erden, er will auf Erden wieder-
geboren werden. Wer die Spende darbringt und es richtig macht,
das heißt, sie ins Spendenfeuer gießt, der ergießt damit sich selbst
in den Götterschoß. Sein Selbst ersteht dort oben in der Sonne.
Wer solches weiß, hat zweierlei Selbst, zweierlei Schoß. Nur ein
Selbst, einen Schoß hat, wer solches nicht weiß.«

Es geht also um Wissen und um Wollen – von der Geburt bis
zum Ableben. Der Tod ist Gefahr und Chance zugleich. Er kann
den Menschen ins Dunkel stürzen, aber auch zur Sonne aufsteigen lassen – das heißt zu den Göttern. Entscheidend sind Zielsetzung und Opfer.

Nur wer das Leben als Weg zum Verstehen des Unsichtbaren
und des weitgehend darin gründenden kosmischen Allzusammenhangs sieht und daraus die Konsequenzen des Opfers, des Rituals
und des rechten Verhaltens zieht, gelangt zur Erkenntnis; buddhi-
stisch gesprochen: zur Erleuchtung.

Das Dasein erlangt unter solchen Einflüssen und Gedanken
eine andere Dimension als das sich im Gegenwärtigen erschöpfende Alltagsleben. Hier wird der Schoß zum Tor der Befreiung
aus dem Kreislauf der Wiedergeburten und den Wirbeln des Sam-

sara. Er entläßt den Einsichtigen in die reine Welt des Geistes und der Götter.

Vertiefung und Höhenflug sind hier eins, führen zur Erweiterung des Bewußtseins und in die Sphäre des Unsichtbaren. Es sind Schritte zur Erleuchtung, aber auch zum richtigen Umgang mit den Kräften und vielfältigen Bedrohungen des Seins.

SHAKTI UND SHAKTA –
TANTRISCHE WIRKLICHKEIT
IN INDIEN

Tantra besteht aus Denken, Handeln, Opfern und Verehren. So kommt es zum tantrischen Verhalten. Das bedeutet, gemessen an menschlicher Lebenswirklichkeit: Austritt aus dem Alltag, Ausbruch aus dem Profanen. Leben wird auf diese Weise zum Ritus, die Folge der Stunden und Tage zum Fest. Das ist die Erfahrung, zu der indische Brahmanen schon früh im Umgang mit kosmischen Vorstellungen und ihrer Anwendung auf den geist-leiblichen Zusammenhang ihres Mikrokosmos – des Körpers – gelangten.

Basis dieses Erkenntnisprozesses sind die ältesten Texte Indiens: die Veden und die aus ihnen als Geheimschriften hervorgegangenen Upanishaden. Veden und Upanishaden bilden die Grundstruktur indischen Glaubens und Denkens. Aus ihnen hat sich alles entfaltet, was bis heute die Eigenart indischer Geistigkeit ausmacht: Dharma, Yoga, Buddha und Tantra. All diese Begriffe sind im Gegensatz zu westlichen Begriffen vieldeutig, nicht nur in ihrer religiösen, sondern auch in ihrer spirituellen Bedeutung.

Ihre Inhalte haben sich im Laufe der Zeiten gewandelt, doch der Sinn ist geblieben: im Dharma sind es Kosmos und Götter, im Yoga die Formen, im Buddha der Weg und im Tantra die Allverbundenheit. Im Dharma – dem Naturgesetz – begreift der alte Inder die Welt als gefügte Ordnung, als Kosmos. Sie ist kein Chaos, ist auch nicht aus einem Chaos hervorgegangen, sondern besteht, trotz ständigen Wandels, in geordnetem Bezug und sinnvoller Verbindung. Der Yoga schlägt die Brücke vom Dharma, vom Kosmos zum Gläubigen, zum Praktizierenden. Buddha ist der Lehrer, das Vorbild. Tantra das Allumfassende, aber auch das Dharma fürs Kali-Yuga: die Kraft gegen den Verfall, gegen die Not der Zeit.

Indische Religion war immer auf glückliches Leben, gute Wiedergeburt und auf Befreiung aus den Banden des Samsara gerichtet. Religion ist für den Inder auch heute noch vor allem Streben nach Wohlsein und nach Erlösung. Deshalb ist er bemüht, sein Karma – das Bündel seiner guten und bösen Gedanken und Taten – zu verbessern. Dazu tragen gutes Tun und Opfer bei. Beides bedarf der ständigen Steigerung aus klarem, kritischem Bewußtsein. Ziel dieses Strebens ist das Einswerden mit dem Göttlichen, wie wir es aus der Mystik kennen. Hier begegnen sich Elemente indischen, vorderasiatischen und christlich-abendländischen Denkens und Begreifens. Sie sind charakteristisch für den tantrischen Weg der Selbstverwirklichung.

Es ist ein Weg, der für den praktizierenden Yogi leichter ist als für den Normalmenschen, der eines meist langen, beschwerlichen Übens bedarf, um den Unterschied zwischen Alltagsleben und tantrischem Erkennen wahrzunehmen und für sich als Daseinsform zu verwirklichen.

Yoga als Selbsterfahrung und Selbstbeherrschung ist ein Element des Tantrischen, ein Element, das an den Körper im Wechsel von seinen grobstofflichen zu seinen feinstofflichen Erscheinungsformen gebunden ist. Die Frage nach ihren Ursprüngen und damit auch nach dem Ursprung unseres Wissens um den Allzusammenhang finden wir schon in den Hymnen des Rig-Veda.

Damals bereits waren weise Männer auf der Suche nach einer letzten Einheit, die der Mannigfaltigkeit der Welt zugrunde liegt. Sie begannen, lange bevor es abendländisches Denken gab, das zu begründen, was wir heute so selbstüberheblich als ein europäisches Phänomen in Anspruch nehmen: die Philosophie. Und sie begriffen und formulierten, daß es eine mikro-makro-kosmische Substanz gibt, die sich als Brahman manifestiert. Sie ist Voraussetzung der Erscheinungen des Atman – deren jede ein Wesen wie das unsere, das menschliche, repräsentiert, das wir im Gesamtzusammenhang des Brahman, das dem tantrischen Netzwerk entspricht, wiedererkennen. Hier enthüllt sich uns indischer Bewußtseins- und Denkzusammenhang als kosmisches Erfahren, durch den irdisches Erleben und Erleiden überwunden werden können. Das ist der tantrische Prozeß.

Brahman und Atman sind nicht zwei, sondern eins: Sie gehören zusammen. Aus ihnen entfaltet sich der Kosmos. Doch nirgendwo sind gegensätzliche zwei. Immer drängen zwei zur Einheit. Das wird am deutlichsten in der Vereinigung der Geschlechter. Eins geht aus ihnen hervor, überwindet die zwei als Atman: das Eine. Das aber bedeutet, Dualismus ist dem Inder fremd. Der Leib-Seele-Gegensatz des Westens existiert für ihn nicht. Auch Shakti und Shakta sind kein Gegensatz, sondern ein sich ergänzendes, aus sich wirkendes und in sich ruhendes Paar.

Das Wesen von Brahman und Atman ist Weisheit. Sie verbindet als Allwebendes der Atem, der auch Shakta und Shakti durchweht und belebt. Dabei ist Shakta Atman im Sinn des Verehrenden, des Anbetenden, des Adepten. Shakti dagegen ist im ursprünglichen Sinne mit Brahman identisch. Es ist das mächtigste, zugleich aber auch das vieldeutigste Wort im Sanskrit. Sein tiefster Sinn meint die Weltenmutter, aber auch die Weltenkraft. So ist Shakti weltzeugendes und welterhaltendes Prinzip zugleich.

Im Yoginihridaya-Tantra wird Shakti mit den Worten begrüßt: »Gehorsam Dir, die Du als Kraft reines Sein-Bewußtsein-Seligkeit bist, die Du in der Form von Zeit und Raum und von allem, das diesem innewohnt, existierst und das strahlende Leuchten in allen Wesen bist.«

Das Eine ist als das Ganze und das Ganze in Einem ausgesprochen, das wir als Inbegriff des Tantrischen zu verstehen haben. Von daher wird Shakti zum Urgrund unseres Seins, das heißt: unseres Bewußtseins. Wenn wir Shakti wissen und verstehen, verstehen wir uns selbst und alles um uns.

Dieser Satz ist ein tantrischer Schlüssel, ein Wegweiser. Mit ihm erschließt sich der Tantriker Weg und Kraft zur Verwirklichung des Atman in Brahman, des Mikrokosmos im Makrokosmos.

Es gibt das Tantrische, vom Menschen gedacht und formuliert, so wie es im Hieros gamos oder im Ritual von Shakta und Shakti erscheint. Vorstellbar ist es aber auch als Urstruktur, als kosmisches Gesetz, als Ordnungsprinzip, unabhängig von dem, was der Mensch denkt oder tut.

Dieser Vorstellung werden wir uns im Laufe dieses Buches allmählich nähern. Dabei werden wir vielleicht begreifen, daß die seit uralten Zeiten gedachten und gewirkten Formen des Tantrischen nicht nur Menschenwerk sind, sondern daß sie etwas Übergreifendes darstellen, das sich seit Jahrzehnten auch in den Erkenntnissen der modernen Naturwissenschaften niederschlägt. Hier enthüllt sich asiatisches Urwissen als zeitloses Phänomen, das im Erscheinungshorizont heutiger Wissenschaftler seinen begrenzten und vielfach umstrittenen, vergänglichen Ausdruck findet. Kaum ein Atemzug Brahmas zwischen zwei Yugas ist das, würde der gläubige Hindu sagen. Denn tausend Mahayuga, das sind 4320000000 Jahre nach unserer Rechnung, sind ein Brahmatag im indischen Bewußtsein. Wenn wir über solche Rechnungen auch lächeln mögen, eines ist sicher: Die Forschungsergebnisse heutiger Wissenschaft sind nicht weniger zweifelhaft und unvorstellbar. Sie lassen immer deutlicher erkennen, wie klein, wie bescheiden der Radius unserer Erkenntnismöglichkeiten, unseres Eindringens in die Ganzheit des Kosmos ist.

»Gemessen am All«, sagte mir ein Brahmane in Kalkutta, »sind die Leistungen der Wissenschaftler wie der Transport einer toten Fliege durch eine Schar fleißiger Ameisen.« Je mehr und gewisser wir glauben, durch wissenschaftliche Forschungsergebnisse zu tieferer Erkenntnis unseres Seins zu gelangen, um so größer wird unser Abstand von diesem Ziel.

Im tantrischen Ritual und in der Shakti-Verehrung macht sich der Tantriker das bewußt. Er ist der Geschichtslose, der Bescheidene. Meditierend erkennt er die Begrenzung menschlicher Erkenntnisfähigkeit und die Gefahren, die heutige Hybris, wie sie die Welt beherrscht, in sich birgt. Diese Hybris und die wissenschaftlichen Ergebnisse, die sie wie jeweils neueste Mode großsprecherisch anzubieten hat, stehen im Gegensatz zum tantrischen Erkenntnisweg, dem wir uns nun in seinen Abläufen und Praktiken zuwenden wollen.

Alle tantrischen Rituale sind Handlungen im übertragenen Sinne, sind Symbolhandlungen, die Weg und Ziel des Menschen als kosmische Wesen verdeutlichen sollen. Der Ritus ist Akt und Fest der Selbstdarstellung und hat als solcher schon bei den Ureinwohnern Indiens, von denen noch heute fünfhundert Stämme existieren, eine große, wahrscheinlich die zentrale Rolle gespielt.

In den östlichen Dschungeln Indiens bin ich noch sehr ursprünglich lebenden Stammesgruppen begegnet, die tantrische Riten mit Rundtänzen, Verehrung von Stammesgottheiten mit heiligen Waschungen sowie sakralem Geschlechtsverkehr zelebriert haben. Indische Freunde, die mir zu diesen geheimgehaltenen Kultfeiern Zugang verschafften, vertraten die Meinung, es handle sich hierbei, zumindest für den indischen Raum, um die ursprünglichen tantrischen Rituale, die erst später, nach der Zeitenwende, von den indischen Hochreligionen in veränderter Form übernommen worden seien.

Im tantrischen Ritual Indiens, wie es vor allem in Bengalen vollzogen worden ist und zum Teil noch heute vollzogen wird, drückt sich kosmisches Bewußtsein durch Augenblicks-, durch Alltagsüberwindung aus. Dabei entfaltet sich ganzheitliches Wirken in verschiedenen Stufen, das von Einzelnen oder auch in Gemeinschaft praktiziert wird.

Bezugspunkt ist immer eine Gottheit, bei den Buddhisten ein Buddha oder Bodhisattva, zu denen durch Handzeichen – Mudras – oder heilige Silben – Mantras – spiritueller Kontakt aufgenommen wird. Es sind Hilfsmittel für den Eintritt ins Universum religiöser Zusammenhänge, durch den sich der Praktizierende aus der Alltagswelt mit ihren Bedrohungen und ständigen Gefahren auf Zeit und schließlich – das ist das Ziel – für immer löst. Dabei ist die Shakti als mütterliche Kraft und Hilfe das Bezugssymbol – auch zu all den anderen Göttern. Nur im buddhistischen Tantrismus wird sie durch Prajna, in der sich die Weisheit verkörpert, ersetzt.

Der Shakti entspricht als zentraler tantrischer Gott des Hinduismus Shiva, dem wir schon mehrfach begegnet sind. In ihm, der nach hinduistischem Glauben durch die Kraft der Shakti erweckt wurde, repräsentiert sich das männliche Element der tantrischen Kulte.

Shiva wird mit seinem Phallus – dem Lingam – zum Symbol des Zeugenden wie Shakti durch ihre Vagina – die Yoni – zum Symbol der Empfangenden. Ihr Einssein aus beiden Geschlechtsteilen ist tantrische Wirklichkeit.

Dies wurde zum Angriffspunkt für englische Missionare und

Politiker des neunzehnten Jahrhunderts, die an den tantrischen
Ritus Indiens ihre moralischen Maßstäbe als puritanische christliche Sittenwächter anlegten. Sie konnten in ihrer geistigen Be-
grenztheit nicht begreifen, was hinduistischer Tantrismus und
seine tiefgründigen Rituale in Wirklichkeit bedeuteten, weil sie
nicht erkannten, daß, entsprechend kosmischer Ganzheit, die sakrale Vereinigung nur ein Teilaspekt des Ritus ist, nach dem sich
tantrische Selbstverwirklichung vollzieht. Gerade dies aber ist vor
allem zu bedenken, daß es immer um die Gesamtheit tantrischer
Wirklichkeit geht und nicht nur um ihren sexuellen Aspekt, den
man bei der Tantrismusanalyse so gern verabsolutiert und den
auch britische Kolonialignoranz für das Ganze – das verwerfliche
Ganze – hielt.

Der große Irrtum, dem seither fast alle westlichen Interpreten des Tantrismus – sowohl die kritischen wie auch viele be-
jahenden – unterliegen, ist die Vorstellung, der Tantrismus sei ein
Sexualkult oder eine zu ihm hinführende Lehre. Solch partielle
Lebensbetrachtung geht am Sinn, an der Wirklichkeit des Tantrischen vorbei. So wie Shakti und Shakta die Ganzheit bedeuten,
ist auch Tantra nur aus der Ganzheit zu verstehen. Dabei ist Sexualität ein ebenso eingeschlossener Aspekt wie die Körperbeherr-
schung im Yoga und die Geistesmacht des Dharma. Im Tantrismus
ist nichts losgelöst vom anderen, nichts ohne Zusammenhang,
nichts als Teil zu verstehen und zu erleben.

»Nur im Ganzen ist Sinn und Erfüllung«, sagte mein tantrischer
Lehrer Chhimet Ricdzen Rinpoche 1974 bei unserer ersten Begegnung in Ladakh.

So einfach dieser Satz auch klingt, so schwer ist er zu verstehen
und im menschlichen Bewußtsein als hilfreiche Lehre umzuset-
zen. Er widerspricht nicht nur unserer auf Abwechslung eingestellten westlichen Lebensart, sondern vor allem auch dem wissenschaftlichen Spezialistentum, das uns die moderne Welt mit
all ihren Problemen beschert hat.

Deshalb geben Tantra und Tantrismus auch eine Antwort auf
die Sinnfragen unserer so verdunkelten Zeit: auf die Not des Kali-
Yuga.

Nun haben viele Autoren diese Antwort durch eingehende Behandlung einzelner wichtiger Elemente des Tantrischen – wie Tantra, Yoga, Mantra, Chakra, Mudra, Mandala – zu geben versucht. Doch dabei zerfällt für den westlichen Leser die tantrische Ganzheit in ihre Teile und wird in ihrer wahren Bedeutung undeutlich; sie wird zu einer Stichwortfolge, die sie nie erklären, nie verständlich machen kann.

Wir wollen deshalb einen anderen Weg gehen und alles in seinem Kult-, das heißt in seinem Sinnzusammenhang belassen. So geschieht es auch in der indischen Literatur. Da enthüllt sich die tantrische Ganzheit in Mythen, Legenden und Tantras, den geheimnisvollen Texten des Tantrismus. Die Einheit, die dabei zu erkennen ist, gilt für den hinduistischen wie für den buddhistischen Tantrismus. Kosmische Ganzheit ist beider Charakteristikum. Das zeigen sowohl die Kultformen – auch wenn sie in der Ausführung weit voneinander entfernt sein mögen – als auch die Texte, aus denen wir tantrisches Wissen und Erkennen schöpfen.

YOGA –
EIN WEG ZUR FREIHEIT

Hinduistischer und buddhistischer Tantrismus haben eine gemeinsame Basis im Yoga. Denn Yoga bedeutet für den Inder rituelle Sinnfindung als Befreiung aus den Bindungen niederen Seins. Er versetzt den Praktizierenden – gleich welcher Religion – auf eine höhere Seinsebene und hilft ihm damit, sich selbst zu finden und zu erkennen.

Die unüberschaubare Fülle der Yoga-Literatur unseres Jahrhunderts hat uns den Zugang zu dieser wahren Bedeutung des Yoga aber nicht geöffnet, sondern eher verstellt. Die Folge sind Yoga-Praktiken des Westens, die mit den Ursprüngen und dem tiefsten Sein des Yoga nichts zu tun haben. Yoga ist keine körperliche, sondern eine geistige, das heißt ganzheitliche, eine im genauesten Wortsinn kosmische Disziplin.

Tantra und Yoga haben einen gemeinsamen Bedeutungsursprung, der sprachlich über das Sanskrit weit zurückreicht in jene Zeiten, in denen sich, wie wir nachweisen konnten, noch ohne überlieferte Namen bereits tantrische Formen entwickelten und sich in magischen Riten kultisch ausdrückten.

Das Sanskritwort *Yoga* hat eine weitreichende und tiefgreifende Bedeutung. Es ist eine Art Urbegriff. Im Sanskritwörterbuch von Klaus Mylius sind sechsundzwanzig Bedeutungen von Yoga aufgeführt: anschirren, Geschirr, Gespann, Fahrt, Ausrüstung, Ausstattung, Anwendung, Durchführung, Trick, List, Betrug, Zauber, Unternehmen, Tat, Zusammenhang, Arbeit, Fleiß, Erwerb, Aufmerksamkeit, Konzentration, Kontemplation, Etymologie, Regel, Konstellation, Konjunktion und Bezeichnung des gleichnamigen Systems. Hinzu kommen zahlreiche zusammengesetzte Begriffe, die sich auf dieses System in seiner mannigfaltigen Bedeutung und Praxis beziehen.

Schon diese zum Teil divergente Bedeutungsvielfalt weist auf den Zusammenhang von Yoga und Tantra als der Allverwobenheit hin. Dabei ist das Tantrische in seiner Urbedeutung ein Grundbegriff – Mircea Eliade übersetzt ihn als »andauernden Prozeß« –, aus dem sich Yoga als Movens, als vieldeutiger, vielgliedriger Weg entwickelt hat.

Es ist ein Weg, der, wie die unterschiedlichen Übersetzungsmöglichkeiten des Wortes deutlich machen, positiv, aber auch negativ beschritten werden kann – ein Weg, der alle menschlichen Möglichkeiten einschließt. Wenn er im Sinne tantrischen Geistes gegangen wird, kann er zur Befreiung des Menschen aus seiner Seinsverhaftung – aus dem Samsara – führen. So wird er, wie wir sehen werden, zum Weg der Freiheit.

Freiheit aber ist auch das Ziel des Tantrismus. Dabei müssen wir den Begriff Freiheit, wie er hier in beiden Fällen gemeint ist, zunächst einmal zu deuten versuchen. Das ist, angesichts ungeklärter Ursprünge, nicht einfach, zumal zahllose Texte und Kommentare sehr unterschiedliche Auskünfte geben, nicht nur in den Tantras, sondern auch in den alten Yoga-Schriften, wie wir sie aus Indien kennen. Wenn sie auch fast alle auf das gleiche Ziel – auf Selbstbefreiung und Gotterkenntnis, das Einswerden des Menschen mit Gott – hinweisen, so zeigen sie doch unterschiedliche Pfade, die zu unterschiedlichen Benennungen geführt haben, welche bis heute die Yoga-Praktiken kennzeichnen.

Im Westen spielt der Hatha-Yoga die Hauptrolle. Für die meisten Praktizierenden ist es hier der Yoga schlechthin. Hatha-Yoga basiert auf den Asanas – Körperübungen – und dem Pranayama – Atemübungen –, die zum Ziele von Konzentration und Fitneß – meist als reine Erfolgsbestrebungen – praktiziert werden.

In Indien betreibt man Hatha-Yoga als Vorbereitung auf die geistigen Yoga-Formen, die man durch verschiedenartige Meditationspraktiken zu realisieren versucht. Am Ziel steht der Yogi, dessen körperliche und geistige Selbstbeherrschung einen Typ auszeichnet, wie wir ihn im Positiven, aber auch im Negativen, nur in Indien und im Himalaya finden.

Verschiedene Yoga-Formen führen zu diesem Ziel. Es gibt aber auch den Yoga der Lebensbeherrschung, den jeder anstreben kann, ohne deshalb die Daseinsform eines Yogi ins Auge zu fassen. Es ist der Yoga als geistiger Weg zur Selbsterkenntnis und Selbstbeherrschung, den wir als ein Stück tantrischer Lebenswirklichkeit ansehen dürfen. Vater dieses spirituellen Yoga ist der Inder Patanjali, von dem wir weder die Zeit, in der er gelebt hat, noch die Umstände seines Wirkens wissen. Er scheint im zweiten Jahrhundert vor der Zeitenwende geboren zu sein und ist mit seinen Yoga-Sutras bis heute die anerkannte Autorität in Yoga-Fragen.

Patanjalis Yoga-Sutras bestehen aus hundertfünfundneunzig Sprüchen, die unter den klassischen Werken der indischen Literatur zu den bedeutendsten Zeugnissen spiritueller Weisheit zählen. Sie sind zum Teil schwer verständlich, oft vieldeutig wie die späteren Tantras und haben dementsprechend viele Kommentare veranlaßt, die ihr Studium aber keinesfalls vereinfachen. Der dritte und der vierte Spruch von Patanjalis Yoga-Sutras beschreiben jedoch eindeutig das menschliche Yoga-Ziel: »Yoga ist jener innere Zustand, in dem die seelisch-geistigen Vorgänge zur Ruhe kommen. Dann ruht der Sehende in seiner Wesensidentität.«

Damit werden Sinn und Ziel des Yoga klar umschrieben. Die Schwierigkeit liegt im Verständnis des Weges. Den hat P. Y. Deshpande, ein Mitarbeiter Gandhis, in einem Kommentar zu erhellen versucht, der einer neuen Übersetzung der Sprüche Patanjalis ins Deutsche durch Bettina Bäumer beigegeben ist.

Deshpandes Kommentar zu Patanjalis Yoga-Sutras unterscheidet sich schon im Ansatz ganz wesentlich, und wie ich meine zu Recht, von früheren Yoga-Interpretationen. Das beginnt bei der Beurteilung der richtigen Voraussetzungen für die Yoga-Praxis. Sie werden oft als Notwendigkeit der gewaltsamen Unterdrückung unseres Gedanken- und Handlungsstroms, als ein zwanghaftes Sich-Abwenden vom äußeren Leben mit seinen Forderungen und seinen Reizen beschrieben.

Deshpande hingegen, der jede Verdrängung und jede innere Selbstvergewaltigung für gefährlich und dem Yoga zuwiderlaufend ansieht, vertritt die Auffassung, daß nur ein vom Bewußtsein gesteuertes, allmähliches Zur-Ruhe-Kommen dem Menschen bei seinem Streben nach Lebensbewältigung hilfreich sein kann. Er

1 Indische Liebesszene. Mathura,
1./2. Jh. n. Chr. (Kalkutta, Indian Museum).

2 (oben) Statue einer Tara am großen Stupa von Swayambhunath im Kathmandu-Tal. Im nördlichen Buddhismus gilt Tara als weibliche Entsprechung des Buddha.

3 (rechts) Tantrische Szene mit Liebesspielen an der Tempelwand der Schwarzen Pagode von Konarak, Indien, einem Bau, der in der Form eines indischen Tempelwagens errichtet wurde. Um 1250 n. Chr.

4 (folgende Seite) Darstellung des für den Tantrismus typischen esoterischen Geschlechtsakts zweier Gottheiten. Shigatse.

5 (vorhergehende
Seite) Aus dem Grenz-
gebiet zwischen Dolpo
und Mustang stammt
diese Darstellung der
gütigen und schreck-
lichen Gottheiten
des tibetischen Toten-
buchs. Oben in der
Mitte thront der blaue
Urbuddha Saman-
tabhadra in Um-
armung mit seiner
weiblichen Entspre-
chung.

6 (links) Der
Meditations-Buddha
Vairocana, Tathagata
des kosmischen
Zentrums.

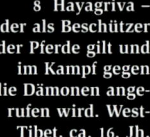

7 Die zornvolle
Meditationsgottheit
Candavajrapani.
Tibet, 15./16. Jh.

8 Hayagriva –
der als Beschützer
der Pferde gilt und
im Kampf gegen
die Dämonen ange-
rufen wird. West-
Tibet, ca. 16. Jh.

9 Thangka des Bodhisattva
Avalokiteshvara, des »Herrn, der gütig herabschaut«, aus dem sich die Dalai Lamas
reinkarnieren.

10 Das Sarvavid-Vairocana-Mandala
zeigt 163 Gottheiten und Gurus, gruppiert
um den in der Mitte sitzenden Vairocana,
der hier als Sarvavid, der Allwissende,
erscheint.

bezieht sich dabei auf Patanjalis siebzehnte Sutra, wo es heißt: »Wenn das Zur-Ruhe-Kommen mit Hilfe von logischem Denken, prüfender Überlegung, Seligkeit oder Icherfahrung erlangt wird, führt es zur Versenkung, die mit Erkenntnis verbunden ist.«

Das ist der entscheidende Hinweis auf den richtigen, erfolgversprechenden Einstieg in den Yoga und damit in die tantrische Lebensführung. Er beginnt mit einem Bewußtseinsakt, der Voraussetzung für jede Alltagsüberwindung und für den Eintritt in das kosmische Bezugssystem eines konzentrierten, gesteigerten Bewußtseins ist.

Damit stehen wir am Anfang des durch Einsicht, geistiges Bemühen, Selbstüberwindung und Yoga begehbaren Weges zur Freiheit. Wobei sich Freiheit ganz anders darstellt als in ihrer heutigen verfälschten, vielen Zwecken unterworfenen Bedeutung. Sie ist die Freiheit des Überwinders, des Menschen, der aus den vielfältigen Bindungen des Erfolgs- wie des Genußlebens ausgestiegen ist, die beide aus Patanjalis Sicht und Deshpandes Deutung leidvoll und unglückverheißend sind.

Wenn das Leben der meisten Umtrieb, Turbulenz, Machtstreben, Besitzgier, Lustsuche und Verlangen nach ständiger Abwechslung ist, bedeutet Yoga Einkehr, Begegnung mit sich selbst. Das mögen viele für langweilig halten. Patanjali dagegen sieht darin den Anfang weiterer wichtiger Erkenntnisschritte.

Seine Sutren dreiundzwanzig bis neunundzwanzig beschreiben einen davon, vielleicht den wichtigsten, als den »Weg der Hingabe an Gott«.

Dazu lesen wir: »Gott ist ein besonderes Geistwesen, unberührt von leidvoller Spannung. In ihm ist der unübertroffene Keim der Allwissenheit. Er allein ist der Meister aller früheren Meister, weil er nicht durch die Zeit begrenzt ist. Der ihn offenbarende Name ist OM. Das stete, aufmerksame Murmeln dieses OM-Lautes ist die Vergegenwärtigung seines Sinnes.« Hier tritt die Verbindung des Gedankens mit dem bedeutungsvollen Laut in Erscheinung. Wir werden diesem Phänomen im nächsten Kapitel nachgehen. Zunächst aber wollen wir uns dem Gottesgedanken zuwenden, wie ihn Patanjali im Yoga erkennt.

Deshpande hat in seinem Kommentar dazu Wichtiges gesagt, wobei er den Unterschied zwischen den verschiedenen Daseinsebenen und Denkarten deutlich macht. Er schreibt:

»So wie biologisch zwei grundlegende Bedürfnisse das menschliche Leben auf der physiologischen Ebene bestimmen, nämlich Selbsterhaltung und Fortpflanzung, so scheinen auch psychologisch zwei grundlegende Meinungen das menschliche Leben auf der kulturellen Ebene zu beherrschen. Die eine ist das Staunen und die andere die Anbetung. Das Staunen weckt den Geist der freien Forschung, und so entstehen die Wissenschaften, Künste, Literatur und Philosophie, die zusammen eine bestimmte kulturelle Struktur ergeben. Andererseits geht der Sinn für die Anbetung meist mit einer völligen Hingabe an ein ›geheimnisvolles Etwas‹ Hand in Hand, das jenseits des menschlichen Verstehens liegt. Dieses ›geheimnisvolle und furchteinflößende Etwas‹ wird mit dem Wort ›Gott‹ bezeichnet. Diese Neigung zur Anbetung Gottes und Hingabe an ihn macht das religiöse Gefühl aus, das zur Gründung organisierter Religionen führt. Sie bewirkt auch mystische Erfahrungen, die seltsamerweise ähnlich zu sein scheinen, unabhängig von Zeit, Ort, Volk und Umständen.

Man könnte daher wohl sagen, daß die Fähigkeit des Staunens mehr intellektuell als gefühlsmäßig ist, während die Fähigkeit zur Anbetung mehr eine Sache des Gefühls als des Intellekts ist. Die zwei lassen sich nicht trennen, aber sie sind deutlich zu unterscheiden. Beide zusammen machen die psychische Energie eines Menschen aus, und die irrtümliche Spaltung zwischen den beiden führt zu gespaltenen Persönlichkeiten oder Formen von Schizophrenie.

Der Yoga betrachtet das menschliche Leben auf eine ganzheitliche Weise, im Gegensatz zum analytischen Denken, das den Menschen unvermeidlich innerlich und äußerlich zerteilt.«

In der darauf folgenden Interpretation der Gotteserkenntnis, wie sie Patanjali in seinen Sutren gibt, lesen wir:

»Der Weg der Gotteserkenntnis, den diese Sutren darlegen, läßt alle Begriffe von Gott beiseite, die im Osten oder Westen vorherrschen. Die begriffliche Methode ist im Grunde der Vorstellung verhaftet und nicht existentiell oder real. Nicht widerstreitende Begriffe, Ideen, Ideologien und systematische Gedankenstrukturen oder Theorien, ob theologisch oder profan, sind der Gegenstand des Yoga, sondern der Mensch, der alle diese traumhaften Gebilde erzeugt. Daher kann Gott existentiell nicht irgend etwas über und außerhalb des Menschen sein oder der ›Andere‹ dem Menschen gegenüber. ›Er‹ muß etwas sein im Innern des menschlichen Wesens selbst, dessen sich der Mensch auf Grund der dikken Schichten von Konditioniertheit, die er seit unvorstellbaren Zeiten angesammelt hat, nicht bewußt ist. Diese Sutren beabsichtigen vor allem, den Menschen zu befähigen, sich wesentlich und intensiv jenes besonderen ›Etwas‹ bewußt zu werden, das in ihm pulsiert und das er unbestimmt ›Gott‹ nennt.«

Dieser Text Deshpandes macht auf unübertrefflich klare Weise den fundamentalen Unterschied zwischen den monotheistischen Religionen und dem Yoga-Weg deutlich. Gott ist nicht der Andere, er existiert, wenn oft auch nur als unbestimmte Sehnsucht, in uns. Diese These macht die Nähe von Yoga, Tantra und Mystik erkennbar. Ihre gemeinsame Basis sind Kult und Meditation. Sie bedürfen, wie wir sehen werden, der Hilfsmittel und ihrer Visualisierung sowie des Helfers bei diesem schwierigen Prozeß: des Guru – des Wegbegleiters und Enthüllers der Geheimnisse, die sich hinter Tantra und Yoga verbergen. Sie zu verstehen, bedürfen wir der beratenden, der enthüllenden Stimme des Guru. Das wird, auf den ganzen Weg bezogen, den einer vor sich hat, keine Einzelstimme bleiben.

Der Guru ist der Ehrwürdige, der bedeutende Lehrer und spirituelle Meister. Doch ist das Sanskritwort *Guru* nicht nur auf eine Person bezogen. Es hat auch adjektivische Bedeutung, im Sinne von würdig, gewichtig, stark, und ist Ausdruck für langdauerndes sprachliches Üben und Vermitteln.

Im Hinduismus unterscheidet man vier Stufen der Guru-Praxis, von denen nur die beiden letzten an eine bestimmte prädestinierte Person gebunden sind. Die erste Guru-Stufe stellt in Indien das religiöse Elternhaus dar. Es schafft den Kindern die Voraussetzung für die Beschreitung des rechten Weges, der in einer zweiten

Stufe als Weg der Ausbildung durch Lehrer, Handwerksmeister oder Professoren fortgesetzt wird. Danach steht der Mensch vor der eigenen Entscheidung für seine weitere Lebensführung, die sich im Hinblick auf das spirituelle Angebot des Yoga als Abkehr, aber auch als Hinwendung vollziehen kann.

In Indien wählen heute viele den seit der Kolonialzeit beliebten, von dem Streben nach materiellen Gütern und äußerem Lebensgenuß bestimmten Weg der Abkehr von den traditionellen Werten, die auch in der Familie nur noch selten vermittelt werden. Nur wenige suchen nach einem Guru, nach dem spirituellen Meister, der den rechten Weg weiß und weisen kann. Diese Suche wird für den Einzelnen immer schwerer. Wenn es auch nicht an Männern und Frauen fehlt, die sich Guru nennen, so werden es doch immer weniger, die sich bei genauer Prüfung als solche erweisen.

Diese Erfahrung beginnt mit dem Yoga-Lehrer und reicht bis zu Männern, die sich spirituelle Meister nennen, aber oft nichts anderes sind als geldgierige Scharlatane. Deshalb bedarf es der genauen Prüfung, bevor man sich für einen Guru entscheidet. Zumindest sollte man sich, besonders im Westen, so eingehend wie nur möglich mit einführender Literatur beschäftigen, um ein Gefühl für die spirituelle Welt und ihre echten Adepten zu entwickeln. Der rechte Guru ist nach meiner Erfahrung keine Frage des Suchens, sondern des Findens.

Wir wollen uns deshalb in den nächsten Kapiteln den tantrischen Lebens- und Erscheinungsformen zuwenden, die der rechte Guru zu vermitteln weiß. So mögen die Texte zugleich zu einem Maßstab werden für die Beurteilung spiritueller Kräfte beim Umgang mit einem gesteigerten Bewußtsein, das wir allmählich zu erlangen suchen.

MANTRA UND MUDRA –
KRAFT DER TÖNE
UND DER ZEICHEN

In der tantrischen Praxis bilden körperliche, sinnliche und geistige Kräfte eine Einheit. Sie repräsentieren den Kosmos, der im einzelnen Praktizierenden als Mikrokosmos dem Makrokosmos des unendlichen Universums entspricht. Ihren sinnvollen, zielgerichteten Einsatz im Ritual bezeichnen wir als Sadhana. Wie alle Begriffe, die wir im Zusammenhang mit Tantra und Yoga gebrauchen, ist auch Sadhana vieldeutig. Seine Sprachwurzel *Sadh* bedeutet im Sanskrit üben, streben, sich bemühen.

Sadhana ist darum auch der Weg, den der Yoga oder Tantra Übende beschreitet. Als wegbegleitende, ja wegweisende Elemente gehören zu den Übungen vor allem Laute (Mantras), Handhaltungen (Mudras), bildliche Darstellungen aus der Welt der Tantras und heilige Gerätschaften wie Schädelschale, Speer, Glocke und Vajra, das aus Indras Donnerkeil entstandene Diamantzepter.

Diese Elemente finden wir zum Teil im hinduistischen wie im buddhistischen Tantrismus, wobei ihnen oft unterschiedliche Bedeutungen zukommen. Allerdings bilden sie in jedem Ritual eine Einheit, entsprechend der kosmischen Ganzheit der Idee, die im Ritual zum Ausdruck kommt.

Ausgangspunkt fast aller tantrischen Rituale wie auch der meisten Yoga-Übungen ist Asana – das System der Yoga-Stellungen, dem wir nicht nur in den Übungen, sondern auch in den Bildern wiederbegegnen. Diese sollen für den Praktizierenden als Gegenüber Erkenntnishilfen sein, welche sich in späteren Stadien der Übung und der Meditation aus der selbständigen Visualisierung ergeben.

Asana ist als Ausgangsposition meist das Sitzen in geistig entspannter, aber körperlich konzentrierter Haltung – ein Sitzen, wie wir es von den Statuen des Buddha her kennen. Das gilt sowohl

für die Haltung des Einzelnen wie der Gruppe, die ein Ritual vollziehen wollen, die Sadhana üben.

Am ersehnten Ziel von Sadhana, wie immer der Ritus auch
abläuft, steht Siddha, die Vollendung. Sie ist im Bewußtsein des
Übenden die Vereinigung seines Atman mit dem Brahman – dem
Allesumfassenden, Allesdurchdringenden –, indem man völlig
in ihm aufgeht, sein Selbst als Illusion erkennt und so das Dasein
auf dieser Erde, das Gebundensein an die Materie, überwindet.

Voraussetzung solchen Denkens und Wünschens, das der Übung
vorausgeht, ist das Wissen um eine in alten hinduistischen, aber
auch in buddhistischen Schriften ständig wiederholte Aussage: Die
schwerste Krankheit des Menschen ist die Krankheit des Daseins.
Um Genesung von dieser Krankheit also geht es in den höchsten Stufen des Yoga wie im tantrischen Ritual. Dabei heißt es Ab-
schied nehmen von allen Krankheitserregern, die das Dasein lustvoll erscheinen lassen, es in Wirklichkeit aber so leidvoll machen.
Dieses Abschiednehmen kann sich auf sehr unterschiedliche Weise
vollziehen. Wichtig sind nur die Einsicht in unser Kranksein und
die Erkenntnis, worin es besteht.

Das heißt aus tantrischer Sicht: Je mehr wir beim Üben, beim
Meditieren Distanz gewinnen zum Treiben und zu den Verlok-
kungen des Alltags, um so stärker wird in uns das Bewußtsein er-
langter Freiheit werden. Dieses zeigt zugleich den Gesundungs-
prozeß an, der sich in uns vollzieht. Wichtig ist dabei, sich aller
Handlungen, Äußerungen und Gedanken, die beim Üben vollzogen werden oder entstehen, voll bewußt zu sein, sie in sich
zu realisieren als spirituellen Prozeß.

Im Tantrismus wie im Yoga gibt es für das Ritual – bei Hindus
wie bei Buddhisten – verschiedene Möglichkeiten des Ansatzes
und der Durchführung. Sie hängen von der Lebenshaltung, aber
auch von der Wesensart des Einzelnen ab und können entsprechend modifiziert werden. Es gibt keine streng festgelegten, für
alle Praktizierenden verbindlichen Rituale. Nur das Ziel ist bei
allen das gleiche: Überwindung des Jetzt und Hier zugunsten
eines besseren, eines sinnvolleren Lebens, das Klarheit und Erfüllung und letztlich Erlösung bringt.

Das Gegenüber beim Ritual ist das Geheimnis, das Göttliche – im Hinduismus die personifizierte Gottheit, die wie der Mensch im Brahman gründet. Sie kommt in heiligen Silben zum Ausdruck, die der Praktizierende von sich gibt – wie etwa den Laut OM –, um so eine Art drahtlose Telegrafie zu den Göttern sinnstiftend herzustellen.

Im körperlichen Bereich unterstützt der Praktizierende diese Kontaktaufnahme nicht nur durch eine bestimmte rituelle Körperhaltung, sondern auch durch Handhaltung und Fingerstellung – die Mudras –, in denen sich ein Gott oder auch ein Akzent des Göttlichen manifestiert.

Mantra wie Mudra sind nicht allein Beziehungspunkte menschlicher Meditation, sondern auch Ausdrucksformen göttlicher Kraft. Insofern stellen sie wichtige Bindeglieder zwischen dem Praktizierenden und den Göttern dar. Das aber heißt auch: zwischen Mikro- und Makrokosmos.

Sie bewegen und durchdringen mit ihrem Formwandel und überwölben durch ihre Lautfolge – wie etwa in dem berühmten Mantra OM MANI PADME HUM – das Ritualgeschehen. Gleichzeitig konzentrieren sie das Bewußtsein des Übenden, besonders in den Anfangsphasen, ganz auf den Meditationsprozeß. Sie halten fremde Einflüsse, das Eindringen von störenden Gedankenströmen und Irritationen vom Praktizierenden ab, helfen ihm als wichtige Bestandteile des Rituals bei der Konzentration.

Im Mittelpunkt des Kultgeschehens steht meist eine Gottheit in Gestalt einer bildlichen oder figürlichen Darstellung. Sie hat ihre Entsprechung im formulierten Mantra wie im Mudra des Praktizierenden, das die Gottheit symbolisch ausdrückt. In diesen Bezügen erkennen wir die kosmische Ganzheit, die sich im Tantra wie im Yoga zeigt.

Wir wollen das am Ablauf eines Rituals demonstrieren, wie es sich im Kult vollzieht. Die wichtigste Voraussetzung für den Eintritt in ein tantrisches Ritual wie in eine Übung des höheren Yoga ist das realisierte Bewußtsein eines Ausstiegs aus der gegenständlichen gegenwärtigen Welt. Der Praktizierende erreicht das am sichersten durch die Vergegenwärtigung anderer Welten als der grobmateriellen, grobsinnlichen Alltagswelt, in der wir leben. Die Vorstellung feinstofflicher oder esoterischer Wesen und einer Sphäre, in der wir ihnen begegnen können, ist dabei sehr hilfreich. Denn diese Sphären, die wir nur meditierend erreichen können, umgeben den Bereich, der unser spirituelles Ziel ist – den Bereich des Göttlichen, der zunächst unendlich fern liegt, uns aber durch Üben nahe gebracht wird, ja in uns selbst gegenwärtig werden kann. Das ist jenes auch in der christlichen Mystik zu erlebende Aufleuchten des göttlichen Funkens in uns: eine erste Entrückung.

Von dieser Stufe aus, die der indische Praktizierende meist mit Hilfe eines Guru erreicht, ergibt sich ein für den Übenden mehr oder weniger erfolgreicher Ritualablauf, der aus der Asana-Haltung das ganze kosmische System entfaltet, um dem als Gott erwarteten Gegenüber zu begegnen. Schon auf diesem Wege wird für den Übenden, entsprechend seiner zunehmenden Loslösung vom Körperlichen, von der Materie, alles zu feinstofflichem tantrischem Gewebe, zum Bewußtsein des Göttlichen.

Das beginnt mit dem bewußten Aus- und Einatmen, der sich daraus ergebenden Artikulierung von Mantras, dem begleitenden Fügen von Händen und Fingern zu Mudras, der Wahrnehmung der verschiedenen Chakrazonen in unserem Körper – vom Wurzelchakra der Sexualsphäre bis zur Denksphäre des Kopfes – und schließlich der spirituellen Kontaktaufnahme mit dem ausgewählten Meditationsobjekt, das als Bild oder Skulptur ein Gott, eine Göttin oder ein göttliches Bezugssystem sein kann.

Die Wahl der Gottheit richtet sich nach Anliegen und Ziel. Sie wird vom Guru auf Grund seiner genauen Kenntnis des Übenden getroffen. Dabei ergibt sich aus dem zentralen Bildzusammenhang, den sich darauf beziehenden Mantras und Mudras und dem bewußten Atmen ein Kräftepotential, das die Visualisierung des geistigen Gottesbildes ermöglicht und oft auch für den Übenden erschaute Realität werden läßt.

Wichtig ist bei diesen Vorgängen die Erkenntnis, daß Mantra, Mudra und Götterbild wirklich Gott sind und nicht etwas nur darstellen oder bedeuten. Laut, Geste und Bild sind Gott oder das Göttliche in verschiedenen esoterischen Erscheinungsweisen.

Im buddhistischen Tantrismus spielt bei diesen Visualisierungsprozessen der heilige Kreis – das Mandala – die zentrale Rolle. Wir werden darauf in einem späteren Kapitel noch zu sprechen kommen. Hier sei es nur als wichtiges Hilfsmittel erwähnt, das bei vielen aufgezeichneten Sadhanas der Frühzeit im Mittelpunkt steht.

Aus der Zeit des späten tantrischen Buddhismus ist uns eine Sammlung von dreihundertzwölf Sadhanas – die *Sadhanamala* – überliefert. Wir lassen daraus als Beispiel ein Sadhana zur Visualisierung der Göttin Candamaharosana folgen, das die enge Verbindung zwischen den einzelnen tantrischen Elementen und ihren Bezug zum Praktizierenden besonders deutlich erkennen läßt:

»Das Sadhana beginnt damit, sich vorzustellen, daß sich in der Mitte des Herzens ein Sonnen-Mandala von roter Farbe befindet, das auf einer achtblättrigen Lotosblüte ruht. Im Zentrum des Mandala erhebt sich die Silbe HUM in schwarzer Farbe. Von dieser Silbe emanieren unzählige Lichtstrahlen, die riesige Räume durchmessen. Auf den Strahlen befinden sich der Guru, alle Buddhas, die Bodhisattvas und die Göttin Candamaharosana. Nachdem ihnen der Praktizierende Ehre erwiesen und seine Sünden bekannt sowie in der dreifachen buddhistischen Wahrheit Zuflucht gesucht hat, bietet er sich selbst an zur Lösung der Verbrechen von anderen und macht das Gelübde, die höchste Erleuchtung zu erstreben. Dann meditiert er über die vier Tugenden, wird sich bewußt, daß diese Welt einer eigenen Natur, daß sie des Subjekts wie des Objekts ermangelt. So meditiert er über das absolute Leere, indem er wiederholt die Formel ausspricht: ›Meine diamantene Wesenheit ist die Erkenntnis des Leeren.‹

Dann stellt er sich die Silbe HUM, auf dem Knauf eines Schwertes sitzend, vor, das aus der ersten Silbe HUM von schwarzer Farbe entstanden ist. Die Strahlen, welche von dieser zweiten Silbe ausgehen, ziehen alle Buddhas an und lassen sie in diese Silbe eingehen. Der Praktizierende meditiert über Candamaharosana, indem er sie als aus dieser zweiten Silbe HUM hervorgetreten visualisiert. Dann imaginiert er im Herzen der Göttin ein Schwert, das die Silbe HUM trägt, und im Zentrum dieser dritten Silbe visualisiert er eine weitere Candamaharosana, die auf einer Silbe HUM sitzt. Das vollzieht sich weiter, bis der Praktizierende schließlich dazu kommt, sich mit der Göttin zu identifizieren.«

Wir haben es hier mit einem Meditationsbeispiel zu tun, das sich in seinem Ablauf auf viele tantrisch-yogische Rituale übertragen läßt. Dabei fällt die Klarheit der Beschreibung auf, die wir in den solchen Sadhanas zugrundeliegenden Texten – den Tantras –, wie wir noch sehen werden, oft vermissen.

Wann es in Indien zur Ausbildung erster tantrischer Kultformen kam, wissen wir nicht. Die Anfänge liegen im Dunkel. Doch scheint es, daß die geheimen Rituale bei Stämmen der indischen Ureinwohner Bengalens entstanden sind, bei denen sich auch die Yantras – geheimnisvolle heilige Zeichen und Symbole – ausbildeten, die das Ritual begleiteten und später in die Kultformen des Hinduismus wie des Buddhismus übernommen wurden. Dort spielen sie neben Mantras, Mudras und Bildern, in die sie zum Teil übergingen, bis heute eine bedeutende Rolle.

Dabei wurde auch die sexuelle Liebe, im Mythos von Shiva und Parvati seit Urzeiten praktiziert, zum Vorbild tantrischen Kultgeschehens. Diese aus dem Shivaismus entstandenen Sexualriten der Hindus sind schon früh von Gläubigen in Gemeinschaft körperlich vollzogen worden.

Die Buddhisten dagegen unterschieden einen rechtshändigen und einen linkshändigen Pfad des Tantrischen, wobei der linkshändige Sexualpraktiken einschloß, während sie der rechtshändige geistig sublimierte und so zum spirituellen Symbol werden ließ.

Im Mittelpunkt der hinduistisch-tantrischen Sexualriten, die wohl um 800 n.Chr. in Indien ihren Höhepunkt erreichten und über Jahrhunderte blühten, steht das Pancatattva – die Kulthandlung der fünf »m« –, das aus dem Mantra AUM als nachvollzogener Schöpfungsmythos immer wieder neu hervorgeht, ohne daß wir um die Anfänge wissen.

PANCATATTVA –
DAS GEHEIME RITUAL

Im Pancatattva dürfen wir eine Art Urritual und zugleich den umstrittenen Höhepunkt tantrischer Praxis sehen. Es erinnert uns an die frühesten Formen des Tantrischen, lange bevor der Name in Gebrauch kam. Der Pancatattva-Ritus ist vielgestaltig und vieldeutig. Er ist wahrscheinlich aus Riten des sakralen Geschlechtsverkehrs hervorgegangen, wie wir sie im Hieros gamos kennengelernt haben.

Entsprechend indischer Geistigkeit und Freude an strengen Kultformen, getragen von kosmischem Bewußtsein und dem Wunsch, dieses im sakralen Akt zu realisieren, entstand wohl in langer Entwicklung das Pancatattva, eine Kulthandlung um die fünf »m«: madya (einen berauschenden Trank), matsya (Fisch), mamsa (Fleisch), mudra (geröstetes Getreide) und maithuna (die geschlechtliche Vereinigung).

Überraschend an diesen fünf Kultfaktoren ist, daß sie allesamt Tabus der brahmanischen Religion darstellen. Es kommt ein Sechstes, meist Unerwähntes hinzu, auf das Agehananda Bharati in seinem Buch *Die Tantra-Tradition* hinweist: das Rauschgift.

Dabei hat es sich in den traditionellen Kulten, die seit dem neunzehnten Jahrhundert durch die britische Kolonialverwaltung unterdrückt wurden, um Cannabis Indica gehandelt. Durch den gemeinsamen Genuß dieser aus Hanf gewonnenen Droge wurde in der Gruppe der Praktizierenden die psychische Voraussetzung für die kultische Sexualbegegnung von kleinen Gruppen gleichgesinnter Tantriker geschaffen. In der Frist zwischen der Vorbereitung auf das Ritual und seinem im gemeinsamen Geschlechtsverkehr meist bei Sonnenuntergang oder um Mitternacht erreichten Höhepunkt war auch das Rauschmittel zu seiner vollen, die Kultteilnehmer enthemmenden, befreienden Wirkung gekommen.

Es gibt brahmanische Stimmen, die den Kult der fünf »m« in

seiner Ausübung völlig bestreiten und ihm, auch für die Frühzeit, nur symbolische Bedeutung beimessen. Das hat seinen Grund in der Esoterik und verbreiteten Askese alter Brahmanenkulte. Andererseits scheint es schon immer Tantriker gegeben zu haben, die in ihren kultischen Vorstellungen die kosmische Ganzheit auch als Mensch zu erfahren und im Ritual zu verwirklichen trachteten. Dabei kam es zu unterschiedlichen Ausführungs- und Deutungsversuchen. Sie alle hatten ursprünglich ihren Anlaß im Bemühen, das Erleben körperlich-geistig-seelischer Einheit zu verwirklichen. Die All-Erfahrung sollte nicht nur geistig-meditativ, sondern auch durch den Einsatz aller Kraftzentren und Kraftquellen unseres Körpers erreicht werden.

Nur so, glaubt der Tantriker, erlangt der Mensch die Ganzheitserfahrung der in ihm angelegten Möglichkeiten. Ob hierbei Rauschgift ein taugliches Hilfsmittel ist, wurde offenbar schon früh von erfahrenen Tantrikern in Zweifel gezogen. Andererseits half der Drogengenuß wohl in vielen Fällen zur Überwindung von Hemmungen, die sich aus einer rein esoterischen Haltung des Praktizierenden ergeben konnten.

Das zentrale Problem des tantrischen Sexualkults stellte sich schon früh bei der Beurteilung des Sexualtriebs, seiner Kraft und Intensität wie seines Einsatzes im Ritual. Da er neben den geistigen, den spirituellen Kräften als das stärkste Element menschlicher Aktivitäten angesehen wurde, kam auch seiner Verwirklichung im Kult ganz besondere Bedeutung zu. Dabei ging es vor allem um die Frage nach dem Orgasmus und der Rolle, die er im fortschreitenden Ritual zu spielen hatte. Wahrscheinlich galt die Vereinigung eines Brahmanen mit einem jungen Mädchen – oft mit einer Jungfrau – als zielgerichtete Initiation, die mit dem männlichen Orgasmus ihr natürliches Ende fand.

Mit der daraus hervorgegangenen tantrischen Praxis der fünf »m« änderte sich die kultische Grundhaltung. Nun waren es mehrere Paare, die sich zum sexuellen Ritual vereinten, die vorgeschriebenen Kultspeisen in strenger Folge zu sich nahmen und schließlich, nach immer komplizierter werdenden Kulthandlungen, zum Koitus mit Partnertausch übergingen.

Hierbei kam es zu der strengen Vorschrift einer Unterdrückung des Orgasmus, um die sexuellen Kräfte des Menschen in den Kreis der Pancatattva Praktizierenden einfließen zu lassen. So sollte sexuelle Energie in esoterische Energie umgesetzt werden und zur Potenzierung tantrischer Kraft führen. Dabei kam es zur Ausbildung subtilster körperlich-sinnlicher Begegnungsformen, wie sie auch heute noch in den wenigen echt tantrischen Kreisen geübt und vollzogen werden.

Der tantrischen Form der Orgasmusunterdrückung und dadurch zu bewirkenden spirituellen Potenzsteigerung werden wir im buddhistischen Tantrismus vielfältig wiederbegegnen. Doch ist sie auch als äußerst differenzierte Hindu-Praxis bekannt.

Bevor wir uns diesen verfeinerten Spätformen der tantrischen Sexualkulte zuwenden, wollen wir an einem Beispiel aufzeigen, wie sich Pancatattva im alten Indien als Zentrum tantrischen Kultgeschehens – vor allem in Bengalen – vollzogen hat. Dabei müssen wir uns vor Augen halten, daß diese Kulthandlung nur die äußerliche Realisierung eines tief innen erfahrenen kosmischen Erlebens ist, das sich aus göttlicher Wirklichkeit stellvertretend zwischen Menschen entfaltet, wobei der Grundgedanke die Schöpfungsvorstellung ist.

Der Geschlechtsakt wird als der Urzeugungsakt allen Lebens gesehen, wie ihn die Hindu-Mythologie begreift. So ist Pancatattva in der nachstehend erzählten Form der Vollzug eines Urerlebens, von dem im Geschlechtstrieb eines jeden Menschen etwas Elementares erhalten geblieben ist. Dies zur Entfaltung zu bringen ist Sinn und Ziel von Pancatattva.

Es gibt nur wenige Autoren, die das begriffen oder gar dargestellt haben. Für die meisten ist das, was nun als Handlungsablauf folgt, nicht mehr als ein oberflächliches Szenarium. Seine vor allem spirituellen Dimensionen werden dabei nicht erfaßt. Wir wollen versuchen, sie in den folgenden Kapiteln zu den Tantras und ihrer Esoterik verständlich zu machen.

Zunächst suchen wir einen geheimen, sauber gefegten, umzäunten Platz, der mit Decken und Kissen gut ausgestattet ist und sich in der Nähe eines Baches befindet. Dort wird Pancatattva vorbereitet. In jüngerer Zeit vollzieht man den Ritus in einem Haus, zuweilen auch im entlegenen Grabmal eines Heiligen. Achtzehn Personen sowie ein Ritualleiter und ein Brahmane nehmen an dem Zeremoniell teil: Männer und Frauen, festlich gekleidet, die Männer in blendendem Weiß, die Frauen in prächtigen Saris, wie man sie auch bei offiziellen Feiern und großen religiösen Festen sieht. Doch hier ist alles ganz anders. Die Menschen scheinen miteinander vertraut, halten aber dennoch eine gewisse schweigende Distanz.

Auf einem niedrigen runden Tisch, der von Sitzkissen umgeben ist, stehen vier der fünf »m«: Fisch, Fleisch, Getreide und in kleinen Gläsern eine alkoholische Flüssigkeit. Alles Dinge, die von den Versammelten sonst weitgehend, zumindest offiziell, gemieden werden. Bei vielen Pancatattvas ist das die Stunde, wo man Cannabis Indica zu sich nimmt, wenn auch sicher nicht bei allen.

Hinter einem von mehreren Dienerinnen gehaltenen Vorhang wird die Hauptperson des Rituals – die auserwählte Shakti, die Stellvertreterin der Großen Göttin – auf ihre zentrale Rolle im Pancatattva vorbereitet. Sie wird feierlich entkleidet und von eingeweihten Frauen mit duftenden Ölen eingerieben: Jasminöl für die Hände, Safran für die Füße, Campa und Hina für die Brüste und Moschus für Schenkel und Scham. Aus rotem Puder erhält sie einen leuchtenden Punkt zwischen den Brauen, dort, wo sich der Lehre nach ihr drittes Auge der Erkenntnis öffnen wird. Zwischen diesem Zeichen und der oberen Öffnung ihrer Scheide wird ein roter Strich gezogen, der den Weg der aufsteigenden Kundalini, der magischen Schlange des Geschlechts, zeigen soll.

Nun tritt der Brahmane an sie heran und berührt ihre Vagina mit einem Phallussymbol. Auf diese Weise wird die einstige androgyne Einheit der Menschen wiederhergestellt, bevor sich der Zeugungsvorgang als Wiederholung der Urschöpfung, des Anfangs der Menschheitsgeschichte an der Jungfrau vollzieht, die heute für das Ritualgeschehen als Shakti ausgewählt worden ist.

Inzwischen haben sich die anwesenden Teilnehmer des Rituals in bunter Reihe um den niedrigen Tisch gruppiert und einen ersten Schluck Alkohol zu sich genommen, dazu etwas Fisch und geröstete Körner.

Nun tritt der Ritualführer des Pancatattva – eine Art Zeremonienmeister – auf, versprüht heiliges Wasser über die Anwesenden und spricht Mantras, die zwischen den Göttern und den versammelten Tantrikern, vor allem aber zwischen der Großen Göttin und der sie in diesem Kreis vertretenden Shakti vermitteln und den Kreis schließen sollen. Als zweites akustisches Element tritt das Läuten von Handglocken hinzu.

Von diesem feierlichen Augenblick an sind die Versammelten eine geweihte, geheiligte Gemeinde von Praktizierenden – dem Alltag und der Realität enthoben. Menschen im tantrischen Kreis des Kosmos, umfangen von einer anderen Wirklichkeit als der des Dorfes oder der Stadt, deren Straßen sie eben verlassen haben mit dem bewußten Eintritt in diesen heiligen, der materiellen Welt enthobenen Zirkel.

Weihrauchwolken schweben über der Gruppe, in die nun die nackte Shakti – die geweihte Gottesbraut – eintritt. Sie wird in der Mitte des Kreises vom Brahmanen empfangen, der sie berührt hat und der an ihr die Defloration als eine Art symbolischer Weihe und Heiligung vollziehen wird.

Doch zunächst haben die Versammelten die Nacktheit der Shakti als Abglanz des Himmels und der unsichtbar anwesenden Götter zu verinnerlichen. Immer enger soll sich dabei der Kreis des gemeinsamen Geheimnisvollen schließen. Der Weg zum Vollzug des Koitus ist dann wie eine kosmische Wanderung des Brahmanen über den Leib der Shakti. Nur ein sehr geübter, tief in die tantrischen Praktiken eingeweihter Brahmane vermag ihn entsprechend dem vorgeschriebenen Ritual zu vollziehen. Er muß ein tantrischer Meister sein.

Die Shakti tritt ihm entgegen wie ein Kind. Mit einem Aschengemisch hat sie ihre Schambehaarung entfernt und bietet sich so völlig unverhüllt dem Brahmanen und seinem Kreis dar.

In einigen Pancatattva-Zeremonien hockt sie sich dann mit gespreizten Beinen nieder, um ihr bisher unberührtes Geschlecht allen Anwesenden wie zur Prüfung zur Schau zu stellen. Dann nimmt der Brahmane vor ihr Platz, erfaßt sie und nähert sie behutsam seinem erigierten Glied, auf das er sie langsam herabgleiten läßt, bis ihre Schamlippen ersten Kontakt mit seiner Eichel haben.

Mit dem langsamen, aber unaufhaltsamen Eindringen seines Gliedes in ihre Scheide erlebt sie den ewigen Geburtsschmerz der Frau. Seine rhythmischen Bewegungen, die er bis zum Orgasmus steigert, werden von ihr nachvollzogen. Doch nur selten erlebt eine Shakti die höchste Lust, obwohl sie ganz auf das Ereignis konzentriert ist.

Nachdem sich das von Sperma erfüllte Mädchen von dem Brahmanen gelöst und dezent gesäubert hat, nimmt sie mit angehobenen, gespreizten Schenkeln auf einem roten Teppich Platz und präsentiert ihre weit geöffnete, deflorierte Vagina der versammelten tantrischen Gemeinde, die so zum erfüllten Allerheiligsten der Shakti in engste visuelle Beziehung tritt.

Nach dem Vollzug des Koitus ist diese Präsentation des Geschlechts die wichtigste Kulthandlung des Pancatattva. Koitus und Vaginabetrachtung gehören zum kosmischen, das aber heißt zum göttlichen Bereich des Ritus, in den die versammelten Praktizierenden hinübergeführt werden sollen. So schauen die Versammelten nicht in ein menschliches Geschlechtsorgan, sondern in die Urhöhle der Göttin, in den Schoß endloser Wiedergeburten. Damit wird die Shakti zur Weltenmutter, die in Indien nicht nur die älteste, sondern auch die höchste Göttin ist.

Welche Bedeutung der Vaginapräsentation im indischen Kult durch die Jahrhunderte zugekommen ist, zeigt ein Relief aus dem elften Jahrhundert, das sich im Archäologischen Museum von Bubaneshvar befindet. Da heben zwei Männer die Shakti mit weit gespreizten Oberschenkeln in Augenhöhe der Umstehenden, um ihre geöffnete Vagina zur Betrachtung und Verehrung darzubieten.

Über den weiteren Verlauf des Pancatattva gehen frühe Zeugenberichte, vor allem aber die Darstellungen und Einschätzungen der Kolonialzeit weit auseinander. Wir meinen damit den folgenden Teil des Zeremoniells, der meist als Orgie der Zügellosigkeit, in neuerer Zeit als Gruppensex abqualifiziert wurde.

Was geschah wirklich?

Nachdem sich der tantrischen Gemeinde der Himmel letzter Geheimnisse seiner göttlichen Identität geöffnet hatte, trat, zufolge des Kultablaufs, die irdische Wirklichkeit in ihre Rechte. Ob das zuweilen unter Drogeneinfluß oder Alkoholeinwirkung zum Exzeß, zur zügellosen Orgie geriet – wer wollte hier rechten?

Nach dem Ritus war die freie genitale Kommunikation als ein Stück Lebenswirklichkeit vorgesehen und wurde als letztes der fünf »m« zuweilen – doch längst nicht immer – verwirklicht. Es war eine Kommunikation zwischen Ehepaaren oder Freunden, wobei im Laufe des Ritus der Wechsel der Partner möglich, aber längst nicht selbstverständlich, geschweige denn unumgänglich war. Zwang oder gar Gewalt waren bei diesen Ritualen nicht vorstellbar. Und doch trat oft genug der Alltag mit seinen Problemen und Beschränkungen in Erscheinung. Eifersucht, Unvermögen, Verkrampfung, Impotenz, Scheu, Scham mögen dabei Hemmungen erzeugt haben, die damals vielleicht häufiger waren als in unserer Zeit.

Problemlos waren diese Rituale, die den ganzen Menschen fordern, wohl nie. Das hängt vor allem damit zusammen, daß die meisten nicht in der Lage sind, Sexualität vom Alltag und seinen Nöten, die oft auch Sexualnöte sind, zu trennen.

DER CHAKRAPUJA-REIGEN

Um noch einen anderen linkshändigen Weg aufzuzeigen, der wahrscheinlich eine sehr weit zurückreichende Tradition hat, wenngleich wir auch hier den Ursprung nicht kennen, wollen wir auf ein umstrittenes Buch eingehen: den *Tantra-Reigen der vollkommenen Lust* von Ashley Thirleby. Sein Text vermittelt uns mit Chakrapuja, zumindest in Grundhaltung und Ziel, eine ganz andere Art von tantrischem Sexualkult, als wir ihn im Pancatattva kennengelernt haben.

Wörtlich übersetzt heißt Chakrapuja der Kreis der Gottesverehrer, der Opfernden und Anbetenden. Denn die *Puja* ist der rituelle Gottesdienst, die Zeremonie der Verehrung und Verwandlung. *Chakra* ist das Rad, der Kreis, bezeichnet aber auch die magischen Zentren in unserem Körper entlang der Wirbelsäule. Wir sehen, wie sich auch hier ein Vorgang aus vielfältigen Bedeutungselementen zusammensetzt.

Das Buch, aus dem wir Chakrapuja verstehen lernen wollen, sagt leider nichts über den Autor und seine Quellen aus, so daß wir ihm mit Zurückhaltung und großer Vorsicht begegnen müssen.

Wir haben hier eines jener zahlreichen Zeugnisse des Tantrismus aus den letzten Jahren vor uns, die Einsichten ermöglicht, aber auch Zweifel genährt haben. Bei Thirleby scheinen uns die Voraussetzungen zu stimmen, wenn wir die dargestellten Zusammenhänge auch nicht im einzelnen verifizieren können. Es geht bei ihm um ein auf sieben Abende und Nächte verteiltes Kultgeschehen, das den Tantrismus, gemessen am Pancatattva, in einem ganz anderen Licht erscheinen läßt, wobei sowohl die Idee als auch die vermittelte Praxis Zweifel an ihrer Realisierbarkeit aufkommen lassen.

Gemessen an der Primitivität christlicher und islamischer Sexualauffassungen haben wir es jedoch mit einer unvergleichlich feineren, edleren Betrachtung des geschlechtlichen wie des intimen Verhältnisses zwischen den Geschlechtern zu tun, die wir als Ansatz einer Sexualethik bezeichnen dürfen.

Wir wollen darum den subtilen, stilvollen Ablauf des Ritus skizzieren, den Thirleby in seinem Buch dokumentiert und als Möglichkeit des Praktizierens, auch für tantrische Kreise von heute, aufgezeichnet hat, wobei alle oben gemachten Vorbehalte gelten.

Im Gegensatz zum Pancatattva haben wir es beim Chakrapuja mit einem Ritus in Sexualdiszplin zu tun, bei dem alles Orgiastische, Leidenschaftliche, damit auch jede Gefahr der Entgleisung wegfällt. Es geht hier nicht um die Verwirklichung, um das Ausleben des Triebs, sondern vielmehr um seine Steuerung und Zügelung. Die Sexualität wird dabei zu einem stilisierten Kultmittel, von dem der eingeweihte Tantriker sagt, daß es zur höchsten Steigerung unseres esoterisch-sinnlichen Kräftepotentials führen kann.

Absicht des Ritus ist nicht die körperliche Entladung, nicht der Orgasmus, sondern seine Kontrolle, seine Disziplinierung – höchstes Ziel seine Verhinderung, und das in sieben Stufen, die in sieben Zusammenkünften eines Kreises von Praktizierenden als tantrischer Weg begangen werden sollen. Darin liegt auch seine religiöse Bedeutung.

Es ist ein Weg vom Ich über das Du zum Wir. Man kann ihn, wie Thirleby meint, unter Ehepaaren, mit Freunden und Gleichgesinnten gehen. Voraussetzung ist Toleranz, Großherzigkeit, Rücksichtnahme, Selbstdisziplin und kosmisches Bewußtsein. Das heißt aber auch: die richtige Einschätzung des Geschlechtlichen, das Begreifen seines Allzusammenhangs, seiner tantrischen Bedeutung.

Mit diesen Prämissen distanziert sich Thirleby eindeutig von der Tantrismus-Vermarktung, wie sie heute von vielen Autoren und Verlagen auf flachstem Niveau, mit falscher Interpretation und primitiven, irreführenden Anleitungen zur Praxis betrieben wird.

In der Einleitung zu seinem Buch, die er »Tantra – der Weg zum innersten Wesen« überschreibt, lesen wir Thirlebys eingehende Betrachtung zu diesem Thema:

»Diejenigen, die Tantra nur oberflächlich kennen, verbinden damit nicht mehr als ein paar ritualisierte Übungen, die zu erhöhter sexueller Befriedigung führen. Und sie fragen: Wie kann denn das Erlernen bestimmter sexueller Verhaltensweisen Selbstbewußtsein und Selbstverwirklichung bewirken? Wie kann ein verlängerter Orgasmus zu schöpferischen Einsichten führen?

Die Antwort ist einfach. Tantra zeigt, wie der Mensch seinen stärksten Energiestrom zu kontrollieren vermag – die sexuelle Energie. Wenn sie kontrolliert wird, ist diese Energie die Quelle der Kraft, die stärker ist als jede andere, weil sie die grundlegende Energie allen Lebens ist.

Der Urtrieb des Menschen ist der Sexualtrieb, dessen Kraft fast unbegrenzt ist. Beständig folgen wir den Befehlen dieses Triebes, doch weil wir seine Bedeutung verkennen, sind wir häufiger sein Opfer als sein Herr. Wir geben vor, etwas aus irgendwelchen rationalen Gründen zu tun, obwohl es in Wahrheit meist nur geschieht, um in irgendeiner Form den Sexualtrieb zu befriedigen.

Wenn wir die Bedeutung dieses Triebes leugnen, leugnen wir die Kraft in uns, die uns in die Lage versetzt, viel von dem zu verwirklichen, was den Menschen groß macht. Wir sind indessen imstande, den Trieb zu begreifen und seine Kraft zu beherrschen; wir können sein Herr sein statt sein Sklave.

Und darum geht es im wesentlichen bei den tantrischen Ritualen. Den Vorrang des Sexualtriebs anzuerkennen, nicht, ihn zu leugnen. Unserem wahren Wesen gegenüberzutreten. Zu begreifen, daß dieser Trieb eine fundamentale Naturkraft ist, die uns die schöpferische Energie liefert, mit Erfolg unmöglich erscheinende Aufgaben anzugehen. Sich hoffnungslosen Situationen zu stellen und sie zum Guten zu wenden. Mehr zu werden, als wir uns je erhofft haben. Dieser Trieb liegt aber einer noch größeren Kraft zugrunde. Der Kraft, sich mit anderen Menschen durch ein Band der Wunder und der Freude, des Glücks und des Lachens, der Liebe und des Verstehens zu vereinen.

Und diese Kraft ist es auch, die uns mit dem Universum vereint.

Es gibt unzählige Bücher über Sex, in denen über Variationen und Positionen, Gebote und Verbote, über Ja und Nein und Vielleicht geredet wird. Als Grundleitfaden für den rein körperlichen Akt haben diese Bücher ihren Wert. Aber der Sex des Tantra unterscheidet sich vom dort beschriebenen Sex dadurch, daß er als Mittel und nicht als Zweck dient. Als Mittel zur größten körperlichen Lust, als Mittel, die ganze Fülle der lebensspendenden inneren Kräfte freizusetzen, und auch als Mittel, das Reich des Geistes zu betreten, von dessen Existenz nur wenige überhaupt wissen, und das noch weniger Menschen erreichen.

Denn wenn die Lust, die im Sex wohnt, durch einen erfahrenen und disziplinierten Geist und Körper geübt wird, intensiviert und erweitert sie sich, bis sie sich in einem überirdischen Glücksgefühl entlädt. Sie verläßt das Körperliche und geht ins Geistige über. Sie ist nicht länger etwas, das man tut – sie wird zu etwas, was man ist.

Wir müssen begreifen, daß Tantra kein Selbstzweck ist. Es ist das Mittel. Tantra ist keine Ansammlung von Übungen, die um des Übens willen durchgeführt werden, und es verwandelt uns auch nicht augenblicklich in eine höhere Seinsform. Die tantrischen Rituale sind im Lauf von Jahrhunderten entwickelt worden, um Geist und Körper zu lehren, wie sie sich ganz auf das innere Sein einstellen und sich mit Hilfe der von diesem Wissen herrührenden Kraft mit anderen vereinen können, um eine noch höhere Ebene der Kraft und des Verständnisses zu erreichen.

Es ist keine verborgene symbolische Bedeutung in der tantrischen Aussage: Am Anfang war einer. Dann waren zwei. Und die zwei waren viele. Und die vielen wurden zum Einen.

Tantra zeigt den Weg, aber man kann nicht die ganze Reise allein zurücklegen. Denn so wie der Sexualtrieb des Menschen nicht den Zweck hat, ein lustvolles Masturbieren zu ermöglichen, ist es auch nicht das Ziel des Tantra, dem Einzelnen auf einfachste Weise sexuelle Befriedigung zu verschaffen. Die Rituale sind dazu bestimmt, die ganze sexuelle Lust erleben zu lassen, die Kontrolle über die sexuelle Kraft zu steigern und die Sinne ganz auf die sexuelle Vereinigung zu richten. Sie sollen Schritt für Schritt von der völligen Unwissenheit über die langsam einsetzende Kontrolle und Konzentration zu dem Punkt führen, an dem die sexuelle Vereinigung eine Intensität der Lust und Kraft erfährt, die den üblichen Empfindungen bei der üblichen Begattung weit überlegen ist.

Die Paar-Rituale sind aber nur ein Schritt auf unserem Weg. Durch sie entstehen neue Lust und neue Energien, neue Sinneseindrücke und Bedeutungen. Und durch sie kommen wir zur nächsten Etappe unserer Reise. Wir gelangen über das Paar hinaus, zu mehr als nur zwei Wesen. Denn eine Lust, der die Energien von mehr als nur einem einzigen Mann oder einer einzigen Frau hinzugefügt werden und aufeinander einwirken, steigert sich nicht mehr in arithmetischer, sondern in geometrischer Reihe. Die Empfindungen beruhen nun auf der Kraft, die von der ganzen Gruppe, nicht länger nur von einem Paar ausgelöst wird. Die Kräfte aller bestehenden Wesen im Kosmos strömen und wirbeln durcheinander und bilden das Eine. Und es ist das eigentliche Ziel des Tantra, einen jeden zum Teil dieses Einen werden zu lassen.«

Diese Einführung ist eine Art Überhöhung des menschlichen Kräftepotentials, soweit es im Sexualtrieb zum Ausdruck kommt: eine Stilisierung und Veredelung, die mit der Mehrzahl tantrischer Kulte im heutigen Indien genauso wenig zu tun hat wie mit den meisten der heutigen westlichen Praktiken. Doch die Idee ist erhaben. Das Tantrische wird dabei zu einem hohen Ideal. Und so stellt Thirleby den Weg vom Ich über das Du zum Wir als den Weg zu unserem innersten reinsten Wesen dar.

Wie im Pancatattva ist es auch im idealen Chakrapuja der kleine Kreis, in dem Gleichgesinnte zusammenkommen, um die fünf »m«, hier aber auf ganz andere Weise, zu verwirklichen.

Nicht die Shakti steht im Mittelpunkt, sondern der einzelne Mensch, der sich in Gemeinschaft der Anderen immer besser verstehen und erkennen lernen soll. Das beginnt mit der Verwirklichung einer äußerst intensiven, alle Kulthandlungen begleitenden Körperkultur, die auf Sauberkeit, Behutsamkeit und höchste Achtsamkeit ausgerichtet ist.

Von der Mantra-Rezitation über das gemeinsame Essen und Trinken bis zur Körperbetrachtung und leiblichen Annäherung bleibt alles streng ritualisiert. Jedes Ausbrechen aus der kosmischen Ordnung des Kreises muß durch den Führer des Kultgeschehens, aber auch durch die Selbstdisziplin aller Beteiligten verhindert werden.

Über das traditionelle Chakrapuja und seine Durchführung schreibt Thirleby:

»Dem Tantra zufolge war das Chakrapuja ursprünglich ein ›Treffen der Meister und Schüler‹. Versammelt waren die tantrischen Meister, die Tantriker (die Tantra studiert und ausgeübt, es aber noch nicht gemeistert hatten) und jene Anfänger, für die die Rituale, ihre Bedeutungen und Ergebnisse noch neu waren.

Aber diese ›Treffen‹ waren nie formlos. Wie die Rituale waren auch die Chakrapuja-Treffen streng geregelt. Bei der Ankunft wurden Früchte und Wein gereicht, alle in der gleichen Farbe, die der Meister zuvor bestimmt hatte. Auch Farbe und Art der Kleidung, die man trug, waren vorgeschrieben.

Waren der Wein und die Früchte verzehrt, sprach der Meister über einen bestimmten Aspekt des Tantra, meistens über ein fortgeschrittenes Ritual oder den Sinn eines Rituals. Dann wählte der Meister einen Tantriker aus, mit dem zusammen er das Ritual für die anderen vorführte. Diese Vorführung begann jedoch erst, wenn aller Wein und die Früchte beiseite geräumt worden waren, so daß sich alle ganz auf die Demonstration konzentrieren konnten.

Der Meister, meistens eine Frau, legte die Kleider ab und entkleidete den Tantriker, den sie als Partner auserwählt hatte.

War die Vorführung beendet, stellten die Zuschauer Fragen. Danach legten alle ihre Kleidung ab, und der Meister bestimmte einige Paare, die das vorgeführte Ritual nachvollziehen sollten.

Die Rituale wurden genauestens befolgt und hinterher vom Meister und den Tantrikern kritisch gewürdigt. An einem Abend wurden für gewöhnlich mehrere Rituale ausgeübt. Alle nahmen daran teil, allerdings nur unter der Aufsicht und Leitung des Meisters. Das Chakrapuja war (und ist) ein sehr streng geregeltes Ereignis.

Nachdem alle Rituale des Abends von allen Anwesenden ausgeführt worden waren, rief der Meister ›die Zeit der Worte, der Nahrung und der Getränke‹ aus. Dann wurde etwas zu essen aufgetragen, man trank Wein, unterhielt sich über die Rituale des Abends und bekam Fragen beantwortet.

Ein Chakrapuja konnte zwischen drei und zwölf Stunden dauern. Und immer wurde es dadurch beendet, daß die Geschichte der Schöpfung aus den tantrischen Schriften vorgelesen wurde, damit niemand den Anfang und das Ende aus den Augen verlor, ganz im Sinne des Tantra.«

Soll Chakrapuja gelingen, muß es heute wie einst als Gesamtkunstwerk inszeniert und realisiert werden. Dann wird es zum großen Fest. Der äußere Rahmen muß alles Alltägliche ausschließen. Dazu gehören die Art der Raumgestaltung, das Schmücken mit farbigen Textilien und Blumen, die Duftverbreitung und sphärische Musik.

Die Kleidung der Teilnehmenden soll auf eine von Abend zu Abend wechselnde Farbe abgestimmt werden, aus edlen Stoffen bestehen und leicht abzulegen sein. Vor dem Beginn des Zeremoniells hat jeder ein Bad zu nehmen. Speisen und Getränke sollen der Ordnung der fünf »m« entsprechen.

Die Begrüßung der Teilnehmer erfolgt nach tantrischem Ritual durch festgelegte Mantras. Sie lauten:

> »Am Anfang war einer
> Dann waren zwei
> Und die zwei waren viele
> Und die vielen wurden zum einen.«

Die Mantra-Folge ist während der sieben Abende Wiederholung, aber auch Steigerung des Gleichen, da Wiederholungen im ganzen Kultablauf zur Ordnung des Chakrapuja gehören. Es gibt weder Überraschungen noch Ausbrüche.

Die Steigerung vollzieht sich von Abend zu Abend durch das Anwachsen des Miteinander-Vertrautwerdens, durch das Zueinander, das allmählich zu einem Miteinander wird.

Der erste Abend dient der Selbstbegegnung. Zu den anderen

im Kreis führen Blickkontakte mit der Vergewisserung ihrer nackten Körper und Fingerkontakt durch leichte Berührung der Hände.

Dann geht man mit geschlossenen Augen den Weg zu sich selbst, streicht über Stirn und Brust, stimuliert ganz sanft die Brustwarzen, legt die Hand auf den Bauch, läßt sie nach unten gleiten, bis sie die Grenze des Schamhaars spürt, erreicht endlich die Penisbasis oder die Klitoris.

Die ganz langsam beginnende Masturbation wird dann zum Kultgeschehen. Sie vollzieht sich sanft und zurückhaltend, ohne alle Hast, ohne das übliche Drängen zum Orgasmus. Denn eben den gilt es zu vermeiden. Sobald er sich ankündigt, wird das Mantra der Kontrolle gesprochen, um so die Beherrschung seiner selbst, seiner Lust zu erlangen. Darauf kommt es an.

Der zweite Abend unterscheidet sich kaum vom ersten, und doch bringt er einen entscheidenden Schritt: den ersten Schritt zum Du. Er erfolgt als Ritual des Erkennens.

Wieder geht es zunächst um Selbstberührung bei geschlossenen Augen: der Stirn, der Augen, der Nase, der Lippen. Es ist ein gleitendes Sich-Vergewissern seiner Körperlichkeit, aber auch seiner Sinne.

Dann wendet man sich dem zur Linken sitzenden Partner zu, nähert die Finger, berührt ihn fast, doch nicht ganz. Es ist erst die Ahnung des Körpers, noch nicht das Gefühl. Man umspielt mit einem Finger die Brust des Partners, ohne sie wirklich zu berühren. Und doch ist der Kontakt schon da, der sich bald intensivieren soll.

Man sieht die Brust des anderen, läßt den Blick hinab zum Nabel gleiten, nimmt das Schamdreieck oder den Penis als Yantra, als kosmisches Zeichen wahr. Dann rückt man sich näher, berührt mit den Fingern nun fast den Penis des Mannes, die Schamlippen der Frau. Doch immer noch ist es nur Annäherung, nicht Begegnung. Sie steht weiter aus, obwohl man beim echten Chakrapuja den sinnlichen Kontakt so schon spürt, als wäre er körperlich.

Daraus wird ein endloser Reigen des Aufeinander-Deutens, des sich Näherns in allen Körperzonen, des Einander-Gewißwerdens, ohne daß die Berührung des anderen Körpers wirklich stattfindet.

Jeder ist noch bei sich selbst, kehrt zurück zum eigenen Penis, zur eigenen Klitoris, um sie bis zur Lustgrenze zu stimulieren und wieder kurz davor abzubrechen, wie schon am ersten Abend. In dem Bewußtsein, sich trotzdem sehr viel näher gekommen zu sein und reich an übertragener Energie, verläßt man den Kreis.

Der dritte Abend bringt die ersten körperlichen Berührungen mit dem Partner. Es beginnt mit einem sehr behutsamen, langen Kuß, bei dem sich auch die Zungen begegnen. Dann legt man die Hände auf die Brust des anderen, stimuliert die Brustwarzen, um sie schließlich ganz sanft zwischen die Lippen zu nehmen. Dieses Geschehen wird von leisen Mantras der Wahrnehmung begleitet, die von beiden als ein Bezeugen der gegenseitigen Erkundung gesprochen werden.

Nun legt sich die Frau still auf den Rücken. Der Mann betrachtet sie eingehend. Langsam dringt er dann auch körperlich ins Zentrum ihres Lustgefühls vor, legt beide Hände auf ihren Bauch, läßt sie nach unten durch das Schamhaar gleiten, bis seine Fingerspitzen den Rand ihrer Schamlippen berühren.

Das Umkreisen und Berühren ihrer Vagina wird zum langen, lustvollen Spiel, das sie unbeweglich liegend genießt. Schließlich berührt der Mann mit der Zunge die Innenseite ihres linken Schenkels und bewegt sie allmählich zur Scheide hin, wo er, ohne sie schon zu berühren, verhält.

Es folgt ein langes, von ihm visualisiertes Gegenüber von Zunge und Scham, bevor er seine Zunge zärtlich an ihre Klitoris führt, um sie Lust spüren zu lassen. Auch hierbei ist es selbstverständlich, daß die Frau bei aufkommenden Orgasmusgefühlen sofort das Mantra der Kontrolle spricht, worauf der Partner stillhält und sich zurückzieht.

Nun nimmt der Mann die Rückenlage ein, und langsam nähert sich die Frau mit ihrem Mund seinem Körper, bis sie schließlich erst den Penis, dann die Hoden mit ihren Lippen umschließt. Auch der Mann bremst sie kurz vor dem Orgasmus mit dem Mantra der Kontrolle, und beide spüren, wie sich ihre Sexualenergie steigert, ohne vergeudet zu werden.

Der vierte Abend dient dem Ritual der Vereinigung. Auch hier wieder vollziehen sich die gleichen Vorbereitungshandlungen wie an den vorangegangenen Abenden. Doch immer vielfältiger, immer intensiver werden die Andeutungen und Berührungen, wobei sich auch die esoterischen Vorstellungen steigern.

Mann und Frau nähern sich einander mit ihren Geschlechtsteilen, ohne sich mehr als in zarten Berührungen zu begegnen, obwohl im rezitierten Mantra schon von Vereinigung die Rede ist. Die vollzieht sich wirklich mit aller Intensität weder in der fünften noch in der sechsten, sondern nach allgemeinem Verständnis erst in der siebten Nacht – und auch da als Vereinigung ohne Orgasmus. Es ist die Begegnung eines letzten, tiefsten Ineinanderseins, die Menschen von zweierlei Geschlecht vollziehen und erleben können, ohne sich darin zu verlieren, ohne im Orgasmus für Augenblicke zu vergehen.

Am fünften Abend aber beginnt schon die sexuelle Hinwendung zu den anderen Partnern – das, was heutige Kritiker abwertend als Gruppensex bezeichnen.

In Wirklichkeit ereignet sich an diesen letzten drei Abenden des Chakrapuja die Vereinigung der Gegensätze wie auch die Erkenntnis der geheimen, meist bewußten Polaritäten. Der Mensch wird sich in der Vereinigung mit anderen zum ungeahnten Problem. Er wird aber auch durch die unterschiedlichen Vereinigungen zum Begreifenden seines dunklen, schwer zu entschlüsselnden Selbst. Dabei ist der Einzelne nicht nur auf dem Wege zur Begegnung mit sich selbst, sondern auch mit der Fülle von Erscheinungen, die uns vielfältig umgeben.

So wird Tantra zum kosmischen Spiel, aber auch zum tantrischen Begreifen einer Wirklichkeit, die man im Westen niemals wirklich begriffen hat.

RATI LILA –
DAS INTIME LIEBESSPIEL

Oft wurde mir im Zusammenhang mit dem Tantrismus und seinen Sexualpraktiken die Frage gestellt, ob ich in der Lage sei, zwischen echten Kulthandlungen und vorgetäuschten Riten, für die das Tantrische nur eine Schutzbehauptung darstellt, unterscheiden zu können. Ich habe diese Frage zuweilen an indische Freunde, die mit tantrischen Riten vertraut sind, weitergegeben und verwunderte Gesichter gesehen. Man verstand meine Frage nicht.

Der Inder unterscheidet nicht zwischen echten und falschen Kulten, sondern nur zwischen Menschen, die den Tantrismus und seine kosmische Bedeutung begriffen haben, und solchen, die etwas als tantrisch bezeichnen, was nichts mit Tantrismus zu tun hat und deshalb auch den Namen nicht verdient.

Wenn ich ihnen dann erzähle, was im Westen alles als tantrisch bezeichnet und vor allem verkauft wird, dann lachen sie über soviel Ahnungslosigkeit und die offensichtliche Bereitschaft, sich betrügen zu lassen.

Es gibt im Tantrismus weder ein Wissen noch ein Praktizieren, das man durch Bezahlung erwerben oder erlernen kann. Darin unterscheiden sich auch tantrische Sexualkulte von der Prostitution. Das eine führt zu kosmischem Erleben, das andere ist erkaufte kurzfristige Lust. Zwischen beiden Aktionen liegt eine Welt, deren Schwerpunkt sich allerdings auch in Indien immer mehr zum käuflichen Sex hinneigt, den als tantrische Geheimkulte anzubieten und zu vermarkten man sich längst nicht mehr scheut. Doch muß man schon sehr naiv oder erlebnishungrig sein, wenn man den Betrug nicht sofort bemerkt.

Wie weit das erotisch-sexuelle Spektrum des Tantrismus in Indien und im Himalaya-Raum gespannt ist, wollen wir an einem weiteren, uns nach Nepal führenden Beispiel verdeutlichen. Es zeigt uns die enge Verbundenheit tantrischen Geistes mit subtilem sprachlichem Ausdruck und künstlerischer Gestaltung, läßt uns aber auch Ursprünge und Vorbereitungen des Kultgeschehens erkennen. Man nennt es Rati Lila. Das ist in Nepal und dem Himalaya die Bezeichnung für das intime Liebesspiel. Nur wer es früh und intensiv genug betreibt, kann hoffen, einst ein guter linkshändiger Tantriker oder eine gute Shakti zu werden.

Wir begegnen hier einem der mythischen Ursprünge der tantrischen Sexualkulte und der Art, wie sich Menschen voller Lust darauf vorbereiten.

Wahrscheinlich wüßten wir von dieser Frühphase des Tantrischen – sowohl was ihre Geschichte als auch was das Alter von Erstpraktizierenden betrifft – in Nepal ebensowenig wie in Indien. Doch weisen uns in Nepal ein uralter Mythos und daraus hervorgegangene Riten, die auch künstlerisch gestaltet wurden, den Weg. Dabei wird deutlich, daß es anfangs eine Unterscheidung zwischen profanem und tantrischem Sex nicht gegeben hat. Die Sexualität gehörte und gehört in weiten Teilen Asiens für viele noch immer in den Allzusammenhang des kosmischen Seins.

Isolierter Sex ist aus dieser Sicht Selbstbetrug und Selbstverstümmelung. Deshalb verabscheut der Tantriker die Prostitution. Wo der Körper als Ganzheit empfunden wird, ist er auch im beginnenden Liebesspiel kein stimuliertes Objekt, sondern eine kosmische Wesenheit, die mit sich selbst oder mit anderen Wesen auf eine geheimnisvolle, beglückende Weise kommuniziert.

Auslöserin dieses Bewußtseins, dieser Erlebnistiefe war, hören wir auf den Mythos, eine der Schutzgöttinnen Nepals, Guhyeshvari, die »Herrin der Geheimnisse«. Die Vieldeutigkeit des Kultwortes Geheimnis wird am Beispiel des Namens dieser Göttin deutlich. Obwohl sie die Hüterin höchsten esoterischen Wissens und der damit verbundenen Kulte ist, bezieht sich ihr Name nicht auf diese Funktionen, sondern auf ihr Geschlechtsteil, mit dem sie, folgt man dem Mythos, identisch ist. Sie verkörpert als Göttin das weibliche Geheimnis schlechthin: die Yoni – die heilige Scham. Als Yoni rückt sie in nächste Nähe Shivas, mit dessen Lingam wir sie als Symbol der geschlechtlichen Vereinigung, und damit der Fruchtbarkeit wie der Lust, dargestellt finden.

Doch mit Shiva verbindet sie auch auf dramatische Weise die uralte Götterlegende des Himalaya, die wir als Verständnisgrundlage aller tantrischen Vorstellungen und Kulte betrachten müssen. Das gilt für den Guhyeshvari-Mythos in ganz besonderer Weise, weil hier ein Aspekt des tantrischen Shiva zutage tritt, der uns bis heute in allen Yoni-Lingam-Kombinationen begegnet.

Im Hintergrund dieses Mythos erkennen wir einen Aspekt jener wohl Jahrtausende währenden Auseinandersetzung zwischen der Großen Göttin und dem zur Herrschaft drängenden Mann, der als Guhyeshvaris Vater Daksha auftritt.

Shiva vertritt im Kreis der Götter – damals noch als Primus inter pares – das Göttliche schlechthin. Er verkörpert Schöpferkraft und Heiligung. So ist er es auch, der die göttlichen Opferhandlungen gegenüber dem Universum vollzieht, durch die der Kosmos sein Gleichgewicht behält und nicht – dies ist eine ständige Gefahr für das All – im Chaos versinkt.

Während einer solchen von Shiva in Anwesenheit aller Götter zelebrierten Opferhandlung trat Daksha, ein Außenseiter des Pantheons, in einem Ekel erregenden Büßergewand unter die Versammelten. Shiva sah darin eine elementare Beleidigung alles Göttlichen und zeigte sich tief erschüttert. Es war für ihn wie eine Verachtung, wie ein In-Frage-Stellen des Universums.

Guhyeshvari, die sich, wie wir wissen, Shiva aufs engste verbunden fühlte, war von der beleidigenden, ja zerstörerischen Haltung ihres eigenen Vaters so erschüttert, daß sie sich entleibte.

Das aber heißt: Yoni, die Empfangende, war tot. Die Götter legten sie zur heiligen Verbrennung auf einen Scheiterhaufen. Doch Shiva ließ die endgültige Zerstörung seiner leiblichen Entsprechung nicht zu, riß den Leichnam vom Scheiterhaufen und flog mit dem verendeten Urbild des Weiblichen – an eine mögliche Rettung glaubend – zum heiligen Berg Kailash im Westen Tibets, der sich im Wasser des silberglänzenden Manasarovar-Sees spiegelt.

Auf dem Verzweiflungsflug Shivas fiel ein Stück nach dem anderen von Guhyeshvaris Leiche zur Erde. Die Plätze, an denen Körperteile der Göttin auftrafen, wurden zu heiligen Orten, aus denen sich die noch heute gültige sakrale Topographie Nepals und Tibets ergab, die den Pilgern den Weg zum Kailash weist. Dort, wo die Yoni der Göttin den Boden erreichte, wurde ein Tempel errichtet, der dem Geschlechtsteil der Göttin als dem Symbol der Großen Mutter geweiht wurde. Hier haben wir eine der legendären tantrischen Wurzeln im Himalaya.

Dieser Legende begegnen wir in anderer Form auch in der nordostindischen Provinz Assam, wo Shivas Gattin Parvati von seinem Rivalen Vishnu in einundfünfzig Teile zerstückelt wurde, die auf verschiedene Plätze niederfielen und sie dadurch heiligten. Dort, wo die Yoni Parvatis auftraf, entstand ein großes tantrisches Zentrum, das bis heute von zahlreichen Pilgern aufgesucht wird.

Seit der Verbreitung dieser Legenden sind Yoni und Lingam sakrale Symbole der beiden Gottheiten, die in weiten Teilen Indiens wie in Nepal verehrt werden.

Durch sie erfuhr Rati Lila – das intime Liebesspiel –, das bis dahin ein irdisches, zeitlich begrenztes Vergnügen war, seine Heiligung, die es auch zu einer Voraussetzung und schließlich zur Vollendung tantrischer Kulte werden ließ.

Sie fanden in Nepal ihren Ausdruck in der vielfältigen, oft variierten und stilisierten geschlechtlichen Vereinigung, in Kulten, wie sie uns ähnlich schon begegneten, aber auch in sakraler Literatur und künstlerischer skulpturaler Gestaltung, die wir sowohl in Indien wie auch in Nepal vielfältig antreffen.

Zentrum tantrischen Bewußtseins und seiner ritualen Verwirklichung war in Nepal seit jenen frühen legendären Zeiten der Lingam-Kult als Shiva- und Shakti-Verehrung. Lingam wie Yoni sind dabei zu universalen Symbolen kosmischen Seins geworden und werden als solche bis heute, in Nepal nicht nur von Shiva-Anhängern, sondern auch von Buddhisten, verehrt: Yoni als Höhle des Ursprungs, als Sinnbild der Leben erhaltenden kosmischen Gewässer, der heiligen Flüsse und des wogenden Alls, in dem kreatürliches Leben sich vielfältig ausdrückt – Lingam als zeugendes Glied, als hervorbrechende Lotosblüte aus dem undurchschaubaren Urschlamm chaotischen Seins, aber auch als sakrales Element der kosmischen Ordnung, die sich darüber erhebt.

Das Wissen um diese Zusammenhänge und die Verehrung ihres sakralen Systems sind schon in den berühmten Geheimtexten der indischen Frühzeit, den Upanishaden, nachweisbar. So lesen wir in der Bhradaranyaka-Upanishad über die Verbindung zwischen dem Opfer an Agni – dem Feuergott – und dem menschlichen Geschlechtsverkehr in bilderreicher Sprache: »Wahrlich, Feuer ist das Weib. Ihr Geschlechtsorgan ist der Brennstoff, ihre Haare sind der Rauch, ihre Scheide ist die Flamme, was er [der Mann] hineintut, sind die Kohlen, ihre Wollust sind die Funken. In dieses Feuer gießen die Götter den Samen als Opfergabe. Aus dieser Gußspende entsteht der Mensch.«

Und in der Kausitaki-Upanishad heißt es eindeutig: »Der Geschlechtsakt dient nicht nur der Zeugung, sondern auch der Lust.«

Aus diesem Geiste entstand Rati Lila, das intime Liebesspiel, für das ein schönes, wohlgewachsenes Mädchen von sechzehn Jahren als die geeignete Partnerin gilt. Die Brücke vom profanen Geschlechtsverkehr zum sakralen Ritus ist hier leicht zu schlagen. Sie ergibt sich aus Mantras und der esoterischen Überhöhung des Vorgangs, die außerdem das Lustgefühl erheblich zu steigern vermag. Dabei vollzieht sich das Gegenteil der christlichen Sexualvorstellungen, die alles Geschlechtliche als sündhaft und verwerflich verurteilen, wo körperliches Lustgefühl des Teufels ist.

Die geschlechtliche Vereinigung bedeutet im Tantrismus Steigerung des Lebensgefühls, aber auch der religiösen Erfüllung – nicht nur, wenn man sich beherrscht, wie im Chakrapuja, sondern auch wenn man sich dem Liebesrausch ganz hingibt. Beides sind elementare Erlebensweisen des Tantrischen.

Beide wurden von abendländischen Beobachtern verabscheut, die in den tantrischen Kulten Formen menschlicher Entartung und Verkommenheit erkennen wollten.

Darum gibt es bei uns kaum ein Buch über Indien und seine weit in den Himalaya ausstrahlenden Kulte, in dem die fünf »m« und andere Formen sexueller Rituale – wie Chakrapuja und Rati

Lila – nicht als Ausdruck moralischer Verworfenheit und pseudo-religiöser Heuchelei hingestellt und verurteilt werden. Selbst Indien wohlgesinnte Kommentatoren sind meist bereit, hier eine Entgleisung oder Entartung religiösen Denkens zu konstatieren. Keiner hat, soweit ich sehe, begriffen, daß Pancatattva, Chakrapuja und Rati Lila kultische Ausdrucksformen unseres materiellen Lebens sind, die als feierliche Kulthandlung wohl schon in vedischen Zeiten in das sonst rein geistig orientierte indische Weltbild eingebracht wurden. Sie als Ab- oder Irrweg zu bezeichnen und moralisch zu verurteilen, bedeutet, den indischen Begriff von Makrokosmos und seiner natürlichen Ganzheit mißzuverstehen und damit an der ursprünglichen indischen Geisteshaltung vorbeizudenken. Wenn heute selbst viele Inder diese Haltung einnehmen, so erkennen wir darin den noch immer nachwirkenden verhängnisvollen englischen Kolonialeinfluß, der zur Desorientierung auch der führenden Kreise Indiens beigetragen hat.

Wer die berühmte schwarze Pagode von Konarakh in Orissa oder die nordindischen Tempel von Kajuraho kennt, weiß, wie natürlich und unbefangen die meisten Inder früherer Jahrhunderte dem Geschlechtlichen gegenüberstanden. Christlich-abendländische Prüderie, Geheimnistuerei und Heuchelei waren ihnen genauso fremd wie eine Beschmutzung des Sexuellen, die im Abendland zur Kehrseite der so betonten und doch immer wieder gebrochenen Moral wurde.

Allerdings hieße es, die Tantras und den Tantrismus gründlich mißzuverstehen, wollte man sie als reine Sexuallehre begreifen. Zu solchen Fehleinschätzungen führten erst die europäischen Kommentare. Tantrismus ist kosmisches Bewußtsein und berührt alle Erscheinungsformen des Daseins, auch die unsichtbaren und die geheimnisvollen. Doch selbst daraus ist dem Tantrismus Kritik erwachsen.

Nur wenige haben bisher seine Bedeutung erkannt und sich angemessen mit ihm auseinandergesetzt. So kommt es, daß selbst heute noch, trotz zunehmender wissenschaftlicher Beschäftigung mit dem Thema, Unterschiede zwischen den verschiedenen Formen des Tantrismus kaum gesehen, geschweige denn dargestellt werden. Er ist im Zuge der Hinwendung zu östlichen Ideen zur pseudoreligiösen Mode geworden, ohne daß die meisten, die sich auf ihn berufen oder ihn zu praktizieren meinen, wirklich etwas davon verstehen.

Was viele Menschen, die vom Tantrismus sprechen oder sich sogar mit seinen Lehren beschäftigen, nicht zu fassen vermögen, ist die körperlich-geistige Einheit, die im Tantrismus ihren überzeugenden Ausdruck findet. Diese manifestiert sich in der erlebten Erkenntnis, daß Geschlechtlichkeit und Geschlechtserfahrung körperlich wie geistig faßbar sind. Anders wäre eine Ritualfolge in der Art von Chakrapuja nicht zu verwirklichen. Nur vom sexuell erlebten, geistig zu steuernden Körperbewußtsein, und sei es auch noch so sublimiert, gibt es einen Weg zum Erleuchtungsbewußtsein.

Dieser Weg vollzieht sich für den Buddhisten, wie wir sehen werden, anders als für den Hindu. Während im hinduistischen Tantra die Dynamik der Shakti als wesentlich körperliches wie auch geistiges Element funktioniert, wird im Buddhismus aus der weiblichen Schöpfungsaktivität ein Element der Bewahrung und der wegweisenden Hilfe: Prajna, die Weisheit, die in der Göttin Prajnaparamita ihren höchsten und zugleich geheimnisvollsten Ausdruck findet. Durch sie erfolgt im buddhistischen Tantrismus eine deutliche, dabei entscheidende Akzentverschiebung. Sie hat mit der Wandlung von der körperlich aktiven zur geistig kontemplativen Göttin zu tun und macht den grundlegenden Bedeutungsunterschied zwischen den beiden Tantrismus-Formen aus.

Wir dürfen diesen Ausgangspunkt, von dem sich die spirituelle Entfaltung des tantrischen Buddhismus herleitet, im weiteren Verlauf unserer Betrachtung, die sich nun hauptsächlich buddhistischen Formen des Tantrismus zuwendet, nicht aus dem Auge verlieren.

Je tiefer wir in die vielschichtige Bewußtseinswelt des Tantrischen und den Sinn seiner Aussagen eindringen, um so deutlicher wird uns die große Schwierigkeit der Bedeutungsvermittlung durch Begriffe und Begriffszusammenhänge unserer Sprache werden. Damit wir dieser Problematik nicht unvermittelt begegnen,

wollen wir uns zunächst nicht der Sprach-, sondern der Formenwelt – der mehr oder weniger sinnfälligen Gestaltung – zuwenden,
der wir auf unterschiedliche und doch in engem Bezug stehende
Weise im hinduistischen wie im buddhistischen Tantrismus begegnen.

TANTRISCHE KUNST –
SIGNATUREN DES SEINS

In der Einführung zu ihrem Buch *Die Welt des Tantra in Bild und Deutung* schreiben die beiden indischen Verfasser Ajit Mookerjee und Madhu Khanna:

»Tantra ist ein schöpferisches Mysterium, das uns antreibt, unser Tun mehr und mehr in eine innere Bewußtheit zu verwandeln: nicht indem wir aufhören, tätig zu sein, sondern indem sich unser Tun in eine schöpferische Entfaltung umgestaltet. Tantra vermittelt einen Ausgleich von Geist und Materie, der den Menschen befähigt, sein höchstes spirituelles und materielles Können zu verwirklichen. Entsagung, Loslösung und Askese – die einen von den Fesseln des Daseins befreien mögen, um so die ursprüngliche Identität seiner selbst mit der Quelle des Universums wieder zu erfahren – sind nicht der Weg des Tantra. Im eigentlichen ist Tantra das Gegenteil: nicht ein Sichzurückziehen vom Leben, sondern das vollständige Annehmen unserer Sehnsüchte, Gefühle und Situationen als menschliche Wesen.

Tantra heilt den Zwiespalt, der zwischen der physischen Welt und ihrer inneren Wirklichkeit besteht. Denn für den Tantriker steht das Geistige nicht im Widerspruch zum Organischen, sondern ist dessen Erfüllung. Sein Ziel ist nicht die Entdeckung des Unbekannten, sondern die Verwirklichung des Bekannten, denn: ›Was hier ist, ist irgendwo; was nicht hier ist, ist nirgendwo‹ (Visvasara-Tantra); das Ergebnis ist eine Erfahrung, die weitaus wirklicher ist als die Erfahrung der sichtbaren Welt.«

Diese Sätze verdeutlichen noch einmal tantrische Lebensanschauung aus indischer Sicht. Dabei soll nicht verschwiegen werden, daß wir dieser Betrachtungsweise auch in Indien heute immer seltener begegnen. Sie ist aber bedenkenswert für jeden, dem es um das Ganzheitserlebnis in unserer turbulenten, zersplitterten, heillosen Welt geht, in der so viele Menschen Gespaltene,

Gestörte oder Manipulierte sind. Angesichts dieser Situation vermag Tantra Hilfe zu bieten, und das auf vielfältige Weise.

Wie wir in den vorangegangenen Kapiteln gesehen haben, bedeutet Tantra Gemeinschaft von Gleichgesinnten bis hin zur intimsten Gemeinsamkeit, aber auch zu höchster spiritueller Erfüllung und zur Einführung in unsichtbare, geistig beglückende Welten. Ein Tor dorthin sind Formen, Signaturen, Bilder und Skulpturen, in denen sich tantrischer Geist vielfältig manifestiert.

Wir haben uns daran gewöhnt, in diesem Zusammenhang von tantrischer Kunst zu sprechen. Mit dem, was wir im Abendland unter Kunst verstehen, hat die tantrische Formenwelt allerdings nur wenig zu tun. Sie ist von der kosmischen Ganzheit geprägt und gewinnt auch von daher ihre ästhetischen Qualitäten, die allerdings weder Forderung noch Voraussetzung tantrischen Gestaltens sind.

Hinter jeder tantrischen Darstellung steht ein nur dem Eingeweihten vertrautes Geheimnis, so, wie wir es auch im tantrischen Gruppenerlebnis, in der Meditation und in den tantrischen Texten finden.

Das zeigt sich vor allem in den ältesten uns überkommenen Signaturen tantrischer Rituale: den Yantras. Aus ihnen ist letztlich alles abzuleiten, was das tantrische Ganzheitserlebnis für den Einzelnen visualisieren und damit sinnfällig machen kann.

Yantras sind Ursymbole, in denen sich die für die meisten unauslotbare Tiefe unseres Seins, aber auch die unendliche Weite kosmischer Welten ausdrückt, denen wir auf tantrischen Wegen begegnen, in die wir eintreten können.

Yantra ist heilige Geometrie, Symbolik unserer Allbezogenheit und Verewigung der Begegnungen, die wir in Ritualen und Meditationen erleben. Sie drücken aus, was wir jenseits unseres Alltags, unserer Vergänglichkeit, unseres fluktuierenden Seins sind. Hier prägen sich Siegel der Verständigung und des Umgangs mit Göttern und esoterischen Erscheinungen, die wir nur ahnen, aber nicht realisieren können, solange uns der magische Zugang, die mythisch-mystische Erfahrung fehlt.

Eine der yantrischen Grundformen ist das aus der Yoni, das aber heißt aus dem Schoß der Großen Mutter, hervorgegangene Dreieckssymbol. Der Tantriker visualisiert es nicht anders als die reale Vagina einer Frau im Sexualkult.

Beides ist das gleiche Große, Erhabene, dem nichts von westlich-christlicher Beschmutzung oder Erniedrigung, nichts Gemeines oder Pornographisches anhaftet, wie etwa den Ritzzeichnungen oder Kugelschreiber-Kritzeleien an den Wänden unserer öffentlichen Bedürfnisanstalten in ihrer gemeinen, primitiven Eindeutigkeit.

Im Tantrismus lebt und versteht sich alles aus der reinen, unverdorbenen Fülle des Kosmos. Da gibt es weder eine moralische noch eine sittliche Wertung. Das Leben wird begriffen und verwirklicht als eine allumfassende Ganzheit, die unser körperliches Sein mit dem geistigen, spirituellen Sein verbindet. Darin besteht auch die Brücke zwischen dem schöpferischen Menschen und seinen tantrischen Gestaltungen. Was er bewirkt, ist ein Verwandeln des Gegenständlichen und damit Vergänglichen in die Symbolwelt tantrischer Allverwobenheit, in der sich Leben aus vollem Bewußtsein und klarer Erkenntnis der Zusammenhänge vollzieht.

Die Form des Yantra und der Klang des Mantra erfüllen im Ritual die Funktion brückenschlagender Hilfsmittel für den Praktizierenden. Sie helfen ihm auf dem Weg zur Einsicht, zur Erkenntnis und Erfahrung, die er jeweils als einen Schritt zur ersehnten Erleuchtung begreift. Dabei sind Formen und Töne nicht nur abstrakte Funktionsträger. Sie sind selbst mit essentieller Energie aufgeladen und befreien den mit ihnen Umgehenden aus der Oberflächlichkeit seiner ihn gefangenhaltenden Umgebung. Diese erkennt und durchschaut er kraft solcher Energiequellen immer deutlicher als Samsara.

Die Zahl der Yantras wird im Tantraraja-Tantra mit neunhundertsechzig angegeben. Doch jedes einzelne steht, entsprechend tantrischer Vorstellung, mit jedem anderen in magischer Verbindung. In den Yantras spiegeln sich Makro- und Mikrokosmos auf symbolträchtige Weise. Sie helfen dem Menschen durch Anschauung zum besseren Verständnis der Bedeutung des Kosmischen für unser Dasein und den tantrischen Weg, den wir darin suchen. In diesem Sinne sind sie Wegzeichen, die zu einem Ziel führen, das Erkenntnis und schließlich Erleuchtung bedeuten kann.

Auch hier haben wir – wie bei den Mantras, den Mudras und den tantrischen Texten – ein hilfreiches Bezugssystem, das mit den anderen eng zusammengehört. Als Ganzes machen sie mit zahllosen weiteren Konstrukten die tantrische Welt aus, in der sich der Eingeweihte wie in einer geistigen Heimat bewegt, die ihm Sicherheit und Glück vermittelt.

Um das besser zu verstehen, wollen wir einige Yantras betrachten und nach ihrer Bedeutung sowie ihrer Funktion im Kult befragen. Das ist schon allein deshalb wichtig, weil sich die Yantras bis in die Gegenwart als immer wieder und immer neu konzipierte Signaturen tantrischer Verwirklichung erhalten haben.

Es gibt Yantras, die hinduistische Gottheiten symbolisieren. In einigen dieser Yantras werden durch den Göttern zugeordnete Sanskrit-Keimsilben Klangstrukturen suggeriert, die dem Yantra als abstraktes Götterbild eine neue Dimension hinzufügen, die vom räumlichen Yantra den Schritt in die Klangwelt und damit in eine vierte Dimension vollziehen. Viele Yantras spiegeln die spirituelle und energetische Struktur des Kosmos, wie sie der Praktizierende in sich mit Hilfe der intensiven Yantra-Betrachtung entfalten kann.

Damit sind wir bei der Beziehung zwischen Mensch und Form, die im Tantrismus eine zentrale Rolle spielt. Das Yantra hat eine ordnende, zügelnde Funktion, die dem Praktizierenden in allen Lebenslagen, besonders aber in meditativen Stadien hilfreich ist, ja die eigentliche Brücke zum Kosmos, zum Universum herstellt. Dabei bilden Yantras einen weiten Rahmen, der nach allen Seiten hin zur Götterwelt und ihren vielgestaltigen Erscheinungen offen ist.

Die zentrale Rolle im Yantra-Reigen spielt das Shri-Yantra, das eine komplizierte, aber vollkommen harmonische Komposition von neun einander kreuzenden, dabei tantrisch verwobenen

Dreiecken – jener Urform des Yantra – darstellt, die um einen magischen Mittelpunkt – den bindu – konzentriert sind. Die nach
oben gerichteten Dreiecke stellen Shiva, die nach unten gerichteten Shakti in Funktion dar. Das Shri-Yantra ist damit eine
abstrakte Form der im Hinduismus wie im Buddhismus auftretenden Götter-, Buddha- und Bodhisattva-Gruppen in geschlechtlicher Vereinigung. Wir werden später auf diese Paarungen, die
als Yab-yum – als Vater-Mutter-Figuren – bezeichnet werden, zu-
rückkommen.

Der Shri-Yantra-Kreis ist von Lotosblättern umschlossen, die
ein weiterer Kreis umgibt. Dieser steht in einem Viereck mit vier
Toren. Das ist die Urform des für den tantrischen Buddhismus als
Zentralsymbol geltenden Mandala, mit dem wir uns im übernäch-
sten Kapitel beschäftigen werden.

Im Mandala ist das göttliche Prinzip wie auch die Buddha-Welt
in Figuren wie in Yantras zu finden, wobei beide sich jeweils entsprechende, dem Eingeweihten vertraute Bedeutung haben. Dabei
steht das Yantra ursprünglich dem Hinduismus näher, während
sich bildliche Darstellungen von Buddhas, Bodhisattvas und buddhistischen Gottheiten auf tantrischer Ebene schon früh in Nord-
ostindien, in Kaschmir und im Himalaya-Buddhismus entwickelt
haben.

Die ältesten auf uns gekommenen Formen buddhistisch-tantri-
scher Darstellung, die einwandfrei als dem tantrischen Kult die-
nende Objekte bezeichnet werden können, stammen aus dem
sechsten und siebten Jahrhundert. Wir begegnen ihnen in Nord-
ostindien und Orissa, wo wir die zwölfarmige Gestalt der Göttin
Cundā als eines der reifsten frühen Beispiele bezeichnen dürfen,
sowie in den zum Teil hervorragenden Bronzen des Swat-Tals
und, wenig später, den Heiligtümern Kaschmirs.

Überraschend an diesen tantrischen Plastiken ist das hohe
Maß an technischer Vollkommenheit und religiöser Ausdrucks-
kraft, das ihnen eigen ist. Man hat das Gefühl, daß diese frühen
Stücke späteren Meisterwerken zum Teil nicht nur ebenbürtig,
sondern gar überlegen sind.

Fragen wir nach der Bedeutung dieser frühen tantrischen

Skulpturen, so finden wir in Ansätzen bereits alles vertreten, was später den unübersehbaren Reichtum tantrischer Symbolgestalten ausmacht. Neben den großen Bodhisattvas, von denen Avalokiteshvara, Maitreya, Manjushri und Vajrapani auch in ihren zahlreichen tantrischen Versionen am häufigsten dargestellt worden sind, treten weibliche Gottheiten – Tara in ihren verschiedenen Aspekten – sowie die Dakinis in Erscheinung.

Die Einbeziehung des weiblichen Elements in das anfangs ganz männliche buddhistische Lehrsystem geht eindeutig auf den Ursprung des Tantrismus aus seinen den Natur- und Fruchtbarkeitskulten entsprossenen Wurzeln zurück. Die Magna Mater vieler früher Mutterreligionen, die wohl alle der Megalithkultur entstammen, hat hier ihren Einzug in eine Religion gehalten, deren geistiger Ansatz im Urbuddhismus das weibliche Element als ein Element der Verführung völlig auszuschalten trachtete.

Die Tatsache, daß man die Tara in all ihren Erscheinungsformen als Prajna – als Weisheit – begriff und ihr damit das ursprünglich Sinnliche, Verführerische ihrer weiblichen Rolle zu nehmen versuchte, konnte nicht verhindern, daß sich neben der tantrischen Esoterik auch ein erotischer tantrischer Zug entwickelte. Dieser war es, der in späteren Jahrhunderten zur Kritik am Tantrismus führte und ihn insbesondere in der von moralischer Heuchelei so stark beherrschten westlichen Welt diskreditierte. Dazu mögen vor allem die seit dem neunten, zehnten Jahrhundert in wachsender Zahl auftauchenden Yab-yum-Darstellungen der inzwischen zu großer Bedeutung gelangten Schutz- und Initiationsgottheiten beigetragen haben. Diese Skulpturen erlangten schon in frühester Zeit eine künstlerische Perfektion, die an die zum Teil raffinierte Plastik unserer Barock- und Rokokozeit denken läßt.

Bereits im sechsten, siebten Jahrhundert hatte sich der Tantrismus über Zentralasien bis nach China und Japan, im achten Jahrhundert bis nach Indonesien ausgebreitet. Dort fand er überall begeisterte Anhänger und ebenfalls künstlerische Ausprägung. An dieser frühen Verbreitung einer zunächst ganz auf indische Bedürfnisse zugeschnitten erscheinenden Kultform kann

man erkennen, daß der Tantrismus mit seinen Texten und seiner Bilderwelt einem breiten Verlangen ostasiatischer Völker ent-
gegenkam. Der Grund dafür mag in seinen kosmischen, die Lebensganzheit umfassenden und begreifenden Tendenzen gelegen
haben.

Sein breit angelegtes Meditations- und Kultsystem bot jedem
Gläubigen eine ihm gemäße und verständliche Form des Ein-
stiegs. Während sich die Masse des Volkes an den Bildern erfreute
und mit ihnen im Sinne einfältiger Frömmigkeit korrespondieren konnte, reichte das esoterische Element des Tantrismus von
einfachen Einweihungsriten, denen sich die Mönche nach Jahren
der Studien unterzogen, bis zu den geheimsten Zeremonien und
höchsten Weihen, von denen wir bisher nur wenig wissen. Doch
diese geheimgehaltenen Kultformen und Texte waren es, die dem
Tantrismus seinen Bestand über mehr als ein Jahrtausend sicherten und hohe geistige Würdenträger zu seinen ernsten Anhängern
machten.

Der Grund für Erfolg und Dauer dieser alle Bevölkerungs-
schichten und alle Grade esoterischer Bedürfnisse befriedigenden
Lehre liegt in ihrer doppelten Herkunft: Sinnlichkeit und Abstrak-
tionsvermögen. Diese beiden menschlichen Grundhaltungen, die
man sonst kaum irgendwo vereinbar findet, haben den Tantrismus nicht nur in seiner Entstehung wesentlich beeinflußt. Sie sind
auch Elemente seiner Entwicklung geblieben, die wir heute noch
in Ländern wie Tibet, Ladakh, Nepal, Sikkim und Bhutan wirksam
sehen.

Dabei gewinnt selbst das Bild je nach Haltung des Betrach-
ters unterschiedliche Bedeutung. Mag es für die meisten Laien des
tibetischen Vajrayana-Buddhismus ein Verehrungs- und Anbe-
tungsobjekt sein, wie die Götterbilder anderer Religionen, so wird
es für den, der mit den tantrischen Lehren vertraut ist, zu einem
Aspekt dieser Lehre. Es hat Symbolcharakter und ist Ideenträger
eines abstrakten kosmischen Zusammenhangs, der ohne diese
Widerspiegelung im Bild und seiner aus der Ikonographie zu
schließenden Benennung für viele, besonders aber für alle Au-
ßenstehenden, Nicht-Eingeweihten, völlig unverständlich bliebe.

Selbst für den Initiierten bedeutet es eine zunächst unentbehrliche Hilfe zur Meditation und auf dem Weg zur Erleuchtung. Das aber vor allem soll es sein, und so – nicht aber als Kunstwerk in unserem Sinne – müssen wir es betrachten und verstehen. Der Tantriker stellt in der Meditation durch das Zugang gewährende Bild der Gottheit mit zunehmender Identifizierung den unmittelbaren Kontakt zu dieser her – wird selbst Gott im Sinne der Mystik. Wer das begreift, kann auch verstehen, welche Bedeutung das Bild als Kultobjekt für den Gläubigen hat, obwohl oder gerade weil es nicht die Gottheit selbst verkörpert wie in vielen anderen Religionen. Im Grunde ist es für den Meditierenden viel mehr als eine isoliert von ihm bestehende Gottheit – es ist bildhaftes Werdeziel der eigenen Bemühung, Symbol einer möglichen Einsicht, die den Menschen zur Erkenntnis des Göttlichen in sich und schließlich zur Verwirklichung der Gottheit aus dem eigenen Ich bringt.

Diese esoterische Haltung des Tantrikers gegenüber der bildhaften Darstellung jener Buddhas, Bodhisattvas und Gottheiten, die seinen Weg begleiten, bis er selbst einer von ihnen wird, findet auch in den die Bilder betreffenden Legenden Ausdruck. Stehen doch am Anfang der Schöpfungen, von denen wir hier sprechen, nach tantrischer Auffassung nicht Menschen, die ein Kunstwerk schaffen, als vielmehr Götter, die es wie ein Wunder entstehen lassen.

Die ältesten und heiligsten Statuen des Buddhismus, vor allem auch in ihrer tantrischen Form, gelten deshalb nicht als von Menschenhand gemachte Werke, sondern als Zeugnisse jener anderen Welten, in die sie zugleich den Zugang für den ermöglichen sollen, der sich als Meditierender vertrauensvoll an sie wendet.

Bis heute ist der Glaube an solche Wunderstatuen ungebrochen. Und selbst bei jenen zahlreichen Werken, deren irdische Herkunft unbestritten ist, gilt das göttliche Fluidum, das mit der Weihe in sie eingegangen ist, für wichtiger als die handwerkliche oder künstlerische Leistung, die in den meisten Fällen ja ohnehin anonym geblieben ist und den so ganz europäischen Gedanken an eine individuelle Schöpfung gar nicht aufkommen läßt. Auch das ist ein entscheidendes Merkmal der Werke, mit denen wir es hier zu tun haben. Sie sind Schöpfungen aus einer kosmischen Idee: anonym und doch – in vielen Beispielen – von klassischer Reife und unübertrefflicher Schönheit.

EIN PANTHEON ENTFALTET SICH

Die Stufen der Entwicklung buddhistischer Manifestationen und Kunstwerke in zweitausendfünfhundert Jahren bieten ein genaues Spiegelbild der Entfaltung sehr unterschiedlicher Systeme aus der Lehre des Erleuchteten, die im Verlauf der ersten tausendfünfhundert Jahre nach seinem Tod entstanden sind. Das erste sichtbare Zeichen, das zum Andenken an den nach buddhistischer Auffassung ins Nirvana eingegangenen Buddha Shakyamuni errichtet wurde, waren Stupas mit seinen unter den Verehrern verteilten Reliquien. Diese Totenmäler waren nichts Neues zur Zeit des Buddha. Sie hatten ihr Vorbild in den Steingräbern der Megalithkultur, die wir über ganz Asien und Europa verbreitet finden.

Erstaunlich freilich war, daß man solche Denkmäler für die Reliquien des Buddha errichtet hat, dessen Lehre besagte, daß mit seinem Tod und seinem Eintritt ins Nirvana der Kreislauf seiner zahllosen Wiedergeburten beendet sei und nur seine Lehre weiterbestehen werde. Er hatte weder von Andenken noch von Verehrung gesprochen. Ein Beten zu ihm mußte nach seiner Auffassung als ein Bitten um Beistand, um Hilfe genauso wirkungslos und darum sinnlos sein wie eine Verehrung seiner Person oder seiner Reliquien. Genau das aber setzte nach seinem Tod mit ständig wachsender Intensität ein und wurde zum Ursprung der Wandlung buddhistischen Denkens mit der sich daraus entwickkelnden Ausbildung neuer, sich immer mehr von der ursprünglichen Lehre entfernender, religiöse Züge annehmender Vorstellungen.

Auch die buddhistische Kunst ist aus diesem von der Reliquienverehrung ausgehenden Wandlungsprozeß hervorgegangen. Wenn es offensichtlich in den ersten fünf Jahrhunderten nach Buddhas Tod nicht zu einer bildlichen Darstellung des Erleuchteten kam, so war er doch von Anfang an in buddhistischen

Bildwerken durch Symbole, die nur ihn meinen konnten, anwesend. Damit war zugleich die Basis für eine buddhistische Kunst mit Verehrungs- und Anbetungscharakter gelegt. Im gleichen Maß wie sich die Buddha-Vorstellung bei den Verehrern wandelte und aus Schülern eines Lehrers gläubige Anhänger einer Gottheit wurden, veränderte sich auch der künstlerische Ausdruck.

Buddha wurde als Mensch tausendfältig dargestellt, nachdem ihn die von den Mönchen getragene und verbreitete Lehre zu einer verehrenswerten Symbolfigur des rechten Lebens und schließlich zu einer anbetungswürdigen Gottheit gemacht hatte. In dieser Situation blieb er nicht lange allein. Seine Vorgänger aus vergangenen Weltaltern und sein, der Lehre zufolge zweitausendfünfhundert Jahre nach ihm zu erwartender Nachfolger – Maitreya – wurden ihm beigesellt und dokumentierten das von ihm gelehrte Anfang- und Endelose dieses Daseins, in das wir Menschen durch den Kreislauf der Wiedergeburten – durch unser Denken und Tun – verflochten sind.

Doch neben den legendären Vorgängern Buddhas und seinem künftiges Heil verheißenden Nachfolger gab es im indischen Raum so viele Gottheiten, denen auch Buddha-Jünger anhingen, ferner personifizierte religiöse Vorstellungen und Symbole, die zum Teil vom Westen und Norden her in den Subkontinent eindrangen, daß Buddha sicher, wie so mancher Lehrer und Heilige seiner Zeit, darüber vergessen worden wäre, hätten seine Schüler nicht Bündnisse mit anderen alten Glaubensrichtungen, aber auch mit neuen Strömungen geschlossen, die den Buddhismus selbst zur Religion in mehreren Ausprägungen werden ließen.

Eine davon, die sich, vergleicht man ihre Schriften mit den Reden Buddhas, sicher am weitesten vom Ursprung entfernt hat, ist das aus dem Diamantzepter Vajra, dem heiligen Symbol des vedischen Gottes Indra, hervorgegangene Vajrayana mit den daraus entstandenen tantrischen Kulten. Aus der im Vajrayana vollzogenen Verbindung zwischen urbuddhistischer Lehre und Kultformen, die sich in den Naturreligionen und vielen anderen, heute zum Teil längst vergessenen Glaubensformen – auch des Hinduismus – entwickelt hatten, entstand jenes Pantheon von Göttern und Göttinnen, die den Buddhas und Bodhisattvas zur Seite traten.

Die Basis für jene neue Religion war allerdings nicht ein offensichtliches Konglomerat aus Buddha-Lehre und fremden Einflüssen. Die Einheit des Lehrsystems blieb vielmehr auch im Vajrayana gewahrt durch die zur Zeit seiner Entstehung beginnende Entdeckung heiliger Schriften, die nach tantrischer Lehre auf Buddha selbst zurückgehen, von ihm aber angeblich zunächst geheimgehalten und von seinen Jüngern vergraben wurden, weil die Zeit damals für die darin enthaltene Weisheit noch nicht reif gewesen sei. Zu ihnen zählen gewisse Sutras – Lehrtexte – der Mahayana-Buddhisten, vor allem aber die Tantras, auf die das bildgewordene Pantheon des Vajrayana bezogen ist.

Tatsächlich unterscheiden sich diese von Buddha angeblich wegen ihrer schweren Verständlichkeit zurückgehaltenen Schriften ganz grundlegend von den eindeutigen Lehrreden des Erleuchteten. Sie wurden von den Tantrikern geheimgehalten als Schriften eines Systems, das der Einzelne ohne Lehrer nicht begreifen kann.

Wir haben es hier nicht mit einer logischen, sondern mit einer magisch-mystischen Sprache voller Rätsel und Paradoxien zu tun. Der Grund dafür liegt in der vom Vajrayana ausgebildeten Vorstellung, Sprache sei nicht nur ein Verständigungsmittel, sondern auch eine magische Kraft, mit deren Hilfe man Zugang zu den geheimnisvollen kosmischen Zusammenhängen des Alls finden könne.

Aus solchem Denken war das Mantrashastra – die esoterische Geheimlehre von dieser magischen Kraft der heiligen Silben, der Mantras – entstanden, das nun zusammen mit Yoga und Meditation jene Dreiheit bildete, die ihre zum Verständnis menschlicher Allverbundenheit notwendigen Bezugspunkte in den Gottheiten des vorgestellten Pantheons hat.

Damit wird deutlich, daß wir keine dieser Figuren isoliert betrachten dürfen. Wie in einem Koordinatensystem stehen sie nicht nur untereinander alle in Zusammenhang. Sie haben auch ihre Entsprechung in den heiligen Silben des Mantrashastra, in den

Übungen des höchsten Yoga und in den Chakras unseres Körpers, der damit ganzheitlich in das allumspannende Bezugssystem von Makrokosmos und Mikrokosmos eingeschlossen ist.

Der Unterschied zwischen buddhistischer Lehre, wie sie sich in den Reden Buddhas und den frühen Texten der Jünger und Kommentatoren spiegelt, und dem Vajrayana wird hier ganz offensichtlich. Wenn selbst noch im Mahayana der Weg zur Erleuchtung ein langer, schwieriger Meditationsweg ist, der von den Gläubigen moralische Haltung und Versenkung verlangt, so ist die im Mantrashastra begründete Mantra-Methode eine schnelle Hilfe zur Überwindung aller im Wesen des Menschen begründeten Schwierigkeiten und Hindernisse bei der Erreichung des angestrebten Ziels einer alsbaldigen Erleuchtung.

Muß man nach Auffassung des frühen Buddhismus drei unvorstellbar lange Weltperioden mit zahllosen Wiedergeburten durchleben, um vom Beginn der Bodhisattvaschaft bis zur Erleuchtung zu gelangen, versprechen Mantrayana und Tantrismus als korrespondierende kosmische Systeme dem Praktizierenden die Erleuchtung und damit die Buddhaschaft aus dem durch ihre Lehre vermittelten Erleben eines kosmischen Bewußtseins. Daß es sich bei dieser, dem mühevollen Erlösungsweg Buddhas diametral entgegengesetzt erscheinenden Auffassung nicht um eine mystische Spekulation einzelner Tantriker handelt, die sich und anderen etwas vormachen, sondern um eine bis in unsere Zeit vertretene ernsthafte Lehrmeinung mit Breitenwirkung, mag ein Zitat aus dem 1926 in Ulanbator, der Hauptstadt der Mongolei, gedruckten Schulbuch *Der Strahl der aufgehenden Sonne* zeigen. Dort lesen wir:

»Die buddhistische Religion kommt in zwei Formen zur Geltung: in den Regeln der Sutras und in den Regeln der magischen Sprüche. Die ersteren bestehen darin, daß man den Wandel des ruhelosen Samsara von sich wirft, die Tugend mehrt, sich von der Sünde fernhält, mitleidvolles Erbarmen zur höchsten Entfaltung bringt, den Sinn der kanonischen Texte erfaßt und den nachhaltigen Wunsch nach der Heiligkeit der Erleuchtung für sich selbst und alle anderen Lebewesen zum Ausdruck kommen läßt. Die Regeln der magischen Sprüche aber erfordern, daß man sich in den Sinn der vier Abteilungen von Tantras versenkt und die Lehre der Dharanis beobachtet. Wer so handelt, der wandelt, auch ohne daß er das Trinken berauschender Getränke, die Eheschließung und eine weltliche Betätigung aufgibt, wenn er das Wesen des Absoluten – Shunyata – in Betrachtung erschaut, auf dem Pfad der großen Yoga-Meister.«

An diesem Schulbuchtext wird deutlich, daß nach tantrischer Auffassung beide Wege – alte Lehre und Tantrismus – zum gleichen Ziel führen sollen. Es heißt in jedem Fall Erleuchtung und Buddhaschaft. Alles, was der Erreichung dieses Ziels dient, ist dem Gläubigen heilig und wird von ihm als göttliches Hilfsmittel, als hörbarer oder sichtbarer Wegbereiter – Mantra oder Yantra – verehrt. Der Dalai Lama, Tibets im Exil lebender Gottkönig, hat sich 1980 in seiner Einleitung zum Geheimen Mantra des Tsongkhapa, mit dem wir uns noch ausführlich beschäftigen werden, aus heutiger Sicht dazu geäußert.

Heilige Silben und heilige Formen entsprechen sich nach solcher, sie der Lehrwirkung des Buddha-Wortes gleichstellender Auffassung im Sinne tantrischer Bezüge und öffnen den Weg nach innen. Von daher haben die Bildwerke des Tantrismus ihre unverwechselbare Bedeutung für den, der sie versteht und das heilige Ziel hinter ihnen erkennt. Und auch ihre Zahl, die nach tantrischem Verständnis gewaltig ist, wird verständlich. Müßte doch entsprechend der Individualität eines jeden Menschen – so wie er in sich den Gott verwirklichen kann – auch ein dementsprechendes Bild, ein Hilfszeichen und Pfadweiser als Symbol seines Weges zum Gott da sein.

In diesem Sinne einer, wollte man der Idee folgen, unzählbaren Götterschar müssen wir das tantrische Pantheon als ein Stellvertreterpantheon betrachten, vergleichbar einem Parlament, in dem auch nur wenige sitzen, aber doch alle vertreten sind.

Hinzu kommt als zweites wichtiges Element das Gesetz der Verbundenheit, des Unlösbaren der kosmischen Zusammenhänge, von denen tantrisches Denken ausgeht. Die Vorstellung, die ihm zugrunde liegt und auch sein Pantheon geprägt hat, ist der

Glaube, ja das Wissen von der Zusammengehörigkeit und dem Aufeinanderbezogensein aller Dinge und aller Erscheinungen in dieser Welt wie in allen Welten.

Wenn wir nun eine Übersicht über das tantrische Pantheon des Vajrayana zu geben versuchen, müssen wir uns dieser Zusammenhänge bewußt bleiben. Im tantrischen Denken gibt es keinen Dualismus, sondern eine Allverbundenheit der Erscheinungen. Diese findet ihren höchsten Ausdruck in der bildlichen Vereinigung der scheinbaren Gegensätze in den zahlreichen, vielgliedrigen komplizierten Yab-yum-Gruppen.

Eine Aufzählung aller bisher im Kult benannten Gottheiten des Vajrayana-Tantrayana wäre selbst dem intimsten Kenner nicht möglich. Schon bei den sprichwörtlichen »Tausend Buddhas«, die dem Gläubigen ein »Jedem sein eigener Buddha, aus dem er selbst Buddha werden kann« suggerieren, müßte er kapitulieren. Das gleiche gilt für die eher noch größere Zahl der Bodhisattvas, aus denen weitere Bodhisattvas in zahllosen Formen emanieren, deren äußere Kennzeichen und Unterscheidungsmerkmale die Zahl der Köpfe, der Arme und Beine sowie die Art der Handzeichen der von ihnen gehaltenen Symbole sind.

Buddhas und Bodhisattvas stehen in einem unmittelbaren Zusammenhang, wobei letztere ihr Wirkungsfeld auf dieser Erde haben, als Not- und Erlösungshelfer begriffen werden. Die Buddhas hingegen stellen den esoterischen Seinscharakter der Wirklichkeit dar, mit jenem Einen – Vajradhara – im Zentrum, der als Urbuddha den Urgrund allen Seins, die vollkommene Leere symbolisiert.

Die ihn umgebenden fünf Tathagatas sind Bezugsfiguren, durch die eine erste Gliederung des Kosmos und eine Verteilung seiner Elemente, wie wir sie im Mandala dargestellt finden, erfolgt. So steht jeder für eine Himmelsrichtung und wird durch eine Farbe, ein Handzeichen und eine Göttin, mit der gemeinsam er die Aufhebung der Gegensätze im Einssein symbolisiert, gekennzeichnet.

Der Ur- und Adibuddha – die dem buddhistischen Pantheon zugrundeliegende Buddha-Idee – begegnet uns in drei ikonographisch unterscheidbaren Formen. Der blauschwarze Vajradhara wird, geschmückt und gekrönt, im Meditationssitz mit Vajrahum-kara-Mudra dargestellt. Das heißt, er hält in den vor der Brust gekreuzten Händen Vajra und Ghanta – das Diamantzepter als Symbol des Männlichen und die Glocke als Symbol des Weiblichen. In dieser Haltung entspricht er den tibetischen Mönchen bei ihren Kulthandlungen, zu denen die beiden Handzeichen Vajra und Ghanta als wichtigste Symbole gehören. Die weibliche Entsprechung des Vajradhara – seine Prajna – ist Prajnaparamita, eine Urform der Tara, die verkörperte Weisheit, aus der im Laufe der Entwicklung eine große Zahl buddhistischer Göttinnen emanierte.

Eine vor allem in Nepal und Südtibet verehrte Form des Urbuddha ist Vajrasattva, dem der berühmte Svayambhunath-Stupa auf einem Hügel westlich der nepalischen Hauptstadt Kathmandu geweiht ist. Er ist dort Herr des Stupa, der Gedenkstätte des historischen Buddha, von dessen die halbkugelförmige Basis überragendem Kubus der Urbuddha mit vier Augenpaaren in alle Himmelsrichtungen schaut.

Der strahlend weiße, königlich geschmückte und gekrönte Vajrasattva verkörpert den Vajra – das Diamantzepter –, das er in Skulptur und Malerei auf der rechten Hand vor der Brust balanciert, während er die linke Hand mit der Ghanta in Höhe der Hüfte hält. Er zählt zu jenen tantrischen Erscheinungsformen der Buddha-Idee, die in ihrer Bedeutung geheimgehalten wurden und nur von Initiierten des Vajrayana im Kult visualisiert werden durften.

Eine dritte, von den beiden vorangegangenen in seiner Darstellung weit entfernte Form des Adibuddha stellt der dunkelblaue nackte Samantabhadra dar, der in seiner äußeren Gestalt dem meditierenden Buddha Shakyamuni entspricht.

Wir kennen ihn aus zahlreichen Malereien, vor allem aus der Bilderwelt des tibetischen Totenbuches, des Bardo-Thödol, als Zentralfigur in geschlechtlicher Vereinigung mit seiner weißen Prajna Samantabhadri. Beide gelten als eins, sind eins als Ursprung des Absoluten. In ihrem nackten Beieinander sind sie Vorbild und Ziel aller Praktizierenden der linkshändigen tantrischen Rituale, aber auch der Überwindung aller irdischen Verflechtungen, Beispiel für das erstrebte, rein esoterische, kosmische Selbsterkennen, wie es im Totenbuch beschrieben ist.

Diese drei unterschiedlichen und doch aus einer Uridee hervorgegangenen spirituellen Erscheinungen sind ihrerseits vielfältige Impulsgeber für die weitere Ausbildung des tibetischen Pantheons, obwohl sie zeitlich keineswegs am Anfang seiner Entwicklung stehen.

Die Entfaltung dieser Buddha- und Götterwelt, wie sie sich heute noch in Nepal, Tibet und Bhutan manifestiert, hat sich nicht chronologisch, sondern kosmologisch vollzogen. Immer neue Erscheinungen schlossen sich an und wurden entsprechend ihrer Bedeutung in ein vierdimensionales System eingefügt, das neben der Dimension des zeitlich und räumlich Unendlichen, wie sie die Urbuddhas verkörpern, bereits vorher mit esoterischen Buddhas, den Tathagatas, in alle Himmelsrichtungen expandiert hatte. Dem war, schon zu Buddhas Zeiten beginnend, die Entstehung der Zeitenachse vorausgegangen mit all den Vorgänger-Buddhas und jenem einen, der zweitausendfünfhundert Jahre nach dem historischen Buddha folgen sollte: Maitreya.

So, wie wir ihm, dem für diese Erde verheißenen künftigen Buddha, im Pantheon vielfältig begegnen – gekrönt als auf ihn hinweisender Bodhisattva, aber auch in Buddha-Gestalt als der künftige Lehrer selbst –, so treten uns dann auch im expandierenden Pantheon die esoterischen Buddhas entgegen. Durch ihren bedeutendsten – Vairocana –, der das Zentrum beherrscht, sind sie mit den Urbuddhas verbunden, gelten aber auch als Herren verschiedener buddhistischer Paradiese.

Vairocana ist wie Vajrasattva von weißer Farbe. Sein Handzeichen ist das Rad der Lehre, mit dem er auf seine unmittelbare Verbindung zum großen Menschheitslehrer Buddha hinweist. Sein Reittier ist, entsprechend seiner spirituellen Kraft, der Löwe. Als Bodhisattva ist ihm eine Form des Samantabhadra zugeordnet, durch den seine unmittelbare Verbindung mit der Uridee des Buddha-Seins dokumentiert wird.

Das sind nur einige Hinweise auf jene Allverflochtenheit des Pantheons, die zeitlich wie räumlich absolut ist. Sie insgesamt darzustellen, bedürfte es eines eigenen Buches, das in Ansätzen schon versucht, aber nie verwirklicht worden ist. Die Schwierigkeit eines solchen Unternehmens besteht nicht nur in der Vielzahl der Erscheinungen, sondern mehr noch in der Unterschiedlichkeit ihrer Formen, ihrer Bedeutung und ihres kultischen Wirkens.

So kennen wir Vairocana als einen zusätzlichen Urbuddha, zu dem er in einigen späten Kulten wurde. Wir kennen ihn mit unterschiedlichen Mudras, von denen ihn eine – die Bodhyagri-Mudra – zum Meister der höchsten tantrischen Kulte macht. Seine Darstellung in der Bodhyagri-Mudra geht zurück bis auf Buddha-Skulpturen der Gandhara-Zeit, das heißt bis ins zweite, dritte Jahrhundert. Ob sie da schon in Verbindung zu tantrischen Kulten gestanden hat, wissen wir nicht. Doch begegnen wir in der Bodhyagri-Mudra des Buddha zum erstenmal einem tantrischen Symbolausdruck im Buddhismus. Sie nimmt die Vereinigung des Männlichen und des Weiblichen – die Yab-yum-Idee – durch den von der linken Hand vor der Brust umschlossenen Zeigefinger der Rechten symbolisch voraus.

Als Herr des Zentrums im Universum wie in dessen Symbolgestalt – dem Mandala – wird aus Vairocana der Allwissende – Sarvavid-Vairocana –, als der er im höchsten Mandala im Kreis von hundertdreiundsechzig Erscheinungen des Pantheons thront. Er ist umgeben von den Buddhas der vier Himmelsrichtungen – den Tathagatas: Akshobhya für den Osten, Amitabha für den Westen, Ratnasambhava für den Süden und Amoghasiddhi für den Norden.

Außer diesen Primärbezügen der Richtung ist jeder Tathagata Zentralfigur einer Familie – Kuly –, jeder vertritt einen Daseinsbereich – Skandha – und steht für eine der menschlichen Leidenschaften, die mit seiner besonderen Hilfe angegangen werden können. Schließlich ist jedem ein irdischer Buddha der verschiedenen Weltzeitalter zugeordnet. Dabei entspricht Shakyamuni nicht, wie man auf Grund der Mudra annehmen könnte, dem Tathagata Akshobhya, sondern dem in Meditationshaltung sitzenden Amitabha. Dem Tathagata des Nordens – Amoghasiddhi – ist der künftige Buddha Maitreya verbunden. Hier wird die innige

Allverflechtung des späteren Buddhismus deutlich, die im kosmischen System des Tantrayana ihre vollkommene Ausprägung findet.

Bei den Bodhisattvas steht Padmapani, eine zweiarmige Form des Allerbarmers Avalokiteshvara, am Anfang. Aus ihm haben sich zahlreiche Formen dieses Bodhisattvas unseres Zeitalters, der auch als der Schutzpatron Tibets gilt, entwickelt. Das berühmteste Beispiel ist zweifellos der elfköpfige, tausendarmige Avalokiteshvara, der in China und Japan zur vielverehrten Göttin der Barmherzigkeit geworden ist.

In Dreiergruppen wird Avalokiteshvara mit Manjushri, dem Bodhisattva der göttlichen Weisheit, und Vajrapani, dem Vajraträger, dargestellt, dem wir bereits sehr früh auf einem Gandhara-Relief begegnen. Im westtibetischen Raum, vor allem in Ladakh, erscheinen sie in farbiger Darstellung – als Malerei oder Relief – oft unter drei weißen Stupas – tibetischen Chorten, die den Weg zu den Klöstern weisen. Entsprechend ihrer überragenden Bedeutung im Pantheon finden wir diese drei auch einzeln besonders oft und formenreich abgebildet.

Von den übrigen Bodhisattvas begegnet uns nur noch Maitreya sehr häufig als Bild oder Skulptur. Die anderen kennt man zwar aus der Literatur; auch erscheinen sie zuweilen als Nebenfiguren in Thangkas. Einzeldarstellungen dagegen sind selten.

Mit den Tathagatas und Bodhisattvas bewegen wir uns herkunftsmäßig noch im Bereich des Mahayana. Von dort hat sie das nach immer weiterer Ausdehnung des göttlich-kosmischen Bezugssystems strebende Vajrayana übernommen. Als spezifisch tantrischer Zuwachs des buddhistischen Pantheons erscheinen die zahlreichen Göttinnen – allen voran Tara in ihren verschiedenen Aspekten – und die Schutzgottheiten, die Yidams.

Von den Göttinnen, die alle auf das Bild der Großen Mutter, der am Anfang aller Verehrung des Weiblichen stehenden Fruchtbarkeitsgöttin, zurückgehen, seien hier nur die vier wichtigsten aufgeführt, aus denen sich zahlreiche andere ableiten. Es sind die Tara in vielerlei Formen, Prajnaparamita, die Verkörperung der Weisheit, und Ushnishavijaya, die als Mutter aller Buddhas bezeichnet wird. Als weiteres weibliches Element treten die im Tantrischen wurzelnden Dakinis in unseren Gesichtskreis. Sie werden uns noch intensiv beschäftigen.

Der nächste Schritt führt zu den Religionsschützern, den Dharmapalas, die der Legende nach durch den großen Padmasambhava überwältigte, Schrecken verbreitende Gottheiten sind, die gewaltsam in den Dienst des tantrischen Buddhismus gezwungen wurden. Religionsgeschichtlich sind es vorbuddhistische Gottheiten, die besonders im Himalaya-Gebiet und in Tibet verehrt werden. Ihre Einbeziehung ins tantristische Pantheon ist der sichtbare Beweis für die Bereitschaft des buddhistischen Klerus, fremde Religionen in sein Glaubenssystem aufzunehmen, um damit besonders die breiten Volksmassen, die diesen Göttern anhingen, zumindest nominell für den Buddhismus zu gewinnen. Ob dabei die starke Wandlung des Buddhismus selbst schon mitgedacht und akzeptiert, vielleicht sogar im Sinne des geistlichen Machtzuwachses gewollt war, ist heute kaum noch festzustellen. Mit Sicherheit aber darf man sagen, daß ursprüngliche Glaubenselemente der Himalaya-Region und Zentralasiens von vielen buddhistischen Gurus willig in die Lehre aufgenommen worden sind, um sie damit für Menschen und Priester dieser Gebiete annehmbar und attraktiv zu machen.

Wenn man die Einbeziehung des vedischen Gottes Indra als Beschützer Buddhas – Vajrapani – noch rein als Ausdruck der Kraft und überwältigenden Stärke des frühen Buddhismus sehen kann, vollzieht sich mit der Aufnahme Shivas ins tantrische Pantheon als vielgestaltiger Mahakala – dem Großen Schwarzen – der entscheidende Schritt in die Richtung eines Polytheismus, den Buddha zwar nicht bekämpft hat, aber ebensowenig mit seiner Lehre vereinbar fand.

Trotzdem muß man die Einvernahme der Dharmapalas wie auch der Yidam – der Schutz- und Initiationsgottheiten des Tantrismus – in die buddhistische Vorstellungswelt als einen genialen Schachzug der großen Gurus der Frühzeit anerkennen und bewundern. Waren sie es doch, mit dem Guru Rinpoche – Padmasambhava – an der Spitze, die damit ein synkretistisches System

entwarfen, wie es großartiger und einleuchtender gar nicht vorstellbar ist und auch sonst nie auf dieser Erde verwirklicht wurde.
Sein Überleben durch die Jahrhunderte wie auch seine ständig
wachsende Bedeutung in unserer Zeit – und das nicht nur in seiner angestammten Sphäre, sondern weltweit –, sind der Beweis
dafür.

GEHEIMNISSE DER
TANTRISCHEN IKONOGRAPHIE

Wenn wir davon ausgehen, daß die tantrischen Gottheiten in ihrer Darstellung auf Überlieferungen und Texte zurückgehen, die den ikonographischen Rahmen dieser Götterwelt vermittelten, so wird deutlich, daß die Herstellung der Götterbilder einer genauen, aber nicht immer eindeutigen Vorschrift unterlag. Zudem sind von den zahlreichen Schriften zur Festlegung der Ikonographie, die die Entstehung des buddhistischen Pantheons begleiteten, nur zwei auf uns gekommen: die *Sadhanamala*, die 1165 als ein Werk mehrerer Verfasser entstanden ist, und die *Nispannayogavali* des Mahapandita Abhayakaragupta, der seine Schrift zur Zeit des Palakönigs Ramapala (1084–1130) verfaßt hat.

Obgleich beide Bücher die Ikonographie des buddhistischen Pantheons mit peinlicher Genauigkeit beschreiben, stoßen wir bei der Betrachtung von Skulpturen und Malereien immer wieder auf Merkmale gewisser Gottheiten, die von den Beschreibungen der beiden überlieferten Texte abweichen, ja, ihnen zum Teil widersprechen. Der Grund dafür mag darin zu suchen sein, daß viele kanonische Schriften verlorengegangen sind, die vielleicht diese Widersprüche in den Erklärungen verständlich machen würden. Ist uns doch wohlbekannt, daß zum Beispiel in den verschiedenen Sekten des tibetischen Lamaismus Unterschiede der ikonographischen Darstellung bestimmter Gottheiten bis in die jüngste Zeit vorkommen.

So stehen wir heute mit nur zwei zufällig erhaltenen Werken zur Ikonographie bei der Betrachtung des tantrischen Pantheons vor einer Fülle unbeantworteter und wohl auch nie mit Sicherheit zu beantwortender Fragen. Zudem müssen wir feststellen, daß auch die Auskünfte, die uns heute von Lamas gegeben werden, oft widersprüchlich sind. Da hier sicher keine absichtlich falschen Angaben gemacht werden, ist das Wissen um diese uralten ikonographischen Sinnzusammenhänge entweder verlorengegangen, oder die verschiedenartigen Äußerungen sind Beweis für die Variabilität in der Betrachtung und Beurteilung dieser Götterwelt und ihrer ursprünglichen Bedeutung. Es kann kein Zweifel bestehen, daß diese Bedeutung im Laufe der Jahrhunderte gewissen Wandlungen unterlag, die eine Eindeutigkeit in der Bestimmung auch deshalb oft nicht zuläßt.

Wenn heute trotzdem eine zunehmende Genauigkeit bei der Zuordnung der meisten Gottheiten möglich ist, so verdanken wir das, neben der Herausgabe und Übersetzung der beiden alten Hauptwerke, vor allem jenen wenigen Wissenschaftlern, die sich in unserem Jahrhundert eingehend mit diesen Problemen beschäftigt haben. Hier ist zuerst Benoytosh Bhattacharyya zu nennen, der auf der Grundlage der *Sadhanamala* seine *Indian Buddhist Iconography* herausgebracht hat, der wir Wesentliches verdanken. Bhattacharyya schreibt im Nachwort zu seinem Werk über die *Sadhanamala* und ihre ikonographischen Vorschriften:

»Die Sadhanas der ›Sadhanamala‹ wurden von Männern verfaßt, die im Mittelalter als große tantrische Schriftsteller bekannt waren. Die in den Sadhanas enthaltenen Beschreibungen der meditativen Begegnung mit Gottheiten – der Dhyanas – legten die wesentlichen Merkmale der verschiedenen Götter nieder, und die Bildhauer und Künstler stellten Bilder mit Hilfe dieser allgemeinen Anweisungen her. Die Dhyanas ließen viel Freiraum für die Vorstellungskraft der Bildhauer, und die Werke ihrer Meißel wurden auch in hohem Maße vom Geist des Zeitalters, in dem sie wirkten, geprägt, ebenso wie von der Gegend, in der sie arbeiteten. Die Ornamente, die Kleidung, ja sogar der Gesichtsausdruck der Götterbilder spiegelten in hohem Maße die örtlichen Bedingungen wider, wobei die speziellen tantrischen Riten, bei denen die Bilder benutzt wurden, auch ihren Einfluß hatten.«

Neben der Frage der Form der Götterbilder beschäftigt uns die Frage nach ihrer Bedeutung als zentrales ikonographisches Problem. Das Wissen um die Gestalt einer Gottheit, die Zahl ihrer Köpfe, Arme, Beine sowie der in den Händen gehaltenen Attribute führt uns allenfalls zu ihrem Namen und damit zu ihrer Stellung im Pantheon. Sie sagen aber nichts aus über die Bedeutung der Gottheit und ihre Rolle im Ritus. Die Stellvertreterfunktion, die das Götterbild im Tantrismus einnimmt, verlangt hier nach Erklärung, die sich zum Teil schon aus der Übersetzung ihres Sanskrit-Namens oder ihres tibetischen Namens ergibt.

So ist der Urbuddha Vajradhara der, »der den Vajra hält«. Das heißt im übertragenen Sinne, daß er die Klarheit des Diamanten (Vajra heißt ja Diamantzepter) verkörpert. Vairocana ist der »aus der Sonne Hervorgegangene«. Er ist der Sonnenbuddha im Zentrum der kosmischen Unendlichkeit. Amitabha bedeutet »Unermeßliches Licht«. Er ist der Tathagata des westlichen Paradieses Sukhavati. Nach der Lehre der drei Körper eines Buddha – *trikaya* – ist der historische Buddha Shakyamuni sein irdischer Scheinleib (Nirmanakaya) und der Bodhisattva Avalokiteshvara sein der Menschheit helfender Heilsleib (Sambhogakaya). Akshobya ist »der Unerschütterliche«. Wir finden ihn ungekrönt oder gekrönt mit der Mudra des Buddha Shakyamuni – der Geste der Erdberührung – dargestellt. Vor ihm auf dem Boden liegt als sein Symbol der Vajra.

Wir sehen schon an diesen wenigen Beispielen die Verbundenheit aller Erscheinungen, ja, ihre Verwobenheit in einen kultischen Seins- und Bedeutungszusammenhang. Die Stellung zueinander kann dabei – entsprechend den verschiedenen Kultformen – ebenso wechseln wie die Beziehungen ihrer Erscheinungsformen. Auch die Zuordnung gleicher Attribute, wie etwa des Vajra, kann im Gesamtzusammenhang trotz gleichbleibender Grundbedeutung durchaus Verschiedenes meinen.

Bei den Dharmapalas und Yidams komplizieren sich diese Zusammenhänge und Bedeutungsfolgen noch mehr, zumal die meisten dieser Gottheiten nicht nur in sehr unterschiedlichen Formen, sondern auch mit verschiedenartiger Bedeutung auftreten können.

So heißt Hayagriva, einer der großen Dharmapalas, wörtlich übersetzt »Pferdenacken«; das weist auf die vorbuddhistische Rolle des Hayagriva als Gott der Pferde und der Pferdezüchter hin. Ins buddhistische Pantheon wurde er, wahrscheinlich mit Rück-

sicht auf die Religionsvorstellungen der tierzüchtenden Noma-
den Tibets und Zentralasiens, von Padmasambhava eingeführt.
Dort nimmt er noch heute eine zentrale Stellung ein. Seine bildlichen Erscheinungsformen sind sehr variabel. Man kennt ihn
auch vielarmig und mit mehreren Gesichtern. Ein unverkenn-
bares Merkmal aller Darstellungen ist der das Götterhaupt überragende Pferdekopf. Als Dolchgottheit – Vajrakila – erscheint er
besonders in Bhutan. Vielfältig wie seine Gestalt ist auch seine
Bedeutung. Selbst von schrecklichem Ausdruck, ist er trotzdem
der Erzfeind aller schrecklichen Geister und Dämonen, die er mit
seinem Pferdegewieher zu vertreiben weiß. In dieser Funktion soll
er das erste tibetische Kloster Samye nach seiner Einweihung vom
Einfluß böser Geister freigehalten haben.

Im Mantra-Zusammenhang entspricht er der Silbe HAM, die zu
den Keimsilben des tantrischen Mantrashastra gehört. Die vielen
Versuche, den Platz der Gottheit im tantrischen Pantheon näher
zu bestimmen, gehen bisher über äußere Erklärungen nicht hin-
aus. Hier haben wir einen jener Fälle, wo weiterführende alte
Texte fehlen, was wahrscheinlich damit zusammenhängt, daß
Hayagriva nicht in Indien, sondern bei den lange Zeit schriftlosen
Nomaden- und Reitervölkern Zentralasiens zu Hause war.

Doch auch die geistige Ortsbestimmung und Zusammenhangs-
erklärung für den auf Shiva zurückgehenden Mahakala, den »Großen Schwarzen«, fällt schwer. Sein Bild geht im Mantrashastra aus
der wichtigen Keimsilbe HUM hervor. Er ist nicht nur vielgestaltig,
sondern auch komplex in seiner Bedeutung. Neben seiner Herkunft aus Shiva, für die es nur den Hinweis auf die gemeinsamen
Attribute Dreizack und Schädelschale gibt, gilt er auch als Reichtumsgott.

In den Lamaklöstern des Himalaya begegnet er uns meist auf
Thangkas als die zentrale Schutzgottheit, die mit schrecklichen
Gesichtern und selbst im Halbdunkel der Tempelhalle weithin
leuchtender Flammenaureole die unheilbringenden bösen Geister
und Dämonen fernhält.

Von zentraler Bedeutung für den tantrischen Kultzusammenhang sind die bildlichen Ausformungen der großen buddhistischen

Tantras, denen wir sowohl in Skulpturen wie auch in Malereien begegnen. Es handelt sich um das Guhyasamaja als ältestes, um Chakrasamvara, Hevajra und Kalachakra als jüngstes, letztes der großen Tantras.

Betrachten wir die Skulpturen und Malereien, die das jeweils zentrale Paar dieser Tantras darstellen, so beobachten wir vom Guhyasamaja bis zum Kalachakra, deren textliche Formulierung etwa acht Jahrhunderte auseinanderliegen dürfte, ein Anwachsen der Wirkungsintensität ihres Ausdrucks. Die uns bekannten Guhyasamaja-Darstellungen, die den Akshobhyavajra-Guhyasamaja in sitzender Haltung, vereinigt mit seiner Prajna, zeigen, strahlen Innigkeit, ja Verzauberung aus. Die Haartracht der beiden Figuren ist blau. Die Gesichter sind in den älteren Beispielen von kindlicher Unschuld und Lieblichkeit. Fast könnte man meinen, die buddhistischen Tantriker hätten hier bewußt ein totales Gegenbild zu Shiva und seiner mächtigen Gattin Durga oder Kali geschaffen, jenem Paar, das im hinduistischen Tantrismus am häufigsten vorkommt und unmißverständlicher Ausdruck der sinnlichen Komponente des Tantrischen ist.

Die abgebildete Guhyasamaja-Gruppe dagegen läßt weder an sexuelle Vereinigung noch an erotische Spannung denken. Zwischen den Figuren ist alles zur Ruhe gekommen. In ihrem Zusammensein ist das Gegensätzliche und damit jede Spannung aufgehoben. Die Vereinigung der beiden esoterischen Gottheiten im Mahasukkakaya – dem Körper der großen Lust – symbolisiert das Verschmelzen des Bewußtseins in der völligen Leere – dem Shunyata –, die alles Gegensätzliche enden läßt.

Betrachtet man dagegen die Bilder von Chakrasamvara, Hevajra und besonders von Kalachakra als stehende Yab-yum-Figuren, so tritt ein anderer Grundzug hervor. Er ist von herrscherlicher Pose und magischer Dämonie. Die Gottheiten sind in tänzerischer Bewegung. Unter ihren Füßen winden sich gefallene Hindu-Götter, Dämonen, Menschen und Tiere. Die Welt ist in Auseinandersetzung, im Kampf begriffen, so wie wir sie täglich erleben. Die Bilder spiegeln diese Wirklichkeit. Gespannte, erregte, zum Teil schreckliche Gesichter beherrschen die dynamische Szene. Die rote Haar-

tracht signalisiert zornvolle Aktivität. Hier ist die geschlechtliche
Vereinigung der Götter auf dem Höhepunkt, orgiastische Freuden
drücken sich in ihren Zügen aus.

Vor allem im Kalachakra-Tantra, dessen umfangreicher Text
auf die Gefahren des in Indien vordrängenden Islam hinweist, hat
sich das zu immer größeren Gegensätzen hintreibende schreckliche Kali-Zeitalter, in dem wir uns nach hinduistischer Auffassung gegenwärtig befinden, niedergeschlagen. Und das zeigen
auch die auf seine Texte zurückgehenden Bilder.

Erst in den von der Form her zur Beruhigung kommenden
Mandalas der großen tantrischen Paare erkennen wir, daß es auch
hier letztlich um die Aufhebung der Gegensätze, um Überwindung der Spannungen und um die Erfahrung der Leere geht. Insofern haben die Yidams dieser großen Tantras eine doppelte Bedeutung.

Sie symbolisieren den schwierigen Weg zur Erleuchtung, sind
Spiegel dessen, was sich in dieser Welt als gegensätzlich, als
feindlich und unvereinbar zeigt, zugleich aber auch Sinnbilder
der Überwindung. Anders hätten sie als Initiationsgottheiten der
in das Geheimnis ihrer Tantras einzudringen versuchenden Mönche keinen Sinn. Und die oberflächlichen Kritiker dieser Religi-
onsformen hätten recht mit ihrer Behauptung, diese Gottheiten
seien vom Klerus geschaffen, um Angst zu erzeugen. Das Gegenteil trifft zu: Sie sind Symbole zur Überwindung der Angst, die im
Unterbewußtsein eines jeden von uns nistet. Denn sie machen
die Urgründe dieser Ängste, die gerade im Himalaya-Gebiet und
in Zentralasien landschafts- und klimabedingt besonders groß
und unheimlich sind, sichtbar und tragen damit zu ihrer Überwindung bei.

Es kann kein Zweifel bestehen, daß die Beziehung der einzelnen Gläubigen zu den die Tempel des Lamaismus belebenden
Malereien und Skulpturen trotzdem sehr unterschiedlich ist. Das
lamaistische Pantheon ist im Gegensatz zur Heiligenwelt des Christentums keine Illustration zu frommen Legenden, sondern vielmehr der Ausdruck einer esoterischen Ganzheit, die den Mikrokosmos der Atome wie unseres menschlichen Körpers genauso

umfaßt wie den Makrokosmos der Sonnensysteme. Dieser erschließt sich uns heute auf andere Weise durch die moderne Naturwissenschaft als lange in Frage gestellte Wirklichkeit.

Daß solche Einsichten nur den wenigen vergönnt sind, die den Weg der Tantras konsequent zu Ende gehen, ist selbstverständlich. Und daß die endlosen Niederwerfungen vor den Statuen wie auch das tausendfache Rezitieren von Mantras allein diesen Weg nicht öffnen, bedarf keiner besonderen Betonung. Dort aber, wo diese Figurenwelt in ihrer wahren Bedeutung erkannt und durchschaut wird, findet sich der Eingang zu einem esoterischen Bezugssystem, das vollkommener und feinsinniger auf dieser Erde wohl nie erdacht und realisiert worden ist.

Dabei ist die verwandtschaftliche Verknüpfung aller Buddhas, Bodhisattvas, Taras, Dakinis, Dharmapalas, Yidams und sonstiger Gottheiten untereinander und ihre Ableitung vom Urbuddha und den fünf Tathagatas, wie B. Bhattacharyya in seiner *Indian Buddhist Iconography* überzeugend nachgewiesen hat, nur die äußere Widerspiegelung eines viel weitergehenden inneren Bezugssystems, das Mantras, Yantras, Chakras sowie alle weiteren denkbaren Bezüge und geistigen Realitäten einschließt und miteinander verbindet.

Diesen Schritt zur Erkenntnis der Allverwobenheit vermögen selbst unter den Eingeweihten des Tantrismus nur wenige zu vollziehen. Doch allein das Wissen um diese geheimnisvolle, allem Zufälligen enthobene Welt vermag dem Gläubigen Gelassenheit und Ruhe zu schenken, ihn vor allem aber von jenen Kräften und Aktivitäten zu lösen, die das verhängnisvolle Kennzeichen unserer westlichen Zivilisation mit ihrer weitgehend leerlaufenden Dynamik ist.

In diesem Zusammenhang scheint es wichtig, auch die westlichen Einflüsse zu bedenken, die aus der indischen Buddha-Lehre in Jahrhunderten das tantrische Vajrayana mitentstehen ließen. Hier hat sich aus urindischen, iranischen, himalayischen und zentralasiatischen Elementen eine Geistesordnung gefügt, die heute das einzige bedeutsame Gegengewicht zur materialistischen Grundordnung der ganzen modernen Welt bildet. So

gesehen, gewinnt der Tantrismus für den unseren Zeittenden-
zen kritisch gegenüberstehenden Menschen eine Bedeutung, die
weit über das hinausgeht, was man gemeinhin als das »wachsende Interesse an asiatischer Kunst« zu apostrophieren geneigt
ist.

DAS MANDALA –
MAGISCHER KREIS
UND WELTSYMBOL

Die große Schwierigkeit für den westlichen Menschen, in den Geist des Tantrismus einzudringen, besteht vor allem darin, daß die wichtigsten Texte nicht übersetzt und die übersetzten infolge des Symbolcharakters ihrer Sprache für uns zum größten Teil schwer verständlich sind. Das hängt jedoch nicht nur mit der Esoterik und der uns fremden Bilder- und Metaphernfülle zusammen, die diese Literatur charakterisieren, sondern auch mit der Einseitigkeit unserer Schul- und Universitätsbildung. Sie hat asiatischer Lebens- und Denkweise nur in einschlägigen Vorlesungen oder Übungen, und selbst dort noch meist unter abendländischen Vorurteilen, Raum gegeben. Für viele unter uns hat asiatisches Denken noch immer den abwertenden Beigeschmack des Exotischen, das der »europäische Tatsachenmensch« allenfalls als interessante Kuriosität, keinesfalls aber als ernstzunehmende Alternative zu seiner eigenen Geisteshaltung betrachtet. Darin liegt der Grund für das geistige Unvermögen der meisten Menschen des technischen Zeitalters, sich mit den Weisheitslehren des Ostens und besonders mit seiner schwierigsten – dem Tantrismus – ernsthaft auseinanderzusetzen.

Wenn ein bedeutender europäischer Gelehrter wie der Italiener Giuseppe Tucci die Geschichte der Religion in Indien als »mühsamen Weg zur Eroberung des Selbstbewußtseins« definiert, womit er zweifellos recht hat, wird deutlich, welchen Schaden sich der westliche Mensch durch solche Ignoranz zufügt. Tucci stößt zum Zentrum unseres Themas vor, wenn er in seinem Mandala-Buch schreibt:

»In Indien ist der Intellekt nie so stark gewesen, um sich über die seelischen Kräfte zu erheben, und hat sich nie so weitgehend von ihnen getrennt, um eine verhängnisvolle Spaltung zwischen sich selbst und der Psyche zu verursachen, die im Westen zu einer Krankheit wurde.«

Es ist, wir wissen es, die Krankheit unserer Zeit, die durch die verhängnisvolle Scheinattraktivität unseres Lebensstils längst auf Asien übergegriffen hat und dort das gleiche Unheil anrichtet wie bei uns, wo Geist und Seele verkümmern und der Intellekt zum Götzen erhoben worden ist.

Tucci schreibt dazu: »Der reine Intellekt, von der Wesenheit des Menschen getrennt, bedeutet dessen Tod. Der Intellekt, der sich überschätzt, indem er an sich selber zu große Anforderungen stellt, der sich in anmaßendes Sich-selbst-genug-Sein flüchtet, veredelt den Menschen nicht; vielmehr demütigt und entpersönlicht er ihn. Der Intellekt, ausschließlich auf sich selber gestellt, ist etwas Totes, Mörderisches, ein Prinzip der Desintegration. In Indien spielt der Intellekt eine geradezu untergeordnete Rolle. Die Welt des Unterbewußtseins wurde nie verleugnet und zurückgedrängt. Sie wurde gesteuert und sublimiert im harmonischen Prozeß mit dem Ziel der Selbstbewußtwerdung, der Erkenntnis eines Ichs, das naturgemäß kein einzelnes Ich ist, sondern das Ich des kosmischen Bewußtseins, von dem alles ausgeht und zu dem alles wieder zurückfindet, von keinem konkreten Gedanken umschattet ist und dennoch für alle konkreten Gedanken die Voraussetzung bildet, die die seelische Wirklichkeit eines lebenden Individuums ausmachen.«

Der Weg, den Tucci hier andeutet, ist vom Mittleren Pfad, wie ihn der Buddha Shakyamuni lehrte, nicht weit entfernt. Es ist der Weg der Selbstbesinnung und der Kontemplation. Sein Geheimnis heißt Meditation. Sein Bezugspunkt ist das Mandala.

Damit sind wir beim schwierigsten, doch zugleich auch zugänglichsten der tantrischen Kunstwerke angelangt, wobei das Wort »zugänglich« wörtlich zu nehmen ist. Denn ein Mandala ist begehbar, wenn auch nicht immer mit den Füßen, wie etwa das größte Mandala dieser Erde, der berühmte Borobudur in Zentraljava, so doch in Gedanken.

Dabei ist das Mandala das Gegenteil des Labyrinths. Es führt nicht in die Irre, sondern ins Zentrum. Und sein Zentrum ist identisch mit dem Zentrum in uns. Wir erkennen und erfahren in ihm den Buddha, den Bodhisattva oder den Gott, der wir selber sein könnten, wenn wir nur die Außenwelt zu überwinden vermöchten.

Der Eintritt in den Kreis des Mandala ist der Eintritt in die kosmische Ordnung, der wir angehören, deren aber die meisten sich nicht bewußt sind, weil sie statt Sammlung Zerstreuung, statt Mitte Vielfalt suchen. Die Mandalas sind Beispiele für den vom Künstler aufgezeigten, oft meisterhaft gestalteten Weg zur Mitte; das aber heißt zur Ruhe und damit zur Erkenntnis der Stellung unseres Selbst im kosmischen Allzusammenhang.

Das tantrische Mandala ist Abstraktion aus früher Realität. Sein buddhistischer Ursprung in den Stupas, die zuerst über den Reliquien des Buddha Shakyamuni errichtet wurden, weist auf früheste Vorbilder hin: auf die Steinkreise der Megalithkultur wie auf die Tempeltürme der Sumerer. Ihnen allen liegt das kosmische Rund als Götterkreis und Weltsymbol zugrunde. Hier ist nichts erfunden worden, sondern das Ursprüngliche hat die Form bekommen, in der es dem Menschen verständlich und hilfreich wird. Denn Meditation ist Rückkehr zu den Ursprüngen, ist bewußtes Eingehen ins All. Doch das Mandala ist seinem Inhalt nach nicht nur eines, immer gleiches, ist nicht geronnener Kosmos, sondern die Fülle der Welt, gespiegelt in Form. Zahllos sind die Bilder, die seinen Namen, seine Gestalt tragen, alle erkennbar am Kreis und an den ihm eingeschriebenen Quadraten oder weiteren Kreisen, die sich auf ein Zentrum beziehen, das der Bezugspunkt des Meditierenden ist. Es ist das Göttliche, dem sich zu nahen Aufgabe und das in unser Inneres zu verpflanzen Ziel bleibt.

Wir wissen nicht, warum und wo die ersten Mandalas gemalt oder gemacht worden sind – vielleicht als Farbkreise auf Felsen oder auf der Erde, als Liniensysteme in Höhlen. Wahrscheinlich geschah es in Indien und wohl in sehr viel einfacherer Form als in den späteren Beispielen.

Der Kreis, der die Vielfalt umschließt, ist der Götterkreis, der zum Weltsymbol wird in einer Umwelt, die der ordnenden Gestaltung bedarf, wenn anders sie vom Menschen, der in ihr lebt, nicht als Überwältigung, als ständig bedrohende Macht und Fülle begriffen und erlitten werden soll. Das steinzeitliche Heiligtum, das

Kloster, der Tempel, das Mandala sind Symbole einer Gliederung, einer geistigen Ordnung, in bedrohlicher, unwegsamer und darum unfaßbarer Weite. Darin ist einer der Ursprünge lamaistisch-tantrischer Kunst zu sehen, ein Grund auch für den tiefgreifenden Wandel der buddhistischen Lehre in der Welt von Himalaya und Transhimalaya. Man kann das Mandala als den unmittelbaren Ausdruck, als die sichtbare Gestaltung dieses Wandels begreifen.

Der Gedanke, ein Gott oder die Götter hätten die Welt geschaffen, wie er der jüdischen, der christlichen und auch den anderen vorderasiatischen Religionen zugrunde liegt, ist dem Tibeter genauso fremd wie dem Inder. Doch während die Gottheit für den Inder die mythisch-magische Bezugsfigur ist, das Bild, in dem sich die Vielfalt der Welt zusammengenommen spiegelt, ist die tibetische Sphäre zunächst götterlos – wohl von Geistern und Dämonen beherrscht, aber ohne jene ausgleichenden Kräfte, die das Böse, das Gefährliche, das Verhängnisvolle zu bannen vermögen.

Um das zu bewirken, mußte Padmasambhava, der große Guru Rinpoche, dem wir als dem berühmtesten Tantriker noch in einem eigenen Kapitel begegnen werden, von Indien nach Tibet kommen. Ihm verdankt Tibet seine Götter – die Buddhas, Bodhisattvas, Taras und Yidams – sowie die Unterwerfung seiner Dämonen. Durch ihn wurden sie alle, die einst Schrecklichen wie die neu angekommenen Guten, in das System eingefügt, das seine künstlerische Ausformung im Mandala fand – im Götterkreis, der, von Menschen geschaffen, von Menschen gestaltet, zum Symbol der Überwindung des Gestaltlosen, des Gefährlichen durch die Form wurde.

Die Götter Tibets, wie wir ihnen in bedrängender, doch zugleich rettender Fülle im Mandala begegnen, sind Schöpfungen des Menschen, sind Ausdruck eines Selbstbewußtseins, das sich aus den Niederungen einer ungeformten, vom Zufall beherrschten, gefahrvollen Umwelt erhoben hat, um zu sich selbst zu finden. Die Religion ist hier, zumal in ihrer tantrischen Version, nichts anderes als Hilfe bei dieser Selbstfindung: Buddhas, Bodhisattvas und Gottheiten spielen dabei die Rolle von rettenden Fixpunkten im umgebenden Meer des andrängenden Scheins, der dem Menschen die Außenwelt immer wieder als Realität und sinnvolle Wirklichkeit vermitteln möchte. So gesehen sind Statuen und Bilder – ist vor allem das Mandala – bildgewordener Schöpfungsvorgang.

Der ungeformten, chaotischen, unüberschaubaren Außenwelt aus Gebirgen, Wüsten, Hochflächen, Gletschern und Steilhängen, die das Landschaftsbild Tibets prägen, entspricht das von Angst gequälte, ständigen Nöten ausgesetzte Innere des tibetischen Menschen. Beiden steht das Mandala als Inbild und Sinnbild gegenüber. In ihm sind Chaos und Wirrwarr durch Form und Ordnung überwunden. Doch der Bezug zur Außenwelt bleibt lebendig: Mittelpunkt des Mandala ist, welcher Gott auch immer dort thronen mag, die *axis mundi* – die Weltenachse –, die sich kein Tibeter anders vorstellen kann als im heiligen Berg, dem Meru. Dessen Bild steht ihm, mag es der Kailash im Westen Tibets oder einer der heiligen Berge des östlichen Himalaya sein, ständig vor Augen.

Was sich um diese Axis mundi entfaltet, ist die Umwelt der Tibeter mit Zelten, Hütten, Häusern, Palästen und Klöstern, ist die spärliche Pflanzenwelt, symbolisiert im Kreis der Lotosblütenblätter des Mandala, die zugleich Sehnsucht beschwören nach der Welt ihrer Herkunft – Indien –, von der in den heiligen Texten wortreich und bildhaft-farbig die Rede ist.

Doch das Zentrum des Mandala hat auch noch eine andere Bedeutung, ist Raum des Herzens, Identifikationsraum für den Menschen, der im Mandala Selbstfindung sucht. Tucci hat das in seinem Mandala-Buch in unübertrefflicher Weise erklärt, wenn er schreibt:

»Im Raum des Herzens, der in magischer Weise in den kosmischen Raum verwandelt wird, vollzieht sich das Wiederfinden unserer inneren Realität, jenes unbefleckten und unerfaßbaren Prinzips, aus dem alles entsteht, was in seiner illusorischen und vergänglichen Erscheinung im Werden begriffen ist. Dieses Wiederfinden erfolgt stufenweise. Wie sich auf dem kosmischen Berg rings um die Axis mundi auf immer höheren Stufen die Götter befinden, einer über dem anderen und immer reiner, und wie man nach und nach gegen den Gipfel und über den Gipfel hinaussteigt,

bis die Spitze all dessen erreicht ist, was wird und Form hat, so
vollzieht sich stetig wie jeder Übergang auf eine höhere Ebene die
Verwandlung von der samsarischen Ebene zur Nirvana-Ebene
hinauf in nachfolgenden Phasen, Stufe um Stufe. Diese Stufen
werden nach bekannter indischer Tradition durch Götterbilder
versinnbildlicht. So wird der Prozeß der Zusammenfassung des
Vielen in Einem anschaubar, der sich in zweifacher Weise vollzieht. Es kann geschehen, daß der Meditierende in geeigneter Art
handelt, um eine Gottheit, die eine bestimmte Stufe versinnbildlicht, zu zwingen, zu ihm hinabzusteigen. Dies ist Avahana, die
gewaltsame Heraufbeschwörung einer neuen geistigen Lage und –
symbolisch betrachtet – die Niederkunft des Gottes in die Mitte
des Herzens, durch die der Meditierende verwandelt wird. Diese
Herabkunft bedingt einen Wechsel der Ebene. Der Schüler hat
sich mit dem versinnbildlichten Gott identifiziert. Diese Fühlung-
nahme bewirkt einen Riß im Schleier der Maya und vernichtet
ihn. Es ist ein Vorgang, den die liturgischen Zeremonien dadurch
vorschreiben, daß niemand, der nicht selber Gott geworden ist,
Gott verherrlichen kann: *nadevo devam arcayet.* Oder es handelt
sich um einen umgekehrten Prozeß. Unter den vielen Möglichkeiten des in seinem Herzen mystisch gegenwärtigen Bewußtseins
beschwört der Meditierende die Gottheit herauf, mit der er sich
identifizieren möchte. Er tut es gemäß der traditionellen Anwei-
sung des Yoga. Das mystische Wesen jeder Gottheit drückt sich in
Silbensymbolen aus, die ihr höchstes Prinzip wiedergeben. Beim
Meditierenden, der sich jenen lichten, flammenden Samen im
eigenen Herzen vorstellt und sich zugleich auf die geistige Schau
jenes Gottes konzentriert, wie er in der traditionellen Ikonographie
erscheint, bewirkt jener Same, der sich am Feuer der Erkenntnis
entzündet, die Entstehung eines Bildes, das er in die Mitte seines
Herzens aufnimmt.«

Hier wird die Identifikation vom Makrokosmos des Universums samt seinen Göttern mit dem Mikrokosmos unseres Selbst
als zentrales Anliegen tantrischer Kultformen erkennbar. Das
Mandala aber ist der Ort dieser Identifikation. In ihm konzentrieren sich Welterfahrung und Weltüberwindung. Die Wirklichkeit,

die es in seinen Formen – den Kreisen, Quadraten, Toren, Höfen und, bei den Mandalas der schrecklichen Gottheiten, Friedhöfen – symbolisiert, wird überhöht und damit durch die Götter, Buddhas und Bodhisattvas überwunden, die es als geistige Projektionen des Meditierenden bevölkern. Dabei wird der Weg zu immer größerer Abstraktion vom Bildner des Mandala selbst beschritten. Gibt es doch Beispiele, in denen Buchstaben, Silben oder Symbole an die Stelle der Gottheiten treten und damit deutlich machen, daß es sich hier nicht um eine Welt wandelbarer Gestalten, sondern um ein geistiges Bezugssystem handelt, bei dem nicht nur alles mit allem verwandt ist, sondern auch alle Erscheinungen untereinander auswechselbar sind nach dem Gesetz von Samsara, dem Scheincharakter unserer Erlebnis- und Vorstellungswelt. Diese läßt das Mandala in seiner symbolischen Gestalt jedoch hinter sich.

Wir wollen die ganze Weite dieses Bezugssystems und seiner Darstellungsmöglichkeiten an zwei Mandalaformen darstellen, die, scheinbar diametral entgegengesetzt, letztendlich das gleiche symbolisieren, nämlich die zunächst als Paradoxon erscheinende Übereinstimmung von Fülle und Leere, von Welterfahrung und Weltüberwindung.

Die beiden Erscheinungsformen stehen sich gegenüber im Sarvavid-Vairocana-Mandala, wie es Tucci im dritten Band seiner Sammlung *Indo-Tibetica* eingehend beschrieben hat, und im Shunya-Mandala.

Das Sarvavid-Vairocana-Mandala ist das figurenreichste Mandala im tibetischen Kult. In unserem Beispiel emanieren aus der zentralen Gestalt des Maha-Vairocana, der hier als Ursprung alles Göttlichen erscheint, hundertdreiundsechzig Figuren, die als Fülle des Seins Aspekte der Allwissenheit des Vairocana darstellen. Als deren Zentrum repräsentiert der Tathagata selbst das reine Bewußtsein.

Während Sarvavid-Vairocana die Fülle als Spiegelung des reinen Bewußtseins darstellt, begegnet uns in Shunya die Leere als tiefster Ausdruck überwundener Vielfalt, die sich jedoch aus ihr hilfreichen göttlichen Erscheinungen manifestiert. Insofern stehen

Vairocana und Shunya an entgegengesetzten Polen und sind doch
letztlich das Gleiche: Fülle und Leere als austauschbare Vorstellungen des Gleichen, ob wir es nun als Samsara oder Nirvana, als
Scheinwelt Mayas oder als Erleuchtung begreifen. In beiden Fällen ist das klare Bewußtsein entscheidend, das zur Erkenntnis
führt.

Ein Stück dieses schweren Weges geleitet uns Bhattacharyya
am Ende seiner *Indian Buddhist Iconography,* wo er das Aufgehen
aller Erscheinungen der vajrayana-buddhistischen Ikonographie
in Shunya verständlich zu machen versucht. Seine Darstellung beginnt mit der Bedeutung von Farben und Formen. Sie führt hin zu
Shunya, dem Einen, Einzigen, der Leere, die doch zugleich alles
ist, was der Mensch braucht und was ihm hilfreich sein kann.
Bhattacharyya bezieht sich in diesem Text auf die Interpretatio-
nen der *Sadhanamala,* auf die er immer wieder zurückkommt:

»Eine tiefe geistige Bedeutung wird der Farbe, den Waffen
und der Haltung buddhistischer Götter beigemessen, die entweder
allein oder in Yab-yum-Vereinigung dargestellt werden. Der Auf-
bau der Yab-yum-Bilder ist jedoch weitaus komplizierter als der-
jenige der Einzelbilder. In der ›Sadhanamala‹ ist herausgestellt
worden, daß eine einzelne Gottheit jegliche Farbe annehmen kann,
entsprechend dem jeweiligen tantristischen Ritual, in dem sie angerufen wird. Zum Beispiel nimmt der Gott in dem Shantikavidhi
oder versöhnenden Ritual die weiße oder gelbe Farbe an. Im Pau-
stikavidhi oder Schutzritus erscheint die Gottheit in gelber Farbe.
Im Vasyavidhi-Ritual, dem Verhexen, und im Akarsana-Ritual,
dem Anziehen, kann die Gottheit gelb, grün oder rot auftreten. Im
Uccatana, der völligen Zerstörung, und im Marana, dem Töten, ist
der Gott im allgemeinen blau. Es kann hier herausgestellt werden,
daß das Wort ›Krishna‹ in der ›Sadhanamala‹ immer die Farbe blau
bedeutet und nicht schwarz. Buddhistische Götter sind selten
schwarz, nicht, weil die Buddhisten die schwarze Farbe nicht
wahrgenommen hätten, sondern weil es offenbar ein Vorurteil
gegen die schwarze Farbe auf Götterbildern gegeben hat. Es ist
ferner zu beobachten, daß ein Gott, wenn er die blaue Farbe an-
nimmt, immer schrecklich wird, mit hervorstehenden Zähnen und

herausgestreckter Zunge, mit einem Kranz von abgetrennten Köpfen, Schlangenschmuck und einem Gewand aus Tigerfell. Bezüglich der Farben darf daran erinnert werden, daß ihre Grundzahl gewöhnlich fünf ist, entsprechend den fünf kosmischen Elementen. So ist maßgebenden Büchern zufolge das Element Wasser weiß, die Erde gelb, das Feuer rot, der Äther grün und die Luft blau. Von diesen sind die Farben weiß und gelb, die Wasser und Erde darstellen, freundlich. Die Farben rot, grün und blau sind bösartig. Die Erd- und Wassergötter sind friedfertig, während die Götter der drei anderen Elemente einen schrecklichen Charakter haben. Blau scheint die heftigste Farbe von allen zu sein.

Die Haltungen der Gottheiten – der Asanas – haben ebenso eine geistige Bedeutung. Die Vajraparyanka-Haltung bedeutet Meditation und Innenschau, die Ardhaparyanka zeigt Heiterkeit an, die Alidha Heldentum, die Pratyalidha Zerstörung und Ekel, und der Tanz in der Ardhaparyanka verbreitet Zorn und Schrekken. Ein Hinweis auf die Yab-yum-Darstellungen sei hier erlaubt. Das tibetische *yab* bedeutet ›der ehrwürdige Vater‹, und *yum* entsprechend ›die ehrwürdige Mutter‹. Deshalb meint das Wort ›yab yum‹ den ehrwürdigen Vater in Begleitung der ehrwürdigen Mutter. Ein Yab-yum-Bild hat eine tiefe geistige Bedeutung. Es bedeutet, daß der Gott, die Verkörperung von Shunya, vollkommen ist, da er Karuna und damit die höchste Stufe des Nirvana erreicht hat.

Die Vorstellung von Shunya hat im Vajrayana die konkrete Gestalt eines Gottes und einer Göttin angenommen. Shunya erscheint als männliche Gottheit in der Gestalt von Heruka und als Nairatma, wenn es sich um eine Göttin handelt. Daß Shunya die Gestalt einer Gottheit angenommen hat, erscheint im Vajrayana nicht seltsam, wo wir Begriffe wie Sangha, Dharma, Prajnaparamita, die zwölf Paramitas und die fünf Skandhas im buddhistischen Pantheon als Götter verkörpert finden. So bewahrt die Vorstellung von Shunya in Form eines Gottes oder einer Göttin ganz die Tradition des Vajrayana-Systems. Wenn der Geist des Bodhi das Nirvana erreicht, geht er in Shunya auf und bleibt so in ewiger Seligkeit und Freude. Und wenn Shunya zur Göttin wurde, war es leicht zu verstehen, daß ewige Seligkeit und Freude nach dem Erreichen des Nirvana möglich waren.

Die Yab-yum-Figuren, die Shunya in Form von Heruka darstellen, der von Shunya in Form von Nairatma umarmt wird, wurden der Masse als Ideale vorgehalten. Sie zogen sie an und halfen ihnen bei ihrer Vorstellung von einer hellen, äußerst geistigen Zukunftsschau.

Die Buddhisten des Vajrayana betrachten Shunya als letzte Realität, und sie glauben, daß die Gastgeber von Göttern und Göttinnen, einschließlich der Tathagatas, letztlich Shunya sind. Die unzähligen Götter und Göttinnen des Vajrayana-Pantheons sind alle Darstellungen von Shunya. Die Götter haben keine wirkliche Existenz, und deshalb kann fest behauptet werden, daß kein wirklicher Vajrayana-Buddhist je ein Bild oder einen Gott verehrt hat. Da diese Gemälde und Figuren, ja, die Götter selbst, keine wirkliche oder unabhängige Existenz haben, sind sie nur Darstellungen in vielfältiger Form des Einen, Ungeteilten: Shunya. Es kann jedoch nicht geleugnet werden, daß diese Bilder sehr nützlich sind, da die Formen, die sie in Übereinstimmung mit den Tathagatas darstellen, den Verehrern unzweifelhaft helfen, sich ein Bild von den Gottheiten zu machen, mit denen sie sich identifizieren sollen. Da diese Gottheiten keine wirkliche Existenz haben, müssen sie von unbekannten Regionen am Firmament durch leuchtende Lichtstrahlen, die von den Bijamantras, die der Verehrer murmelt, ausgehen, in den Bereich des Geistes gezogen werden. Shunya nimmt die Gestalt eines göttlichen Wesens in Übereinstimmung mit der gesprochenen Keimsilbe an und existiert nun als positive Idee im Geist des Verehrers, der sich mit der Verwandlung von Shunya identifiziert.

Es könnte die Frage nach der Notwendigkeit einer Vielfalt von Göttern und Göttinnen aufgeworfen werden, wenn Shunya allein genügt hätte. Um sie zu beantworten, müssen eine Reihe von Dingen Berücksichtigung finden. Es darf daran erinnert werden, daß von Shunya, ein Begriff, der von den Vajrayana-Buddhisten mit Mitleid gleichgesetzt wird, in Übereinstimmung mit den verschiedenen Funktionen, die diese Gottheit zu erfüllen hat, angenommen wird, sie nehme verschiedene Formen an. Wenn zum Beispiel irgendeine Krankheit zu heilen ist, nimmt Shunya die Form von Simhanada an; wenn es sich um einen Schlangenbiß handelt, wird Shunya zu Janguli; wenn die Zerstörung des Bösen gefordert wird, nimmt Shunya die Form von Mahakala an; wenn Krankheiten und Seuchen abgewendet werden müssen, stellt man sich Shunya als Parnashabari vor; zum Erfolg bei Liebesaffären wird Shunya in Form von Kurukulla angerufen; und wenn vom Liebenden eine gewaltsame Unterwerfung gefordert wird, erscheint Shunya als Vajrananga. Wenn schließlich vom Verehrer die Buddhaschaft erstrebt wird, sollte er sich Shunya als Heruka vorstellen. Aus dem oben Gesagten wird klar, daß die Vorstellung von der Vielheit der buddhistischen Gottheiten aus dem einen großen Begriff Shunya hervorgeht, in Übereinstimmung mit den verschiedenen Funktionen, die der Gottheit zugeschrieben werden, als Zeichen des Mitleids gegenüber den Buddhisten.

Ferner nimmt die Zahl der Götter und Göttinnen zu, wenn Shunya die neun ›Rasas‹ oder dramatischen Gefühle in verschiedenen Formen darstellt. Zum Beispiel wird Shunya zu Khadiravani oder Lokanatha, wenn sie oder er freundlich ist (Karuna), zu Marici, wenn sie heroisch ist (Vira), zu Vighnantaka, Heruka oder Mahakala, wenn sie oder er furchterregend ist (Bhaya), zu Aparajita, wenn sie zornig ist (Raudra), zu Vajracarcika in Augenblicken der Abscheu und Ekelhaftigkeit (Bibhatsa) und zu Prajnaparamita, wenn sie friedlich ist (Shanta).

Weiter erhöht sich die Zahl der Gottheiten in Form von Objekten wie beispielsweise den Drei Juwelen; in Form von philosophischen Begriffen wie zum Beispiel den Paramitas, Bhumis oder Pratisamvits; in Form von Literatur wie zum Beispiel Prajnaparamita, Pashabhumika Shastra, Dharinis und dergleichen; in Form von Verlangen, beispielsweise nach Essen, Schlafen, Trinken und Ruhe; in Form von Himmelsrichtungen wie Norden, Süden, Osten, Westen; in Form von Musikinstrumenten wie Flöte, Violine, Trommel und anderen unzähligen Ideen und Gegenständen, die als Götter und Göttinnen verehrt werden. Auf diese und andere Weisen hat sich die Zahl der Gottheiten im buddhistischen Pantheon ständig vermehrt.

So wie alle Gottheiten um die eine große Vorstellung Shunya kreisen, so dreht sich auch der Hort der Waffen um den einen großen Begriff des Bodhicitta oder den Willen zur Erleuchtung. Da Waffen benötigt werden, um verschiedene Funktionen zu erfüllen, löst sich der Bodhicitta in die verschiedenen Formen von Waffen auf. Wenn zum Beispiel die Dunkelheit der Unwissenheit ausgetrieben werden soll, wird Bodhicitta zu einem Schwert, mit welchem der Schleier der Unwissenheit entzweigeschnitten wird. Das Schwert wird auch benutzt, um die Horden der Mara zu vernichten, die die Verehrer stören. Bodhicitta wird zu Ankusha, dem Stachel, wenn die Herzen der Bösen durchbohrt werden sollen. Er wird zu Nadel und Faden, wenn die Augen der Bösen zugenäht werden, Bodhicitta wird zu Karttri, dem Messer, wenn die Bösen zerhackt werden, und er ist Bhindipala, ein Wurfspieß, wenn Maras aus der Ferne angegriffen werden müssen. Zu Pfeil und Bogen wird er, wenn sich die Entfernung vergrößert.

Auch die Mudras sind nichts anderes als eine Materialisation des Bodhicitta. Wenn Schutz benötigt wird, wird Bodhicitta als Abhaya-Mudra vorgestellt; wenn Segen gewünscht wird, wird er zu Varada; wenn Unterweisung in den buddhistischen Gesetzen gefordert wird, wird er zu Dharmachakra und so weiter. Der Bodhicitta oder Wille zur Erleuchtung ist das Stadium des Geistes, das schon die Fähigkeit erworben hat, sich in Shunya aufzulösen. Tatsächlich wären Shunya und Nirvana ohne die Hilfe von Bodhicitta unerreichbar, der ebenso wie Shunya nur im Geiste existiert. Der Geist des Bodhi führt die strebende Seele in die unmittelbare Gegenwart von Shunya; sie taucht schließlich ein und löst sich vollkommen auf in Shunya.

Die Götter des buddhistischen Pantheons werden gedacht, wie sie den Bodhicitta in den Händen halten, und beide entsprechen der Natur von Shunya. Mit Hilfe des Bodhicitta, so wird gesagt, verleiht ein Gott dem Verehrer Buddhaschaft oder Erfolg im tantrischen Ritus. Die Yab-yum-Vorstellung von Gottheiten ist noch erhabener. Der Gott Heruka, als Verkörperung von Shunya, trägt Waffen, die Verkörperungen von Bodhicitta, die ebenfalls der Natur von Shunya entsprechen. Er wird von Nairatma umarmt, deren Wesenheit Shunya ist, die Waffen ebenfalls von der Natur Shunyas trägt. So vermengt sich das Unendliche mit dem Unendlichen. Durch Einhüllung wird aus den Vielen Eines. Das ist das höchste Stadium – das Anupadishesa-Nirvana.«

Dieser Text gibt eine Vorstellung vom tantrischen Denken und vom Umgang des Tantrikers mit seiner vielgestaltigen Bilderwelt. Hier wird deutlich, wie nach tantrischer Auffassung alles mit allem verwoben ist. Es gibt nichts, das nicht dem Kosmos und seinem Symbol – dem Mandala – eingeschlossen ist. Der Kreis ist das All, und das All ist der Kreis.

Schwieriger noch als dieses »Gewebe«, das Bhattacharyya zur Enthüllung des Shunya-Bildes und zur Erklärung des Shunya-Begriffs bietet, ist die Begegnung mit den tantrischen Texten selbst. Denn das bildhafte Bezugssystem, das hier über die Erscheinungen des tantrischen Pantheons gebreitet ist und das uns Shunya verdeutlicht, vermissen wir weitgehend in den Tantras selbst.

GUHYASAMAJA –
DAS TANTRA DER
VERBORGENEN VEREINIGUNG

Auf dem Einband der deutschen Übersetzung des Guhyasamaja-Tantra, des ältesten bekannten buddhistischen Tantra-Textes, finden wir ein Figurenpaar, das an tantrische Sexualriten erinnert, wie wir sie ausführlich besprochen haben. Die Zentralfigur bildet jener Buddha von tiefblauer Farbe, der mit einer nackten, strahlend weißen Frau in geschlechtlicher Vereinigung dargestellt ist: der Urbuddha Samantabhadra, der seine Prajna – die Göttin der Weisheit – in den Armen hält.

Für den Anhänger der Lehre Buddhas, wie wir sie aus seinen zahlreichen, auch mehrfach ins Deutsche übersetzten Reden kennen, ist das ein ungewohntes, schwer verständliches Bild. Dem Tantriker dagegen öffnet es das Tor zu den geheimsten Texten des Buddhismus, die den esoterischen Weg zur Erleuchtung weisen, obwohl diese Aussage wie ein Widerspruch zur eindeutigen Bildwirklichkeit erscheint.

In einem einzigen sich sitzend umarmenden Paar tut sich die ganze Welt dessen auf, was wir im vorangegangenen Mandala-Kapitel als kosmisches Bezugssystem des Numinosen und der symbolisierten Weisheit kennengelernt haben. Diese Darstellung eines von der Frau dominierten kopulierenden Paares geht auf jenen wohl ältesten tantrisch-buddhistischen Text des Guhyasamaja zurück, dessen schwer zu deutendem Wortlaut wir uns auf dem Wege über seine Bildersprache zuwenden wollen.

Schon im Vergleich des apostrophierten Titelpaares mit den Guhyasamaja-Skulpturen in Yab-yum, denen wir in Nepal und Tibet vielfach begegnen, wird die multiple Figurenwelt der Tantras deutlich, die auch deren Textgestalt so schwer durchschaubar macht.

Es sind Istadevatas – Gewünschte Gottheiten –, denen wir hier begegnen. Als Yidams haben sie die Bedeutung von Schutz- und

Initiationsgottheiten für den Einzelnen, der sie im heiligen Zeremoniell durch geworfenes Blütenlos erfährt und ein Leben lang geheimhalten muß, um ihrer stets hilfreichen Wirkung nicht verlustig zu gehen. So ist der Yidam das Intimste, dessen sich ein Mensch versichert weiß und bewußt sein kann. Zugleich ist er aber ein vielen Menschen zugefallenes kosmisches Symbol der Allverwobenheit, wie sie zwischen Tantrikern besteht, die sich nicht kennen und doch innigst, wenngleich anonym miteinander verbunden sind.

Guhyasamaja ist nicht nur das älteste, sondern auch das geheimnisvollste aller Tantras. Es wurde über Jahrhunderte nur von eingeweihten Meistern an ausgewählte Schüler weitergegeben. Auf diese Weise entwickelte es sich zum Urtext des Vajrayana – des Diamantweges.

Das Neue, das Besondere an diesem Weg zur Erleuchtung, den der Dalai Lama den vollkommensten nennt, ist die Einbeziehung der Frau in Gestalt der Großen Göttin, der Urmutter Indiens, in seinen Kult. So führt er von den Sexualriten der Frühzeit bis zur höchsten Potenzierung des Geistigen. Das heißt, er umfaßt die Gesamtheit des Kosmos in all seinen Erscheinungen sowie in all seinen Denk- und Erlebensformen.

Im Guhyasamaja-Tantra wird zum erstenmal in der Menschheitsgeschichte das Urerlebnis der Zeugung mit der Urerfahrung des kosmischen Bewußtseins verbunden und auf höchst komplexe Weise verbalisiert. Damit wird es zum wichtigsten Text der Daseinserfahrung und Daseinsüberwindung, zum Weg aus dem Ursprung des Samsara zum höchsten Nirvana.

Das hat die abendländische Wissenschaft, die das Tantra vor hundert Jahren entdeckte, nicht erkannt. Oberflächliche Kommentare und wissenschaftsferne Schmähungen haben diesen erhabenen, wenn auch schwer verständlichen Text aus purem Unverständnis kompromittiert, und das bis in unsere Zeit; so bei Klaus Mylius in seiner *Geschichte der altindischen Literatur* von 1988.

Ein Blick auf die das Tantra in seinem zentralen Aspekt spiegelnde Bronze, die den Yidam Akshobhyavajra-Guhyasamaja darstellt, zeigt die Unsinnigkeit einer rationalistischen abendländischen Interpretation, wie sie da ohne jedes Einfühlungsvermögen geboten wird.

Innigkeit, Überlegenheit und edle Gelassenheit sind die Ausdrucksmerkmale des sechsarmigen, dreigesichtigen Yidam, der mit den untersten Armen seine Prajna umschließt. In den sich hinter beider Rücken kreuzenden Händen halten er und sie Vajra und Ghanta als Symbole des Männlichen und des Weiblichen: Zeichen der aus der Leere aufsteigenden Erleuchtung und der zu ihr hinführenden Weisheit.

Die übrigen Handzeichen des Yidam und seiner Prajna stellen die Verbindung des Akshobhya zu den anderen Tathagatas her, die wir im Guhyasamaja-Mandala um die Zentralfigur gruppiert finden. Dabei ist die Prajna zum Zeichen der Einheit von beiden mit den gleichen Symbolen ausgestattet wie der Yidam. In beider mittlerer Stirn – auch Prajna ist dreigesichtig – öffnet sich das dritte Auge als Zeichen höchster Erkenntnis.

Aus Akshobhyavajra-Guhyasamaja emanieren die übrigen vier Tathagatas sowie der Urbuddha, vier Göttinnen und vier zornvolle Gottheiten zum Guhyasamaja-Mandala, der höchsten bildhaften Form dieses Tantra, die auch dem Text zugrunde liegt, ja wahrscheinlich ursprünglich aus ihm hervorgegangen ist.

Die Textgestalt des Guhyasamaja-Tantra stellt unser Bemühen um Verständnis und Erklärung vor eine schwierige Aufgabe. Denn der Tantra-Text ist die vierte Dimension des Guhyasamaja, aber auch sein Ursprung, aus dem sich der Urbuddha, die Tathagatas und das ganze Mandala entfaltet haben – Formen, die aus dem Makrokosmos des Tantra die Mikrokosmen seiner Aspekte, seiner Prismen aufscheinen lassen.

Diese Aspekte des tantrischen Pantheons sind zugleich Impulsgeber der Wegsuche und der Wegbegleitung, die im Mitgefühl, einer der elementaren Ausdrucksformen tantrischen Bewußtseins, wurzeln.

So bekennt der Tantriker, der sich einem der schwierigen tantrischen Texte, Verständnis erhoffend, zuwendet, die edle selbstlose Absicht, die ihn bei seinen Studien bestimmt: »Ich will das höchste, das unvergleichliche Erwachende Denken entfalten. Ich fasse diesen Entschluß, um dem Wohl aller Wesen zu dienen. Denjenigen, die nicht ans andere Ufer gelangt sind, will ich Atem leihen, ich will ihnen helfen, sich in ruhigem Glück aufzurichten.«

Das ist buddhistische Yoga-Haltung als ethische Voraussetzung für das Beschreiten des Diamantweges, auf dem sich edle Haltung gegenüber dem Nächsten und höchstes Streben nach Vollendung vereinen. Die Absichtserklärung ist einfach, ihre Verwirklichung dagegen äußerst schwierig. Hier wird uns die Spannung zwischen Denken und Tun bewußt. Tantra aber will alles Tun ins Denken transponieren. Welt soll im Bewußtsein aufscheinen, soll Bewußtsein werden. Dabei spielt das momentane Verhalten, die vom Alltag angetriebene Tätigkeit keine Rolle mehr. Sie werden zum interesselosen Anschauungsobjekt, das wir betrachten, ohne noch aktiv daran beteiligt zu sein. Das betrifft all unser Tun bis hin zu den entscheidenden Dingen: der Zeugung, der Geburt, dem Sterben. Sie werden im Tantra zu Elementarereignissen, für den Tantriker aber zu von außen beobachteten Bewußtseinsphänomenen, die ihn als Erleuchteten nicht anders berühren als der Schein der Sonne, der Regen, der Sturm oder Mond und Sterne in der Nacht. Das freilich verständlich in Sprache zu kleiden, die Wahrheit einer von uns kaum zu erkennenden Wirklichkeit sinnfällig zu machen, ist nahezu unmöglich. An diesem Punkt aber stehen wir, wenn wir uns tantrischen Texten wie dem Guhyasamaja-Tantra nähern.

Seine Grundidee ist die empfangende und gebärende Große Göttin, aus deren ursprünglicher Androgynität sich der Mann als Gegenpart entfaltet. Damit entsteht das Spannungsfeld, als das sich uns die Erlebniswelt des Samsara darbietet. Seine Überwindung führt zum Erlebnis totaler Identität: mit sich selbst, mit allem, was ist, und mit Buddha selbst. Es ist das Ganzheitserlebnis des Diamantweges. Sein Ursprung heißt im Guhyasamaja Diamant und Lotos, Mann und Frau, Phallus und Vagina, endlich aber Selbsterlebnis als Buddha. Es ist die Erfahrung mystischen Seins: das Tantra-Erlebnis.

Um es zu entschlüsseln, geht der Übersetzer des Guhyasamaja-Textes, Peter Gäng, drei Wege. Er schreibt eine Einführung, die den Stufen der buddhistischen Lehre folgt, und versucht in dem Kapitel »Sprache und Mystik« das Textgeheimnis anzugehen. Er stellt jedem übersetzten Kapitel eine weitere, unmittelbar auf den Text bezogene Einführung voran. Und er gibt eine aufgeschlüsselte, möglichst dicht am Sanskrit-Original bleibende Übertragung, die das Schwierige der Tantra-Sprache erkennen läßt.

Wir wollen Beispiele aus allen drei Annäherungsversuchen folgen lassen und beginnen mit dem Anfang von »Sprache und Mystik«, der nicht nur an die Sprachform des Guhyasamaja heranführt, sondern auch das allgemeine Verständnis tantrischer Texte zu fördern vermag. Das hilft uns außerdem, im weiteren Verlauf unsere Betrachtung des Tantrismus zu vertiefen. Peter Gäng schreibt:

»In den buddhistischen Tantras wird – wie in vielen religiösen und poetischen Texten – der Versuch gemacht, eine Wahrheit zu formulieren, die eingestandenerweise jenseits dessen liegt, was sich durch Sprache ausdrücken läßt. Wenn der Bereich der absoluten Wahrheit per definitionem der Sprache nicht zugänglich ist, dann scheint das Unterfangen, sich der absoluten Wahrheit mit sprachlichen Mitteln zu nähern, zum Scheitern verurteilt. Tatsächlich finden sich auch in der tantrischen Literatur viele Beispiele einer außerverbalen Kommunikation mit Hilfe von Symbolen.

Trotzdem ist dieser Versuch keineswegs aussichtslos. Zwar machen die tantrischen ebensowenig wie andere buddhistische Texte positive Aussagen über ›das absolute Wirkliche‹, aber sie versuchen teils mit ungewöhnlichen Sprachbildern, teils auch mit poetischen Mitteln Situationen zu schaffen, in denen Wirklichkeit sichtbar werden kann. Diese Art der Sprachverwendung versucht durch multiple Symbolfunktionen einzelner Begriffe ein vieldimensionales Bedeutungsgefüge darzustellen.

Im alltäglichen Sprachgebrauch ist eine Äußerung normalerweise so aufgebaut, daß sich die mögliche Bedeutungsvielfalt von Wort zu Wort weiter einschränkt, bis am Ende eines Sprechaktes (im Idealfall) die Bedeutung eindeutig ist. So legt etwa in dem Satz ›sie geht nach Hause‹ erst das letzte Wort, sobald es ausgesprochen ist, die Bedeutung der vorhergehenden Wörter fest. ›Sie‹

könnte noch als Pronomen für jedes beliebige Nomen stehen, dessen grammatikalisches Geschlecht weiblich ist; ›geht‹ schränkt die Bedeutungen von ›sie‹ auf all jene Möglichkeiten ein, für die die Formulierung ›sie geht‹ eine sinnvolle Aussage bildet. ›Geht‹ mag hier noch für ›bewegt sich vorwärts‹, für ›bewegt sich auf etwas zu‹ (zum Beispiel ›geht zugrunde‹) aber auch für ›funktioniert‹ (›die Uhr geht‹), für ›ist hinreichend‹ (›diese Formulierung geht gerade noch‹) usw. stehen. ›Nach‹ engt die Bedeutungsvielfalt weiter ein. Es könnte noch von einer Uhr die Rede sein (›sie geht nach‹), von einer Sendung (›sie geht nach xy‹) etc. Erst das letzte Wort ›Hause‹ schafft so viel Klarheit, daß mit einiger Sicherheit angenommen werden kann, daß von einer Frau die Rede ist, die sich auf ihr Heim zubewegt. Am Rande sei bemerkt, daß, wird diese Betrachtungsweise konsequent durchgehalten, sich eine treffende Beschreibung dessen ergibt, was in verschiedenen Religionen mit Namen wie ›heiliges Schweigen‹ belegt wird; bevor das erste Wort gesprochen ist, ist noch jede Bedeutung möglich. Oder anders: Das Schweigen als eine Formulierung, die jedem beliebigen Satz vorausgeht, ist die einzige sprachliche Formulierung, die alles zum Ausdruck bringen kann.

Nimmt man nun den Satz ›Wenn sich Diamant und Lotos vereinen, dann entsteht das unbegrenzte Glück‹, dann folgt der Bedeutungsverlauf nicht dem angeführten linearen Schema. ›Diamant‹ ist ein Begriff, dessen Bedeutungsraum sehr unterschiedliche Inhalte umfaßt. Diamant ist ein Symbol für die Unzerstörbarkeit, damit für die absolute Wahrheit und für die allem innewohnende Buddha-Natur, für Offenheit/Leere, für Männlichkeit und damit für das unbegrenzte Mitgefühl – und schließlich für das männliche Glied. Lotos ist ein Symbol für Weiblichkeit und für die weibliche Scheide, damit für das aktive und vorurteilsfreie Erkennen, ebenfalls für die Offenheit/Leere, für den Ort, in dem ein göttliches Wesen ruht (ikonographisch: die Gottheiten sitzen im Zentrum einer Lotosblüte). Und da jedes Wesen im tantrischen Verständnis göttlich ist, steht Lotos für die Welt und den Mutterschoß zugleich. Außerdem ist Lotos einfach Lotos und Diamant einfach Diamant. Das Bild des Diamanten in der Lotosblüte hat in seiner Schönheit

einen bestimmten ästhetisch-emotionalen Gehalt, der in die Bedeutungsvielfalt von Lotos und Diamant mit eingeht. Die Frage,
was denn nun ›wirklich‹ mit dem zitierten Satz gemeint sei, wäre
falsch gestellt. Es ist tatsächlich all das gemeint, was sich aus der
verzweigten Symbolfunktion der beiden Begriffe Lotos und Diamant ergibt, und dies nicht als Summe der einzelnen Inhalte,
sondern als der Inhalt, der sich in den möglichen Einzelinhalten
realisiert.

Diese Art der Sprachverwendung wird in der Literatur des tantrischen Buddhismus häufig mit dem Begriff ›sandhya-bhasa‹ bezeichnet, einem Begriff, um dessen richtige Übersetzung es in der
abendländischen Buddhismus-Forschung eine lange Kontroverse
gegeben hat. Der Ausdruck ›sandhya‹ steht meist für Verbindung,
besonders für diejenigen Zeitpunkte, welche die Abschnitte des
Tages verbinden, wie Morgen und Abend, Mittag und Mitternacht;
›sandhya‹ kann aber auch Absicht, Intention heißen. Inzwischen
hat sich die Wiedergabe mit ›intentionale Sprache‹ durchgesetzt.
Die sandhya-bhasa verbindet verschiedene Verständnisebenen,
und sie versucht, mit eigenen sprachlichen Mitteln etwas aus-
zudrücken, was normalerweise der Formulierung nicht zugänglich ist.

Um die Tragweite dieser Art der Sprachverwendung zu begreifen, muß die Situation mit einbezogen werden, in der ein Tantra
als Sprache manifestiert wird. Es ist eine menschliche Situation,
die sich zwischen einem Guru und einer oder mehreren Schüle-
rinnen oder Schülern ereignet, die sich durch ein hohes Maß an
Unmittelbarkeit und Ernsthaftigkeit auszeichnet. Nicht daß eine
solche Situation zwingend wäre, nur das Tantra ist eben genau für
eine derartige Situation formuliert. Die zuvorderst in Tibet überlieferten Geschichten von tantrischen Heiligen, die immer auch
Geschichten von Beziehungen zu ihren Lehrern oder Lehrerin-
nen sind, machen dies deutlich: Sie schildern in oft märchenhafter
Form die mühsame Suche, die der Begegnung von Lehrer und
Schüler vorausgeht, und den langwierigen Prozeß, bis zwischen
ihnen sich jene Offenheit herstellt, die für die Übermittlung tantrischer Lehren notwendig ist.«

Der Text des Tantra, der ein Ritual vorbereitet und begleitet, beginnt mit »Aufrichtung und Bestätigung des Meditationsmandala aller Vollendeten«. Sein erster Abschnitt führt »in den Schoß der Diamantfrauen«. Er lautet in Gängs Textgestalt: »Genau so habe ich es gehört. Zu einer Zeit weilte der Erhabene in aller Vollendeten Körper, Rede und Denken, im Herzen, in der Diamantenfrauen Schoß. Mit ihm waren unzählbare Erwachende Wesen, Unbegrenzte Wesen, gleich dem Staub der Atome der Mittelberge in allen Buddha-Feldern.«

Zu diesem »Ausgangspunkt« gibt Gäng folgende Einführung: »Jedes menschliche Leben beginnt mit der Vereinigung einer weiblichen und einer männlichen Keimzelle im Schoß einer Frau. Für beide Zellen, die jeweils das Ende einer ununterbrochenen Reihe von Zellteilungen bilden, die bis in den Anfang des Lebendigen überhaupt zurückreicht, ist dies das Ende ihres individuell gesonderten Daseins und der Anfang einer ›transindividuellen‹ Existenz. Insofern das entstehende Lebewesen Subjekt ist, entsteht mit ihm gleichzeitig für es die Welt als Objekt.

Diese Situation ist nicht nur Paradigma für spätere liebende Vereinigungen von Menschen, für jegliche Form transindividuellen Ganzheitserlebens, sondern für jeden Augenblick: ein vielfältiges Leben ist Vergangenheit, im Jetzt laufen alle Entwicklungslinien zusammen, von hier aus entsteht die Welt immer wieder neu.

Diese Situation, die in den Tantras häufig als ein Moment unbegrenzten Glücks und grenzenlosen Bewußtseins, aber auch ganz archetypischer Emotionen wie Lustverlangen, Haß und Blindheit beschrieben ist, ist allem Lebendigen gemeinsam. In ihr wird die allen innewohnende Buddha-Natur deutlich: die Möglichkeit ganzheitlichen Erlebens, das die Trennung in Ich und Andere, die ja immer auch ein Akt der Feindseligkeit ist, nicht mehr kennt.

Geht man von unseren Erkenntnissen aus, wonach ein Mensch in der Zeit zwischen Zeugung und Geburt die gesamte biologische Entwicklung vom Einzeller bis zum Menschen wiederholt, dann wird deutlich, wie fern das Erlebnis der abgegrenzten einmaligen Individualität von der Wirklichkeit ist.

Von hier nimmt das Tantra seinen Ausgang, hierher wird es auch wieder zurückkehren. In gewisser Weise ist das Tantra wie ein Schauspiel aufgebaut.«

Daran anschließend erklärt Gäng die einzelnen spirituellen Figuren und ihre Verbundenheit. Es sind Vajrasattva – das Diamantwesen –, die fünf Tathagatas und die vier Göttinnen: Mancaki (die auf das Ich Bezogene), Locana (die Sehende oder Sichtbarmachende), Pandara (die Weißgewandete) und Tara (die Hinüberführende). Auf die Göttinnen folgen zornvolle Erscheinungen, die verschiedene Stadien der Dynamik, des Zorns und der Mächtigkeit dokumentieren.

Guhyasamaja, die »verborgene Vereinigung«, bedeutet das Einssein von allem. Das ist auch das Thema des Tantra. Es reicht von der körperlichen Vereinigung bis zur höchsten Meditation; denn »Aller Vollendeten unbegrenztes Lustverlangen ist Diamant«, sagt Maha-Vairocana, der Erhabene und Vollendete.

»Da nun«, so lesen wir weiter, »vollzog der Vollendete Akshobhya in aller Vollendeten Körper, Rede und Denken, im Herzen, in der Diamantenfrauen Schoß die Aufrichtung und Bestätigung des viereckigen völlig reinen Mandala der Unbegrenzten Übereinstimmung.

Klarheit und in Eigenwerdung: dies!
Vielfältige Form ringsumher,
mit Wolken von Buddhas ausgefüllt,
ein Funkendickicht von Flammen,
mit dem Mandala der Klarheit und den anderen verbunden,
die Burg aller Vollendeten.

Und der Erhabene Fürst von Körper, Rede und Denken aller Vollendeten ließ in der Mitte des Mandala aller Vollendeten diese entstehen.«

Das ist die Visualisierung aller Tathagatas mit Akshobhya und Vairocana an der Spitze. Und so treten sie und tritt der Initiierte vor dem entstehenden Mandala erneut und noch tiefer ein in die Meditation.

Sie beschreiten nun den Weg der Befreiung durch Sinnlichkeit, indem sie Haß, Verblendung, Lustverlangen und Wunschjuwel als Diamanten erkennen, womit Widrigkeit endet und alles zur Übereinstimmung kommt.

Das Mandala schließt sich als Erkenntnisakt, als Ort tiefster Einsicht, und dazu heißt es: »Da erkannte der Erhabene Vollendete, der Diamant von Körper, Rede und Denken aller Vollendeten, den Wunsch aller Vollendeten.

Er trat in die Meditation ›Der Erkenntnis Leuchte ist Diamant‹ und ließ der Haßfamilie höchste Essenz, ihr Herz, aus den Diamanten seines Körpers, seiner Rede und seines Denkens hervorgehen.«

Darauf folgt die Erläuterung der einzelnen Sanskrit-Begriffe, die den Weg der Befreiung kennzeichnen, von Diamant-tragend über Haß-Lust, Verblendung-Lust und Lustverlangen-Lust bis zur Diamant-Lust. Es ist der alles einschließende Meditationsweg, der im Tod-endigend, Erkennen-endigend und Lotos-endigend mündet. Hier erreicht der Tantriker sein Ziel: die Grenzen individuellen Bewußtseins zu überschreiten und zum Erwachen zu gelangen.

Das ist, wie uns Guhyasamaja zeigt, ein Weg des Allumfassens und des Allbegreifens. Nur durch die Annahme von allem, was ist und was uns umgibt, gelangen wir zu seiner Überwindung. Das ist nach tantrischer Auffassung kein langer Weg, sondern das Aufblitzen der Erkenntnis in einem einzigen Augenblick. So kann der Tantriker die vollständige Buddhaschaft an einem Tag erlangen. Als Voraussetzung dafür geht es vor allem um die Vergegenwärtigung der essentiellen Gleichheit all dessen, was ist.

In einem späteren Tantra aus der Guhyasamaja-Tradition lesen wir dazu: »Ob Buddha, ob Vollendeter, ob Lehre, ob Gemeinschaft, ob Tier, ob Höllenbewohner, ob Gott oder Titan, ob in Menschengestalt, sei es auch als Übeltäter: Ich bin ohne Zweifel jede Gestalt. Ich bin Frau und bin Mann, ich bin die Gestalt des Androgyn. Ob voller Lustverlangen, voller Haß, voller Verblendung, voller Reinheit oder voller Unreinheit: Es ist meine Gestalt, die in der Gestalt des Denkens erscheint. Was gesehen wird, das ist mein Denken, nichts anderes ist zu sehen. Ich bin der Unterschied der Dinge, ich bin Geburt und Gebärer. Ich bin Hindernis und Nichthindernis, ich erscheine in der Gestalt der Vollkommenheit. Ich bin Geburt und Tod, ich bin Krankheit und Alter, ich bin Verdienst und Übel, ich bin das Ergebnis der Tat. Die ganze Welt hat Buddha-Natur und dies ist meine Gestalt.«

Der hier beschriebene Erkenntnisweg führt im zweiten Text-kapitel des Guhyasamaja zur Erkenntnis der Nicht-Ichhaftigkeit sowie von Offenheit und Leere, den Grundvoraussetzungen bud-dhistischer Einsicht, die sich in einem gemeinsamen Spruch aller Mandala-Gottheiten einschließlich des Buddha Maitreya – des zukünftigen Buddha – ausdrückt:

>   »Heil dem Buddha, heil der Lehre,
>   heil auch der Lehre Darlegung.
>   Reiner Sinn der Dasheit, reiner Sinn,
>   Erwachendes Denken: Verehrung dir.
>
>   Geworden aus der Nicht-Ichheit dessen, was ist,
>   Erfüller des Buddha-Erwachens,
>   von Vorstellungen frei, von Stützen frei.
>   Erwachendes Denken: Verehrung dir.
>
>   Samantabhadra, Sinn von allem,
>   Entwickler des Erwachenden Denkens,
>   Weg des Erwachens, unbegrenzter Diamant,
>   Erwachendes Denken: Verehrung dir.
>
>   Denken der Vollendeten, reines,
>   Diamantenträger von Körper, Rede und Denken,
>   Gewährer des Buddha-Erwachens,
>   Erwachendes Denken: Verehrung dir.«

Im vierten Kapitel geht die Bitte an Samantabhadra, den Vollen-deten, das rechte, das höchste Mandala entstehen zu lassen:

»Zeig uns das höchste Mandala,
den Frieden aller Vollendeten,
den Urgrund aller Vollendeten,
die höchste Nicht-Ichheit von allem, was ist.

Nenn uns das höchste Mandala,
das alle Bezeichnungen umfaßt,
das von allen Bezeichnungen frei ist,
den höchsten Körper des Samantabhadra.

Nenn uns das höchste Mandala,
aus Frieden und höchster Lehre entstanden,
das den Weg der Erkenntnis reinigt,
die höchste Rede des Samantabhadra.

Verkünde das höchste Mandala,
das unbegrenzte Denken aller Wesen,
rein, von Natur aus fleckenlos,
das höchste Denken des Samantabhadra.«

Hier nun begegnen sich höchstes Denken und sinnlicher Bezug, wenn es heißt: »Rundum, aufgeblüht, wird das Mandala als das höchste Denken erkannt. Sorgfältig vollzieht man dann Verehrung, Verehrung mit Körper, Rede und Denken:

Man begegnet der sechzehnjährigen Frau, die voller Anmut ist. Man überhäuft sie mit Wohlgerüchen, mit Blüten und liebt sie in der Mitte (des Mandala).

Man umschlingt sie klar bewußt, sie ist Mamaki, die tugendgegürtete. Dann entsendet man den mondgleichen Inbegriff der Buddhas, der mit dem Raumbereich geschmückt ist.

Kot, Urin, Samen, Blut (und Fleisch) bringt man den Gottheiten dar. So werden die Buddhas und die Erwachenden Wesen, die Großmütigen, zufrieden.«

Diese Rückschau von der erstrebten höchsten Erkenntnis in die eigene Samsara-Verflechtung ist typisch tantrisch. Denn, so schreibt Gäng:

»Am Anfang des Weges zum Erwachen steht die Bereitschaft, sich selbst so zu sehen, wie man ist, mit all jenen Eigenschaften, die man gerne leugnet und deshalb mit Vorliebe bei anderen entdeckt: Aggressivität und Geilheit, Verlogenheit und Gier (dies als Hinweise, nicht als erschöpfende Aufzählung).

All diese Eigenschaften markieren den Ort, an dem der Weg zum Erwachen beginnt. Eine zentrale Bedeutung kommt dabei all den Impulsen zu, die im Buddhismus mit dem Begriff ›Lustverlangen‹ zusammengefaßt werden und die für den Teil menschlicher Bedürfnisse stehen, die von der eigenen begrenzten Individualität hin zum anderen zielen.

Daß das Tantra auf die inzestuösen Anteile des Lustverlangens hinweist, zeigt die Präzision der ihm zugrundeliegenden Selbstwahrnehmung.

Im Zusammenhang mit den ›plagenden Irrungen‹ (Lustverlangen, Haß und Verblendung) tauchen häufig Formulierungen auf, die der Kommentar als ›widersprüchliche Reden‹ kennzeichnet: Bemerkungen, die im Widerspruch zur buddhistischen Lehre stehen. Da wird Mord gutgeheißen und dem Inzest das Wort geredet, Exkremente oder Menschenfleisch als Nahrung empfohlen usw.

Aus dem Zusammenhang und aus der Kommentar-Literatur wird klar, daß es hier um das Bewußtmachen aller Impulse geht, so verwerflich sie auch erscheinen mögen. Für das praktische Verhalten dagegen läßt das Tantra keinen Zweifel an der Gültigkeit der ethischen Maximen des Buddhismus: Freundlichkeit, Mitgefühl, Mitfreude, gleichmütiges Akzeptieren.«

Aus Gängs Interpretation wird deutlich, was dieses Abtauchen des Wegsuchenden in die tiefsten Abgründe unseres Denkens und Fühlens wie auch unseres Unterbewußten, die, von Kritikern unverstanden, geschmäht werden, in Wirklichkeit bedeutet: Enthüllung all dessen, was der Mensch in seiner Samsara-Verstricktheit ist.

Die Lebensgeschichte des großen Padmasambhava – des zweiten Buddha – wird uns das im nächsten Kapitel noch deutlicher machen. Das Guhyasamaja zeichnet gewissermaßen seine Wege vor.

Auf die Wegbeschreibung, einschließlich der Rückschau ins innermenschliche Chaos, folgt im sechsten Kapitel die Entfaltung der Buddha-Natur. Dazu schreibt Gäng:

»Sobald man sich selbst in seiner Vielfalt, in seiner Widersprüchlichkeit zur Kenntnis nimmt und akzeptiert, beginnt die Umwandlung, die die eigene Buddha-Natur – das Diamantenwesen – sichtbar werden läßt. Sich selbst wirklich wahrnehmen, akzeptieren und achten kann nur jemand, der gleichzeitig nach außen gerichtet andere wahrnimmt und achtet. Nur wer aufhört, anderen Fehler anzulasten, die er bei sich selbst fürchtet oder von denen er glaubt, sie seien ihm völlig fremd, hat die Möglichkeit, mit sich selber in ein inneres Gleichgewicht zu kommen. Körper, Rede und Denken werden dabei wie der Raum: offen, weit und grenzenlos.«

Von hier ab begleitet das Tantra den im Mandala betretenen, von den fünf Vollendeten – den Tathagatas – begleiteten Erkenntnisweg mit Abschnitten wie »Technik der Meditation«, »Genuß der Sinnlichkeit«, »Vergegenwärtigung der Buddha-Natur in der Vereinigung von Weiblich und Männlich«, »Körper, Rede und Denken eines Buddha«, »Der Sinn von Mantras«, »Die vier Göttinnen«, »Die Zornigen«, »Begegnung von Mann und Frau«, »Magie«, »Die höchste Form von Töten und Beschwörung«, »Alles ist wie ein Traum«, »Alles ist wie der Raum«.

Dieser Weg ist frei von Wertung, er kennt weder Fragen noch Urteile, er vollzieht sich im leeren Raum des vollkommenen Bewußtseins, im Raum der verborgenen Vereinigung, die nur in der Vorstellung, nicht aber in Wirklichkeit stattfindet – weil es beständige, greifbare Wirklichkeit aus tantrischer Sicht nicht gibt.

So kann es nicht verwundern, daß Guhyasamaja in seinen letzten Kapiteln auch das Wesen der Magie und ihre Wirkung beschreibt.

»Denn«, so schreibt Gäng, »die magischen Rituale der Tantras sind Beschwörungen von Gottheiten und Dämonen, sind Meditationen, welche die eigene Bewußtwerdung ermöglichen, sie sind Träume und Phantasien, und sie sind märchenhafte Beschreibungen dessen, was wir täglich tun. Sie haben nur ein einziges Ziel:

daß man in und mit ihnen die allem innewohnende Buddha-Natur erkennt und so selber zum Buddha wird.

Daß die magischen Aspekte gerade in den letzten Kapiteln dieses Tantra vorherrschen, hat seine Gründe. Das Erwachen ist ein Prozeß des Erkennens, in dem der Erkennende immer mehr über sich und damit über andere erfährt, Möglichkeiten der Machtausübung über andere erlangt. In dieser Situation, kurz vor dem endgültigen Erwachen, tauchen, wie in der Geschichte des Buddha erzählt wird, noch einmal alle Teufel und höllischen Heerscharen auf, um den Erwachenden von seinem Weg abzubringen. Daran, daß die Gefahr von den eigenen Machtgelüsten, der eigenen Gier ausgeht, läßt schon die alte Geschichte keinen Zweifel. Eben dies wiederholt sich im Tantra in den magischen Ritualen.«

In gewisser Weise vollzieht also das Tantra den Weg des historischen Buddha, von dessen Lehre es sich mit keinem Gedanken entfernt. Auf diese Tatsache legt auch der Dalai Lama in seinen Tantra-Betrachtungen größten Wert. Magie und Mantra-Rezitation, die das Guhyasamaja begleiten, sind Hilfen auf dem Weg zur großen Erkenntnis. Das aber heißt: zur Buddhaschaft.

Das letzte Kapitel des Guhyasamaja faßt den spirituellen Weg, den es weist, noch einmal als kosmischen esoterischen Prozeß, der sich im Mandala abspielt, zusammen. Da wird auch eine Brücke zu Shiva und den Hindus geschlagen, die im späteren buddhistischen Tantrismus durch die Herkunft und zentrale Bedeutung der zornvollen Gottheiten erhalten bleibt. Im Guhyasamaja spielen sie bereits eine wichtige Rolle, obwohl sie, folgen wir Historie und Legende, erst ein paar Jahrhunderte später, und zwar durch Padmasambhava, für das tantrische Pantheon zwangsrekrutiert wurden.

WENN DER SILBERVOGEL FLIEGT

Wir haben uns bei der bisherigen Betrachtung der Formen und Erscheinungen tantrischen Lebens und Bewußtseins in fernen Ländern und tiefer Vergangenheit bewegt. Das mag bei manchem Leser Zweifel geweckt haben, ob das hier dargestellte Leben und Denken einen sinnvollen Bezug zur Gegenwart und ihren vielfältigen Problemen haben kann. Um dieser für den heutigen Leser wichtigen Frage nachzugehen, wollen wir die tantrische Text- und Bilderwelt in ihrer verwirrenden Vielfalt vorübergehend verlassen und uns einem Mann zuwenden, der sie vor mehr als tausend Jahren entscheidend beeinflußt und in der Himalaya-Region sogar begründet hat.

Es ist jener geheimnisvolle große Lehrer Padmasambhava – der im Lotos Geborene –, der bis heute zwischen Ladakh und Bhutan als zweiter Buddha verehrt wird und dessen Geburtstag alljährlich im traditionsreichen Kloster Paro in Bhutan mit der Enthüllung seines Bildes festlich begangen wird.

In Padmasambhava gewinnt zum erstenmal ein Tantriker für uns biographische Gestalt. Doch sind bei ihm Wirklichkeit und Legende noch unentwirrbarer verwoben als bei Buddha selbst, der uns in seinen Reden so klar und eindeutig entgegentritt. Bei Padmasambhava wird schon die Buddha-Beziehung zum Rätsel. Stellt doch die Padmasambhava-Biographie eine namentliche Verbindung zwischen dem Eintritt des historischen Buddha ins Nirvana und dem Erscheinen des Padmasambhava her. Da heißt es in sehr konkreter, gar nicht legendenhaft anmutender Sprache:

»Kurz vor dem Hinscheiden des Buddha sprach er zu den weinend um ihn versammelten Jüngern: ›Da diese Welt vergänglich und das Sterben für jedes Lebewesen unumgänglich ist, sehe ich die Zeit meines Hinübergehens gekommen. Trauert nicht. Denn in zwölf Jahren wird aus einer Lotosblüte auf dem Teich von Urgyan

einer geboren, der weiser und geistesmächtiger sein wird als ich.
Er wird Padmasambhava heißen, und durch ihn werden alle Ge-
heimlehren enthüllt werden.«

Aus der Buddha von Padmasambhavas spätem Biographen –
er hat wohl kaum vor 1400 gelebt – in den Mund gelegten Prophezeiung von zwölf Jahren bis zum Erscheinen seines Nachfolgers
wurde mehr als ein Jahrtausend. Doch hat diese Ungereimtheit
der Wirkung und Ausstrahlung des »Zweiten Buddha« – des Guru
Rinpoche – nichts anhaben können. Denn Padmasambhava steht
noch heute wie Buddha selbst im Zentrum einer Lehre, die sich
freilich von der des Buddha in großen Teilen ganz wesentlich
unterscheidet, obwohl der tantrische Buddhismus, den Padmasambhava gelehrt und verbreitet hat, an den Reden Buddhas als
seinen Grundtexten festhält.

Allerdings findet sich in diesen Reden von der Ankündigung
eines unmittelbaren Nachfolgers keine Spur. Auch von Geheim-
lehren, die nach Buddhas Nirvana angeblich zutage kommen sollen, ist bei Buddha nichts überliefert. Auf diesbezügliche Fragen
einiger seiner Mönche sagte Buddha eindeutig: »Drei Dinge leuchten offen und nicht im Geheimen: die Sonne, der Mond und die
Lehre des Buddha.«

Trotz dieser verbürgten Aussage Buddhas, auf die sich alle der
ursprünglichen Lehre anhängenden Buddhisten berufen, konnte
sich Jahrhunderte nach seinem Tod die asiatischem Geist sehr
angemessene Lehre durchsetzen, daß geheime Texte des Buddha,
die Terma – sogenannte Schätze – überall in den buddhistischen
Ländern, vor allem aber im Himalaya-Gebiet verborgen seien und
ihrer vorbestimmten Schatzfinder harrten. Zu diesen Schatzfin-
dern zählt als erster Padmasambhava. Er wird darum auch mit
dem Vajra – dem Diamantzepter – dargestellt. Es ist das Wahr-
zeichen von Klarheit und Erkenntnis, das mit seiner alles durchdringenden Leuchtkraft die tiefsten Geheimnisse erschließt und
zu dessen Symbolgestalt der Guru Rinpoche schließlich selber
wurde.

So wie hier mischen sich auch sonst in der umfangreichen Biographie des im achten Jahrhundert historisch nachweisbaren Pad-

masambhava weiterwirkende Glaubensvorstellungen mit Zügen
einer phantasievollen Legende, in der Realitäten nur schwer zu
erkennen sind.

Tatsache scheint es, daß Padmasambhava als Pflegesohn des
Königs Indrabodhi von Udayana im heute pakistanischen Swat-Tal
aufgewachsen ist. Von seinem wunderbaren Erscheinen sagt die
Legende, er sei als etwa einjähriger, herrlich ausgebildeter, von
einer Goldaura umstrahlter Knabe auf einem vollerblühten Lotos
im Teich des Königsgartens von Udayana eines Morgens entdeckt
und vom König sofort an Kindesstatt angenommen worden.

Was dann als Kindheits- und Jugendgeschichte folgt, ist ein
großartiges Beispiel altindischen Fabulierens, wobei die Parallelen
zur Buddha-Legende am Königshof von Kapilavastu in Südnepal
auffallen: das gleiche Wohlleben, das Glanzvolle seiner Erscheinung, die ihn umschwärmenden verlockenden Mädchen und die
Angst des Königs, der einen Großen in ihm erkannt hat, ihn als
seinen erhofften Nachfolger zu verlieren.

Doch im Gegensatz zu Buddha, der nach Begegnungen mit den
verschiedenen Formen menschlicher Leiden konsequent den Weg
in die Hauslosigkeit ging, der über Askese zur Meditation und
schließlich zur Erleuchtung führt, beschreitet Padmasambhava
ganz andere, sehr weltlich anmutende Pfade. Es sind, wie wir
sehen werden, die Wege des Tantrikers.

In diesen Wegen Padmasambhavas drückt sich eine tiefgreifende Veränderung, ein Wandel der ursprünglichen Buddha-Lehre
aus, die etwa fünfhundert Jahre nach Buddhas Tod einsetzten und
in Padmasambhavas Tantrismus ihren ersten Höhepunkt fanden.
Dabei ist seine wundersame Legende, wie wir sehen werden, das
Spiegelbild seiner esoterischen Weltschau, die zutiefst in indo-
asiatischem Geist wurzelt. Sie wurde zum Mysterium tantrischer
Denk- und Lebensweise schlechthin und dadurch zum Ursprung
eines kosmischen Buddhismus, der bis heute lebendig ist und in
den letzten Jahren auch in der westlichen Welt viele Anhänger
gefunden hat.

Für sie alle ist Padmasambhava, sein Wirken und seine Lehre,
von großer Bedeutung, zumal er unserer Zeit unmittelbar durch

eine von ihm überlieferte Prophezeiung verbunden ist, von deren bezwingender Aktualität wir noch hören werden.

Zunächst aber geht es um Padmasambhavas Bedeutung in seiner Zeit, die er als Wandler und Vollender der Buddha-Lehre – wie er es sah – erlangt hat. Was immer sich in seiner breit ausgesponnenen Legende als echte Erlebniserfolge niedergeschlagen haben mag – wir können es nicht belegen –, der große Sprung des Padmasambhava ist auch historisch klar erkennbar. Setzte er doch durch Leben und Beispiele der Urlehre des Buddha – dem Achtfachen Tugendpfad als Weg zur Erleuchtung – etwas unerhört Neues entgegen: die Erleuchtung und Befreiung des Menschen durch Selbstverwirklichung, durch Ausleben seiner Triebe und Leidenschaften in all ihren Formen, durch Enthüllung und Befriedigung geheimster Wünsche bis hin zum Drang nach Sünden und Verbrechen und seiner bewußten Auflösung.

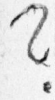

Schon im väterlichen Palast war Padmasambhava, folgt man seiner Biographie, zum Mörder mehrerer Hofleute seines Vaters geworden, die er mit seinem Vajra tötete. Vom zuständigen Richter wurde er zum Tode verurteilt. Doch sein Adoptivvater – der König – verwandelte die Todesstrafe in Verbannung. Damit war die Voraussetzung für jene lebenslange Wanderung geschaffen, die Padmasambhava aus der Enge prinzlicher Verpflichtungen befreite und seinen Ruhm als Lehrer und Retter begründete.

Folgen wir der Legende, so hat er Udayana, von Göttinnen und Dakinis begleitet, auf seinem Wunderpferd Valahaka durch die Luft verlassen.

Zwei Überlegungen sind an dieser Stelle der Jugendgeschichte Padmasambhavas anzustellen. Müssen wir nicht hinter den angeblichen Morden eine übertragene Bedeutung dieser Untaten sehen? Wahrscheinlich weist die Tötung der Beamten mit dem Vajra in Wirklichkeit auf ihre Bekehrung zum Buddhismus hin. Außerdem wurde so der Weg frei zu Padmasambhavas eigentlicher Bestimmung.

Vieldeutig wie die in Wahrheit, Symbolik und Legende gespaltene Lebensgeschichte des historischen Buddha ist auch die Padmasambhavas. Er wandert durch viele Länder, studiert Astrologie,

11 Kalachakra – Zentralfigur des letzten
buddhistischen Tantra.

12 (vorhergehende Seite) Dieses
Thangka stellt eine Lichtemanation des
kosmischen Kalachakra in geschlechtlicher
Vereinigung mit seiner mystischen
Gefährtin, Prajna, dar.

13 (oben) Thangka mit der schwarzen,
stierköpfigen Schutzgottheit Yamantaka –
Besieger des Todes – als Zentralfigur.

14 (vorhergehende Seite) Guhyasamaja
ist die älteste und zugleich eine
der wichtigsten Initiationsgottheiten im
tantrischen Buddhismus.

15 (oben) Das Thangka des Darmadhatu
Vagishvara zeigt die vierköpfige und ach
armige tantrische Form des Manjushri,
dem Bodhisattva der göttlichen Weisheit

16 Hevajra Magao Yuan, eine
der wichtigsten tantrisch-tibetischen
Initiationsgottheiten; ist zugleich eine der
persönlichen Schutzgottheiten oder
Yidams.

**17 Yidam Samvara, vereint mit
seiner mystischen Gefährtin im Liebesakt.**

18 (oben) Tsongkhapa, der große
Reformator des tibetischen Buddhismus
und Begründer der Gelbmützen-Sekte, aus
der die Dalai Lamas hervorgehen.

19 (unten) Tangka des Gurus
Padmasambhava. Er war der Begründer der
Rotmützen-Sekte, bekehrte den
tibetischen König zum tantrischen
Buddhismus und wird in Tibet als zweiter
Buddha verehrt.

Medizin und Alchimie, begegnet buddhistischen Mönchen und Tantrikern, hört sie, studiert ihre Schriften und gelangt zu außergewöhnlichen Einsichten und spirituellen Kräften. So wird er zum Wunderheiler und Zauberer, aber auch noch mehrfach zum Mörder, erfährt harte Bestrafung, aus der er aber immer wieder rein und strahlend hervorgeht. Selbst mehrere grausame Tötungen übersteht er.

Dabei erstreckt sich seine Biographie über mehrere Wiedergeburten, umfaßt ein ganzes Jahrtausend, in dem Padmasambhava auch zum Bekehrer des indischen Kaisers Ashoka wird, der tausend Jahre vor ihm gelebt hat.

Ein spektakuläres Ereignis, das zugleich die stark erotische Komponente der Padmasambhava-Legende enthüllt, wird aus der nordwestindischen Stadt Sahor berichtet, wo der Tantriker einer durch göttliche Befruchtung zur Welt gekommenen Prinzessin – der schönen Mandarava – begegnet. Die Prinzessin wird nicht nur seine Schülerin und leidenschaftliche Anhängerin im Geiste, sondern auch seine Geliebte. Als der König von dieser, dem mönchischen Gelübde widersprechenden Verbindung durch seine Späher erfährt, läßt er die Prinzessin in eine Dornengrube werfen und ihren Lehrer verbrennen. Doch wer beschreibt das Erstaunen des Königs, der da meinte, im Sinne des Sittengesetzes recht gehandelt zu haben, als er sieht, daß die Flammen Padmasambhava nicht erreichen und selbst sein Gewand nicht versengen, der Heilige aber, wie zur Stunde seiner Geburt, unversehrt auf einem Lotos innerhalb der Flammen thront und auch die Prinzessin unverletzt aus der Dornengrube aufsteigt.

Als einigermaßen gesichertes Datum im Leben des Padmasambhava gilt das Jahr 786. Da erhielt der inzwischen zu Berühmtheit gelangte Tantriker eine Einladung des Königs Trisong Detsen zum Dach der Welt, nach Tibet. Der Auftrag lautete, die im Schneeland herrschenden Dämonen zu besiegen und damit dem Buddhismus, den König Srong Tsan Gampo und seine beiden Frauen, die chinesische Tang-Prinzessin Wen Cheng und Prinzessin Bhrikuti aus Nepal, in Tibet eingeführt hatten, zum endgültigen Durchbruch zu verhelfen.

Padmasambhava nahm die Einladung an und war erfolgreich. Er bannte die Dämonen und machte sie zu Helfern der Lehre. Seither finden wir ihre Bilder in den Tempeln und Klöstern des Himalaya.

Der politische Hintergrund dieser Ereignisse ist unverkennbar. Denn trotz der Einführung des Buddhismus waren die Priester der angestammten Geisterreligion des Bön im Lande immer noch mächtig. Um ihre Überwindung ging es bei der Einladung des großen Tantrikers. Er war es auch, der die von König Trisong Detsen beschlossene Gründung eines ersten buddhistischen Klosters in Tibet ermöglichte. Dieses Kloster Samye, das in der Nähe des Flusses Tsang Po entstehen sollte, war von vielfältigen Dämonen bedroht. Das heißt, lokale Kräfte versuchten, die Entstehung dieser Keimzelle der neuen Religion zu verhindern. Auch hier griff Padmasambhava erfolgreich ein. Das Kloster wurde in Gestalt eines Mandala angelegt. Starke Rundmauern schützten es gegen äußere Einflüsse und feindliche Angriffe.

Worin bestanden nun Padmasambhavas überirdische Kräfte, die immer wieder seinen Erfolg sicherten und ihn zu dem machten, als der er in die Geschichte eingegangen ist und sich bis heute als spiritueller Führer behauptet hat?

Angesichts der unglaublichen Ereignisse seines Lebens und der legendären Verflechtungen aller seiner Taten ist es schwer, auf diese Frage eine befriedigende Antwort zu finden, wenn man sie nicht im Unwahrscheinlichen, im Wunderbaren, sondern rein im Spirituellen suchen will. Doch ist genau das die einzige Möglichkeit, sich dem Tantrismus Padmasambhavas und seiner zahlreichen Nachfolger zu nähern und ihn – auch für unsere Zeit – zu verstehen und anzuwenden.

Voraussetzung dafür ist, sich vom rein rationalen, materiellen und augenblicksbezogenen Denken frei zu machen, sich zu vergegenwärtigen, daß in unserem Bewußtsein nur jeweils Bruchstücke des Ganzen auftauchen, als das wir den tantrischen Kosmos, unabhängig von unseren Begrenzungen, begreifen müssen. Innerhalb dieser Vorstellungswelt gibt es nichts Unmögliches. Das Unsichtbare wird dabei zum Sichtbaren und das Unwahrscheinliche zur reinen Wahrheit. Es ist die geistige Grundstimmung, der wir auch in der Mystik begegnen.

Es geht also nicht um die Frage, was wir aus der Padmasambhava-Biographie für möglich oder wahrscheinlich halten, sondern um den esoterischen Hintergrund ihrer Bedeutung. Daß dabei immer wieder auch das ganz Konkrete durchscheint, sehen wir an der oben erwähnten Prophezeiung des Padmasambhava, die sich ohne Zweifel auf unsere Zeit bezieht und in ihr, wie wir sehen werden, ihre Bestätigung gefunden hat. Diese Prophezeiung lautet: »Wenn der Silbervogel fliegt und die Pferde auf Rädern dahinrollen, werden die Tibeter wie Ameisen über die ganze Welt verstreut und die Lehre des Buddha kommt in die fernsten Länder.«

Die Hellsicht und Weitsicht dieser Worte ist unverkennbar. Sie sind echte Prophetie für unsere Zeit. In ihnen ist ein Rettungshinweis für das nächste Jahrtausend enthalten. Er besteht in der Annahme und Verbreitung der Lehre Buddhas in all ihren Varianten als Gegenpol zum herrschenden, menschenverachtenden und unterdrückenden Materialismus. Von ihm sind heute alle Spielarten menschlichen und gesellschaftlichen Seins in Staat, Politik, Kirche, Wirtschaft und Wissenschaft, ja, selbst in der Kunst beherrscht.

Tantrismus ist eine Alternative, ein sinnstiftendes Element der Gegenwehr im Kampf gegen den alles beherrschenden, alles korrumpierenden und alles verderbenden Materialismus. Dieser hat als Kapitalismus zum Teil längst schlimmere Formen angenommen und bildet sie weiter aus als seine kommunistischen und pseudosozialistischen Varianten von gestern, die inzwischen selbst in China kapitalistischen Strukturen gewichen sind.

Aus dieser kritischen Einsicht erwächst die Frage, wie wir mit Hilfe Padmasambhavas und der von ihm entwickelten esoterischen tantrischen Lehren den Weg finden und beschreiten können, der uns aus der Gefangenschaft im Samsara – dem ewigen Kreislauf der Dinge – zu befreien vermag. Dabei geht es nun nicht mehr um historische, um rückschauende, sondern um kosmische, das heißt dem Ganzen zugewandte Betrachtung.

VOM WISSEN UM DIE EINHEIT
DES SEINS

Seit der Silbervogel fliegt und täglich vieltausendfach die Kontinente verbindet, geballte Pferdestärken weltweit immer mehr Räder immer schneller antreiben und ein Geschwindigkeitsrausch ohnegleichen die Menschheit erfaßt hat, sind kaum hundert Jahre vergangen. Doch mehr als tausend Jahre trennen uns von dem, der diese Entwicklung vorausgesagt und auch mit einem ganz konkreten Ereignis dieses Jahrhunderts in Verbindung gebracht hat: Padmasambhava.

Ihm kommt, täuschen wir uns nicht, in diesem Zusammenhang eine ganz besondere Bedeutung zu. Er steht nicht nur am Anfang einer Entfaltung besonderer Kräfte, die sich in den letzten Jahrzehnten vor der Jahrtausendwende vom Dach der Welt über die ganze Erde verbreitet haben, sondern auch am Ende eines ersten Jahrtausends der Bewußtseinserhellung, der Erleuchtungsvorgänge, die Buddha Shakyamuni in Nordindien nach seiner Nirvana-Erfahrung ausgelöst hatte. Insofern begreifen ihn die Buddhisten des Himalaya bis heute als zweiten Buddha: Dämonenbezwinger und Propheten, Bindeglied zwischen dem Verkünder der Lehre – des Dharma – und den auf ihn folgenden Verbreitern des Tantra – der Einheit allen Seins – in einer vom Dualismus beherrschten und von dessen Folgen zerrissenen Welt.

Padmasambhava war als Dämonenbezwinger der erste Samsara-Überwinder für ein tief in Samsara-Not geratenes Land: Tibet. Aus der Sicht der heutigen Tibeter wurde er durch seine Prophezeiung und ihre weltweite Verwirklichung nun ein zweites Mal zum Samsara-Bezwinger für all jene, denen der von ihm gelehrte und gelebte Tantrismus heute und in Zukunft praktische Lebenshilfe und geistiger Weg sein kann.

In dieser Position des Propheten, Lehrers und Helfers steht er als einer in der langen Kette der Erlösungserscheinungen, die sich in einer Folge von historischen Buddhas bis zu Gautama und in einer Reihe von Nachfolgern – den Bodhisattvas – bis heute darstellen. Sie sind Erleuchtete und Retter zugleich. Als Einzelne erscheinen sie wie Leuchttürme, die dafür sorgen, daß die Wellen des Samsara nicht unbarmherzig über allen Lebewesen zusammenschlagen und damit das Bewußtsein vom Ausweg zerstören, das in jedem Menschen mehr oder weniger klar angelegt ist. In diesen Einzelnen, die Erleuchtungsbewußtsein ausstrahlen, ist die weithin zerstörte kosmische Ganzheit bewahrt – der tantrische Gesamtzusammenhang –, den es für uns zu erkennen und als Lebenssinn zu begreifen gilt. Das war ursprünglich ein indischer, ein asiatischer Gedanke, der in den Reden Buddhas wie in den indischen Upanishaden seinen ersten überzeugenden Ausdruck fand.

Zwischen Buddha und Padmasambhava, das heißt zwischen der Verkündung der Lehre und ihrer spirituellen Erweiterung und Vertiefung, vollzog sich auch eine erste Verbreitung über weite Teile Asiens bis in den Vorderen Orient, auf die nun, tausend Jahre später, eine zweite Ausbreitung über die ganze Erde folgt. Doch hatten sich schon in der Zeit von der ersten Entfaltung tantrischen Denkens und tantrischer Praxis in Indien bis zu Padmasambhavas Wirken im religionsträchtigen Himalaya auch in Vorderasien und im Mittelmeerraum eigene Denk- und Glaubensweisen von spiritueller Kraft- und Wirkungsfülle entwickelt: Gnosis und Mystik.

Beider Wurzeln liegen in den vielfältigen Mysterienkulten des Vorderen Orients, und beide wurden zu Begleiterscheinungen, ja zu Sonderformen des frühen Christentums. Die offizielle Kirche aber lehnte sie beide ab: die Gnosis als Häresie, als Irrlehre, und die Mystik als intellektuellen Hochmut ihrer Vertreter, die vom »Göttlichen Funken in uns« als einer Glaubenserfahrung sprachen.

Hier tut sich trotz aller unterschiedlichen Glaubens- und Denkvoraussetzungen im wahrsten Sinne des Wortes tantrischer Sinn auf. Das ist sicher kein Zufall, wenn wir uns die indischen Quellen anschauen. Sie liegen im Geistigen, im Spirituellen, ob wir an den Veda, die Upanishaden oder das Vedanta denken. Überall wird

Menschsein und Lebenssinndeutung spirituell gefaßt, ist Geist-
wirklichkeit, fern von der Oberfläche materiellen Seins, das bei
uns heute zum Zentrum geworden ist.

Die Gnosis weist deutlich in die andere, in die spirituelle Richtung. Ihre Texte sprechen von einer Welt des Übersinnlichen, die
es zu schauen, zu erkennen gilt. Und sie gehen, wie die indischen
Lehren, von der Wiedergeburt aus. Ziel der Gnosis und ihrer Kulte
ist die Erkenntnis der übersinnlichen Zusammenhänge, die aus
kosmischen Kräften und unsichtbaren Geistwesen – Engeln, Geistern und Dämonen – bestehen.

Während hier eine überirdische, ja außerirdische Welt zum
Ziel der Selbstverwirklichung im Kult wird, weist die gleichfalls
im Osten entstandene Mystik mit ihren spirituellen Vorstellungen
nach innen. Ihr Glaubens- und Erleuchtungserleben findet im
Menschen – in seiner Seele – statt. Gnosis ist ein Jenseits-, ein
Transzendenzerleben, Mystik ein Innenerleben. Dessen müssen
wir uns bei der weiteren Betrachtung bewußt bleiben.

Obwohl ein größerer Unterschied im Denkansatz kaum vorstellbar ist, erkennen wir beide Glaubens- und Geistesbewegungen als westliche Fortsetzungen dessen, was Buddha begründet
und Nagarjuna wie Padmasambhava vieldeutig, aber im tiefsten
einsinnig weitergeführt haben: den Weg des Erwachens zum Ziel
der Schauung und Erleuchtung. Sie haben für das menschliche
Bewußtsein Durchgangsstadien zur Erkenntnis der Einheit in der
Ganzheit und der Ganzheit als Einheit entwickelt. Diese Einsicht
gipfelt bei Padmasambhava in der Lehre, daß es Gegensätze oder
das, was wir dafür halten, nur in der oberflächlichen Betrachtungsweise des Samsara gibt. Sie erweisen sich als Täuschungen, je
tiefer wir in die Zusammenhänge des Kosmos, das aber heißt der
Allverwobenheit des Seienden eindringen.

Im Buddhismus wird Samsara durch das Nirvana überwunden.
Das heißt, jenseits der Welt der schönen wie der bösen Täuschun-
gen, als die wir Samsara erleben und verstehen müssen, sind
Samsara und Nirvana eins. Das ist der Punkt, wo die Gegensätze
aufgehoben sind, wo Gut und Böse genauso eins werden wie die
Welt der Götter und Dämonen. Die Unterschiede schwinden vor

dem klaren Bewußtsein dessen, was Leben in Sinnerfüllung sein kann, aber für die meisten Menschen aus Mangel an Einsicht und Erkenntnis nicht ist.

So läßt sich auch der Gegensatz zwischen Gnosis und früher Mystik als ein Scheingegensatz zwischen Esoterik und Gottinnigkeit erkennen. In ihnen spiegeln sich unterschiedliche Grade des spirituellen Weltverstehens. Beide weisen Glaubenswege, die von der späteren christlich-dogmatischen Diesseits-Jenseits-Vorstellung mit ihrer Erlöserlehre und der unerfüllten, wenn auch noch immer genährten Auferstehungshoffnung verstellt worden sind. Denn dort wurden reale Glaubenserwartungen geweckt, die sich so in der gelebten Wirklichkeit nie erfüllen konnten.

Das hat Plotin, der große Neuplatoniker, als leidenschaftlicher Verfechter der Alleinheitslehre als erster erkannt. Er stand sowohl dem Christentum wie der Gnosis ablehnend gegenüber, obwohl in beiden Kräfte lebendig waren, die seinen philosophischen Ideen zum Teil nahestanden. Doch sein von Platon vorgezeichneter Weg war ein anderer: der philosophische Weg. Er wurzelte nicht im Glauben, sondern in der Erkenntnis. Deshalb standen ihm die Christen wie die Gnostiker ablehnend, ja feindlich gegenüber. Das Christentum befeindete aber auch die Gnosis, verurteilte die Gnostiker als Häretiker. So wurden sowohl die Gnostiker als Geistergläubige wie die frühen Mystiker als Vertreter einer spirituellen Einheitslehre zu Verfolgten der Kirche im untergehenden Rom wie später im mittelalterlichen Europa.

Gnostiker und frühe Mystiker waren wie die Neuplatoniker bei aller Unterschiedlichkeit ihres Denkens oder ihres Glaubens die Einzelnen unter den Vielen, die Standhaften unter den Mächtigen. Sie alle widersprachen der christlichen These vom Urgegensatz zwischen einer göttlichen Sphäre im Himmel und einer menschlichen Sphäre auf Erden. Denn Gnostiker wie Mystiker standen nicht nur in der Nachfolge der ersten Christengemeinden, sondern auch unter dem Einfluß der vorderasiatischen Esoteriker. Sie lebten aus dem Geiste und nicht aus dem weltlichen Machtbewußtsein, das nun immer mehr zum kirchlichen und damit zum abendländischen Stigma wurde.

Eine der Pflanzstädte jener frühen Geistigkeit, im klaren Gegensatz zu dem, was Rom bedeutete, war Alexandria. Es ist die Stadt, von der aus kosmisches Denken und tantrischer Geist nach Europa gelangten; wenn auch nicht als bestimmende Komponente, so doch als ein wichtiges, von den Mächtigen in Staat und Kirche immer wieder unterdrücktes Korrektiv.

Alexandria hatte die besten Voraussetzungen für die Begegnung unterschiedlicher Geister. Es war eine kosmopolitische Stadt, ein Schmelztiegel der Rassen, Denkweisen und Religionen, wo sich um die Zeitenwende, wie sonst nirgendwo, ägyptischer, asiatischer und europäischer Geist, Judentum, Christentum, vorderasiatische Mysterienreligionen und Buddhismus begegneten. Es war die Stadt, in der damals das ganzheitliche Denken sichtbar und immer mehr erfahrbar wurde – wenn auch längst nicht für alle, aber für Außenseiter, die uns bis heute bewegen, deren Lehre Weg sein kann.

Es scheint, daß hier ein Angelpunkt ganzheitlichen, das aber heißt tantrischen Bewußtseins entstand, der später von Rom aus bekämpft und schließlich eliminiert wurde. Frühchristlicher Fundamentalismus zerstörte die subtilen tantrischen Keime, die in der Gnosis wie in der frühen Mystik genauso angelegt waren wie im späteren Buddhismus. Dieser war in Alexandria zu Hause und wurde von den frühen Christen ebenso bekämpft wie die Gnosis und alle Ansätze eines ganzheitlichen, den Dualismus überwindenden Denkens, wie wir sie besonders im Neuplatonismus finden.

Diese Unterdrückung fruchtbarer globaler Denk- und Glaubensformen, die seit Alexanders Asienzug die besten Geister beherrschten, sind die Schuld des frühen hybriden Christentums in seiner intoleranten, geistfeindlichen Einseitigkeit. Den dadurch entstandenen Verlust an Bewußtseinstiefe erkannten schon im christlichen Mittelalter Männer wie Meister Eckehart und Nikolaus von Kues, später Giordano Bruno, der ein Opfer seines tiefen Wissens und seiner klaren kritischen Erkenntnis wurde.

Wir werden sehen, wie von Buddha über die Tantriker der Weg zu Parmenides, Platon, Plotin und weiter zu dem Kusaner und zu Giordano Bruno führt – ein Weg, der weder von den abendländischen Religions- und Geisteswissenschaftlern noch von den Historikern als Königsweg der Seinserfassung erkannt worden ist. Selbst in der Aufklärung mit ihrer beginnenden Kritik am Christentum blieben diese Zusammenhänge unbeachtet. Und Alexandria, wo man hätte fündig werden können, war ein Ort im Abseits, obwohl hier Ammonios Sakkas, Plotin, Klemens, Origenes, Hypatia und viele andere bedeutende Geister der ersten Jahrhunderte nach der Zeitenwende gelebt und gewirkt haben. Es war aber auch ein Ort, wo die römische Christenverfolgung in eine Verfolgung Andersdenkender durch Christen umschlug, wie wir am Beispiel der großen neuplatonischen Philosophin Hypatia sehen werden.

Zu Beginn des dritten Jahrhunderts lebten in Alexandria zwei der bedeutendsten Geister jener Zeit, die bis heute und heute besonders in ihrer Einmaligkeit lebendig sind: Plotin, der uns schon begegnete, und Origenes. Für Plotin wurde 233 zum Schicksalsjahr. Da traf er, der seit langem einen philosophischen Lehrer suchte, den Philosophen Ammonios Sakkas, der Platon und Aristoteles geistig zu verbinden trachtete und in Plotin das Feuer selbständigen Denkens entfachte. So trug er dazu bei, daß sich eine der bedeutendsten spätantiken Geistesbewegungen entfaltete: der Neuplatonismus.

Elf Jahre blieb Plotin Schüler des Ammonios, der ihm vor allem die geistige Welt Platons erschloß. Doch begegnete er in Alexandria auch anderen Denkformen. Er kam, wie übrigens auch Origenes, mit Vertretern persischer und indischer Geistigkeit – mit Priestern und Brahmanen – zusammen. Es war die Zeit, in der neue, esoterische Formen des Buddhismus über die Seidenstraße in den Vorderen Orient und weiter bis nach Alexandria gelangten, darunter gewiß auch die Ideen kosmischer Religiosität, wie sie der Tantrismus entwickelt hatte. Sie scheinen Plotin so stark bewegt zu haben, daß er sich entschloß, an dem Zug des Kaisers Gordian III. gegen die Perser teilzunehmen, wohl in der geheimen Hoffnung, von dort allein bis nach Indien weiterreisen zu können.

Die europäische Philosophiegeschichtsschreibung hat dieser Tatsache jedoch wenig Beachtung geschenkt und ist den indischen Einflüssen auf Plotins Philosophie bis heute kaum nachgegangen. Wie stark sie gewesen sind, können wir nur aus Plotins Grundhaltung gegenüber den Wechselfällen seiner Zeit und angesichts eigener Bedrückung erschließen, zumal sein Kriegsabenteuer schon am Euphrat endete. Dort wurde Kaiser Gordian von einem seiner Heerführer ermordet, und Plotin konnte sich nur durch die Flucht nach Westen einem ähnlichen Schicksal entziehen.

Über Antiochia gelangte er auf den Wegen der Seidenkarawanen nach Rom, wo er sich niederließ und maßgeblichen geistigen Einfluß bis in die kaiserliche Familie gewann. Seine Lebensform aber schien von asiatischen Erfahrungen und Eindrücken geprägt. Sie war betont einfach, menschenfreundlich, was in Rom keine Selbstverständlichkeit war, und bestimmt vom Wunsch nach Klarheit des Gedankens, nach Erleuchtung. Darin vor allem zeigt sich der asiatische Einfluß, der von der abendländischen Geistesgeschichte später gern geleugnet wurde. Doch Plotin gehört zu den ersten Bekennern einer ganzheitlichen Lebenshaltung und tantrischen Allbewußtheit im Westen. Er beschreibt und beschreitet den Weg einer geistigen Daseinsbewältigung, der im Rom seiner Zeit nicht leicht zu finden und zu behaupten war.

Ein Blick in die damaligen römischen Zustände macht das deutlich. Sie waren von denen in den meisten Großstädten von heute nicht sehr verschieden. Überschäumendes Samsara beherrschte den Alltag. Reichtum und Prunksucht auf der einen, bittere Armut und Aufbegehren der Massen auf der anderen Seite bestimmten das zwiespältige Bild. Das Kaisertum hatte längst seinen alten Glanz verloren. Harte Rivalität, Haß, Neid, Ranküne, wachsende Kriminalität machten das Leben für viele zur Qual. Daraus folgte, ähnlich wie heute, die Hinwendung zu all den Glaubensbewegungen und Sekten mit ihren vielfältigen, oft obskuren Formen der Götterverehrung, unter denen der Kaiserkult noch lange dominierte, so daß es zu den bekannten Verfolgungen und

Grausamkeiten gegen seine Widersacher – besonders die Christen – kam.

In dieser Welt der Konflikte und Auseinandersetzungen war Plotin trotz seiner Verbindungen zum Herrscherhaus ein, wenn auch geachteter, Außenseiter. An ihm schieden sich die Geister. Wie Platon und vor jenem schon Parmenides erkannte er die Täuschungen der Sinnenwelt, die Gefahren des Samsara in seiner einseitigen Betonung des Sinnlichen und des Grob-Materiellen. Doch auch die in den religiösen Bewegungen der Zeit, besonders in der Gnosis, vertretenen Züge reiner Esoterik, der Glaube an eine überirdische Welt, befriedigten ihn nicht. Der Gegensatz von Diesseits und Jenseits, von Sinnenwelt und Geisteswelt, wie ihn auch das Christentum vertrat, entsprach nicht seinem von Platon geprägten, den Dualismus ablehnenden, ganzheitlichen Weltbild, wie wir es zu jener Zeit auch bei den großen Geistern Asiens – Nagarjuna und Shankara – finden, das heißt sowohl im buddhistischen wie auch im hinduistischen Bereich.

Wenn Platon das Universum als einen Gesamtorganismus miteinander verwobener Teile begriffen hat, so steht er damit nicht nur in der Bewußtseinsnähe und auf der Bewußtseinshöhe Buddhas, sondern auch am Anfang einer Reihe von bedeutenden östlichen wie westlichen Denkern nach ihm, die in Plotin und fünfhundert Jahre später noch einmal in Padmasambhava absolute Höhepunkte fand. Auch Origenes ist hier zu nennen, obgleich das Christentum schon zu seiner Zeit – im zweiten und dritten Jahrhundert – andere Wege einschlug, die dann auch zu seiner Ächtung und nach seinem Tod zur Verurteilung seiner Schriften führten.

Wir stehen unversehens, ohne daß uns die tragische Bedeutung der Stunde bereits bewußt wird, am west-östlichen Scheideweg, den die abendländische Geistes- und Religionsgeschichte freilich ohne jede Begründung schon sehr viel früher ansetzt: bei den Vorsokratikern. Dabei reicht gerade von dort – von Parmenides etwa – der Weg zu jenen Einzelnen, denen wir als Erkennende der großen Einheit begegnet sind.

Wir gelangen zu einem zeitlich wie räumlich übergreifenden

Begriff dessen, was tantrisch ist und was wir als Tantrismus für uns und heute begreifen dürfen. Er kulminiert in Platons Universum als Gesamtverwobenheit, was offenbar schon Parmenides erkannt hat und wozu Plotin in seinen *Enneaden* die auf den Menschen bezogene Aussage macht: »Ein jeder von uns ist geistiger Kosmos.« Die Betonung des Geistigen als eines reinen Bewußtseinsphänomens steht dem Nicht-Ich Buddhas, der Flüchtigkeit der Erscheinungen, die unser Leben bestimmen, näher als der christlichen Diesseits-Jenseits-Vorstellung, die zwischen dem geistigen und dem leiblichen Sein unterscheidet. In dieser Spaltung unseres Bewußtseins kommt auch die Vorstellung von Sünde auf, die uns im Diesseits als Versuchung begegnet – eine Vorstellung, die in der tantrischen Allverwobenheit keinen Platz hat.

Im Christentum bestimmen Gebote und Dogmen, was rechtens und was Sünde ist. Im Tantrismus als einer dogmenfreien, Gesetzen enthobenen Lebensform bestimmt der Mensch seinen Weg zur Erkenntnis und schließlich – als höchstem Ziel – zur Erleuchtung. Die Trennung von Diesseits und Jenseits besteht für ihn ebensowenig wie die von Gut und Böse oder von Schuld und Sühne. Der Dualismus, der sich in diesen Unterscheidungen spannungsreich ausdrückt, ist abendländisch; er ist die Frucht eines vom äußeren Leben und seinen Erscheinungen geprägten Christentums, das all die Schrecken hervorgebracht hat, durch die es seither gebrandmarkt ist: Gewaltanwendung zur Glaubensdurchsetzung, Pogrome, Kreuzzüge, Inquisition, Hexenjagd, Heidenmission. All das sind Auswirkungen jener alttestamentarischen, vom Christentum übernommenen jüdischen Lehre vom einen schrecklichen Gott, der keine anderen Götter neben sich duldet. Im Christentum wurde dieses Gebot auf die Häresie, die Abweichung vom rechten Glauben, ausgedehnt: ein Kirchengesetz, das viele Todesopfer forderte.

Solch mörderisches Vorgehen gegen Glaubensfeinde ist so alt wie die römische Christenverfolgung, die von der Kirche so gern als einseitiges Verfolgungsdelikt dargestellt wird. Über Gegenbeispiele wurden schon früh die Akten geschlossen. So über die grausame Ermordung der neuplatonischen Philosophin und Lehrerin

Hypatia durch christlichen Mob in einer berühmten Kirche Alexandrias. »Christlicher Mob« ist in diesen ersten Jahren nach der Zeitenwende sicher kein zu hartes Wort, denn neben bedeutenden Kirchenleuten wie Klemens, Origenes und anderen gab es auch eine Fülle von oberflächlichen Anhängern und Mitläufern, denen, nicht anders als heute, Rebellion und Gewaltanwendung mehr bedeuteten als ein religiöses Leben. Aus dieser Masse rekrutierte sich ein Pseudochristentum, das bis in unsere Tage mit Lippenbekenntnissen zur Stelle ist.

Doch kann es hier weder um Glaubens- noch um Kirchenkritik gehen, sondern allein um die Frage, wie sich die Spaltung des Kosmos in Diesseits und Jenseits auf das menschliche Bewußtsein, besonders aber auf die Christenheit ausgewirkt hat. Die Folgen waren, wie wir sehen werden, katastrophal. Sie drücken sich aus in der gespaltenen, schizophrenen Wirklichkeit einer Welt, deren Einheit im Bewußtsein der meisten Menschen zerstört worden oder zerfallen ist, woraus sich alle die Probleme des heutigen Menschen ergeben haben, von denen wir eingangs sprachen. Denn die Einzelnen, die dem Unheil der Geist- und Bewußtseinsspaltung hätten steuern können, sind immer weniger geworden. Erst in jüngster Zeit, und da sind wir wieder bei Padmasambhava, begegnen wir Autoren und Lehrern – vor allem aus Indien und Tibet –, die erneut auf den Weg zur Erkenntnis der Einheit und damit zur Erleuchtung hinweisen.

Es geht dabei nicht um unterschiedliche Lehrmeinungen, nicht um Rivalität von Bekenntnissen und Religionen, sondern um eine grundsätzliche Haltung gegenüber unserem Bewußtsein vom Leben. Die Frage heißt: Erkennen wir die große Einheit, die sich im tantrischen wie im mystischen Erleben jedem zeigt, der nach ihr sucht oder zu ihrer Erkenntnis unterwegs ist?

Kein Geringerer als Albert Schweitzer hat die Voraussetzungen dafür zu Beginn seines Paulus-Buches *Die Mystik des Apostels Paulus* mit Bezug auf mystisches Lebensverständnis klar und eindeutig formuliert. »Mystik liegt überall da vor, wo ein Menschenwesen die Trennung von irdisch und überirdisch, zeitlich und ewig als überwunden ansieht und sich selber, noch in dem Irdischen und Zeitlichen stehend, als zum Überirdischen und Ewigen eingegangen erlebt.« Das entspricht dem Nirvana-Erlebnis, das im Buddhismus und seinen tantrischen Formen genauso erfahrbar ist als das unzerstörbare Ganze einer sich dem Wissenden enträtselnden Welt.

KIRCHE, SATANSKULT
UND SCHWARZE MESSE

Bevor wir diesen durch Schweitzers Aussage vorgezeichneten Weg in eine von Einsicht und Klarheit bestimmte Zukunft betreten, wollen wir, ausgehend von den vorn beschriebenen Beispielen ganzheitlicher Lebensführung in Asien, einen Blick auf die gleichzeitigen europäischen Praktiken und ihre christlichen Hintergründe werfen.

Lebensform und Lebensführung sind bereits in ältesten historischen Zeiten weltumspannend Problemhorizonte gewesen, die religiös wie philosophisch Bedeutung erlangten. Dabei hat man offensichtlich schon früh an dem, was man das natürliche, das ganzheitliche Leben nennen könnte, aus verschiedensten Gründen Eingriffe, Korrekturen vorgenommen, die, betrachten wir es richtig, so weit zurückgehen wie unsere hier aufgezeigten Lebenspraktiken in ihrem kultischen Zusammenhang.

In dieser Entwicklung spielen, folgen wir Sigmund Freud und seiner Psychoanalyse, zwei Grundimpulse menschlichen Daseins die Hauptrolle: Eros und Thanatos – der Sexual- und der Todestrieb. Sie sind vom Anfang bewußter menschlicher Gegenwart auf dieser Erde an da und gewinnen eine entscheidende, schon früh ins Kultische übertragene Bedeutung, wobei sie sich beide gegenseitig zu befruchten und bereits bei den Sumerern zu ergänzen scheinen. Dabei entstehen auch Unterdrückungsmechanismen, die vor allem beim Sexualtrieb eine wichtige Rolle spielen. Stilisierung und Askese treten als sich ergänzende, aber auch ausschließende Formen repressiver Sexualität in Erscheinung. Was repräsentativ auftritt, kann auch unterdrückt werden. Das ist der Beginn geforderter oder erzwungener Entsagung. Jungfräulichkeit und Zölibat haben als Gebot die gleichen Wurzeln: Reglementierung und Triebunterdrückung. Sie gehören zur gestörten Einheit, zum Dualismus und seinen lebensfeindlichen Geboten, mit denen

sich dann auch die christliche, vor allem die katholische Kirche
wider alle Natur Autorität verschafft hat. Der Zölibat ist ein letzter betrüblicher Rest dieser zweitausendjährigen Unterdrückung
menschlicher Freiheit und Einheit.

Denkt man an die von uns beschriebenen tantrischen Kulte
und die ihnen vorausgegangenen Sexualriten, so begreift man,
welche Strangulierung des ganzen, des natürlichen Menschen
sich die Kirche hier angemaßt hat.

Wir wollen nicht von der millionenfachen Umgehung und
Übertretung des Zölibatgebots sprechen. Denn all diese sogenannten Fehltritte gehören zum denaturierten, schizophrenen Erschei-
nungsbild der Kirche selbst und sind letztlich in ihrer Unaus-
weichlichkeit auch von ihr zu verantworten.

Weiter gespannt und tiefer gelagert ist dagegen die kirchliche
Grundhaltung in ihrem disparaten Weltverständnis, aus dem sie
ihre bildhaften, höchst gegenständlichen Vorstellungen von Diesseits und Jenseits, von Himmel und Hölle, von göttlichem und
satanischem Wirken entwickelt und gegen alle Einwendungen behauptet hat. Hier gelangen wir an die Wurzeln jenes verhängnisvollen Dualismus, der nicht nur die Christenheit, sondern die
westliche Welt als Ganzes befallen und geistig korrumpiert hat.
Das führte so weit, daß europäische Gelehrte bis in die jüngste
Zeit selbst die scheinbar gegensätzliche Ganzheit des hell-dunk-
len, Glanz und Düsternis umfassenden antiken Kults von Apollon
und Dionysos ins Dualistische umzudeuten versuchten.

In Wirklichkeit war es der frühem abendländischen Denken
so fern stehende, im persischen Avesta formulierte Urgegensatz
von Gut und Böse: das dualistische Prinzip schlechthin, das im
Alten Testament auftauchte und von dort aus im Christentum die
schrecklichste und zugleich mächtigste Ausbreitung erfuhr, die
nur möglich war.

Gott und Satan, der von ihm abgefallene Engel Luzifer, Himmel und Hölle, Gottes erflehte Gnade und das erbarmungslose
Jüngste Gericht wurden zu bedrohlichen, Angst verbreitenden
Glaubensinhalten, die nichts mit der Lehre Jesu zu tun haben. Es
handelt sich um perverse Hirngeburten von Klerikern, die aus

einer esoterischen Ganzheitslehre in wenigen Jahrhunderten eine Religion der Bedrohung und Unterdrückung für alle machten, die nicht bereit waren, sich dem Diktat einer sich als alleinseligmachend bezeichneten Kirche zu unterwerfen. Sie alle waren des Satans und durften laut kirchlicher Lehre der Hölle gewiß sein. Das Entsetzliche dabei ist, daß nach dieser kirchlich verkündeten und zum Dogma erhobenen Botschaft jedes Einheitsbewußtsein des Lebens zerstört war.

Der absolute Gegensatz zwischen Gut und Böse, das aber heißt auch zwischen der Kirche und ihren Widersachern, hing wie ein Damoklesschwert über allen Menschen, auch über den sogenannten Heiden. Nur wenn man das ganz klar erkennt, wird der in frühen Schriften so häufig artikulierte Haß der Kirche auf alle Andersgläubigen, aber auch gegen alle Abtrünnigen verständlich. Der Satan spielt in diesem Prozeß eine zentrale, für die Kirche des Mittelalters immer wichtiger werdende Rolle. Er ist die personifizierte Drohgebärde einer Macht, die nichts – nicht einmal den ihr im Glauben verbündeten Kaiser – über sich dulden wollte.

Doch nie ist ein Machtwille für längere Zeit unwidersprochen geblieben. Gegnerschaft artikulierte sich auf verschiedene Weise, oft sogar aus dem Zentrum der Macht selbst oder auch im Sinne ihrer Übersteigerung. Das geschah in der kirchlichen Hierarchie nicht selten. Zunächst freilich waren es nicht die Gegner, sondern die Anhänger der zahllosen religiösen Gruppen, gegen die sich die frühe Kirche mit aller Macht zur Wehr setzte. Wir haben vom Umfang und den Glaubensvorstellungen dieser Gruppierungen, die sich zum großen Teil selbst christlich nannten, trotz intensiver wissenschaftlicher Forschung nur ein sehr begrenztes Wissen. Das hängt mit ihrer kaum vorstellbaren Verbreitung zusammen. Allein für den Bereich der gnostischen Bewegungen zählt Hans Leisegang in seinem Buch *Die Gnosis* sechzig Gemeinschaften auf:

»Nimmt man zu dieser Reihe, die sich noch weiter ausdehnen läßt, die heidnischen, dem Christentum ablehnend oder feindlich gegenüberstehenden Religionsbildungen hinzu, vom philosophischen Neuplatonismus bis zum Winkelmysterium und zur religiösen Magie, so kann man sich wohl vorstellen, daß die Kirchenväter in dem Glauben lebten, Satanas selbst habe alle bösen Geister gegen das werdende Christentum losgelassen, um es im Keime zu vernichten.«

Die meisten Berichte über die Gnosis und ihre Kulte stammen aus christlicher Feder. Erst in jüngerer Zeit sind gnostische Texte zutage gekommen, die das überlieferte einseitige Bild korrigieren. Sie lassen nicht nur die Unterschiedlichkeit, sondern auch die Vielschichtigkeit gnostischer Lehren erkennen. Viele ihrer Glaubens- und Kultformen, die im Übersinnlichen wurzeln, weisen auf vorchristliche, asiatische Ursprünge hin. Hier ist der auf das Avesta zurückgehende iranische Dualismus nur ein Element. Tantrische Einflüsse aus Indien und Zentralasien, die über die Seidenstraßen nach Westen gelangten, sind unübersehbar. Sie waren Modeerscheinungen der Zeit, so wie auch jetzt viele von Tantrismus sprechen, ohne ihn zu verstehen. Das aber heißt: Damals wie heute müssen wir bei der Beurteilung der geistigen und religiösen Strömungen von zwei grundsätzlich zu unterscheidenden Positionen ausgehen. Die eine meint echte Wegsuche und Erkenntnis, die andere Selbstdarstellung und vordergründiges Schaugepränge. Beide waren in allen Sekten und Gruppierungen, vor allem unter ihren führenden Geistern, anzutreffen: bei den Christen wie bei den Gnostikern, bei den Neuplatonikern wie bei den Anhängern der überkommenen antiken Götterlehre oder der alten Mysterienkulte.

Der Bruch zwischen Ehrlichkeit und Täuschung ging durch alle Schichten und Bekenntnisse. Viele zeitgenössische Mythen und Kultberichte lassen diesen Bruch deutlich erkennen. Dabei wird auch klar, daß westliche Berichterstatter und Kritiker oft die Ursprünge und Hintergründe der Kulthandlungen, von denen sie, meist mit Abscheu, berichten, gar nicht gekannt haben. Das gilt zum Beispiel für viele Berichte über die Anhänger der Barbelo – einer gnostischen Urgöttin –, von der es heißt, sie throne im achten Himmel. Sie gilt als die Mutter des im siebten Himmel herrschenden Gottes Jaldabaoth oder Sabaoth, der nach gnostischen Quellen von sich sagt: »Ich bin der Herr und sonst keiner mehr. Kein Gott ist außer mir.«

Für diesen Mythos gibt es zwei naheliegende Quellen: die Vorstellung vieler Götterhimmel, wie sie uns im Osten bis in den Buddhismus begegnet. Buddha Shakyamuni kommt nach der Legende der Jatakam als Bodhisattva zu seiner letzten Wiedergeburt aus einem solchen Himmel, in den auch seine bald nach der Geburt verstorbene Mutter Maya eingeht. Der strenge Monotheismus, der aus Jaldabaoths Worten spricht, läßt an den Gott des Alten Testaments denken. Hier drückt sich religiöser Selektismus aus, der auch das gnostische Kultgeschehen beherrscht.

Ein wichtiges Zeugnis über den Kult der Barbelo-Gnostiker verdanken wir Hans Leisegang, der in seiner *Gnosis* die Übersetzung des Berichts eines 315 als junger Mann nach Ägypten gekommenen Griechen – Epiphanios – wiedergibt, der das Leben christlicher Mönche kennenlernen wollte. Epiphanios, der zunächst wohl selbst Barbelo-Anhänger wurde, die Sekte aber später bei den Kirchenoberen denunzierte, berichtet:

»Sie haben ihre Frauen gemeinsam, und wenn einer dazu kommt, dem ihre Lehre fremd ist, so haben die Männer gegenüber den Frauen und die Frauen bei den Männern ein Erkennungszeichen in der Art, wie sie die Hand zum Gruße geben, indem sie unter der Handfläche eine Art kitzelnder Berührung verursachen, wodurch sie herausbekommen, ob der Ankömmling zu ihrem Dienste gehört. Nachdem sie nun einander erkannt haben, gehen sie darauf sofort zur Mahlzeit. Üppige Speisen tragen sie auf, essen Fleisch und trinken Wein, auch wenn sie arm sind. Wenn sie so miteinander getafelt und sozusagen die Adern mit ihrem Überschuß an Kraft angefüllt haben, gehen sie zur Anreizung über. Und der Mann verläßt den Platz an der Seite seiner Frau und spricht zu seinem eigenen Weibe: Stehe auf und vollziehe die Agape mit dem Bruder. Die Unseligen aber vereinen sich miteinander, und wie ich mich in Wahrheit schäme, ihre schimpflichen Handlungen zu erzählen, weil, um mit den Worten des heiligen Apostels zu sprechen, das, was bei ihnen geschieht, ›auch zu sagen schändlich‹ ist, so werde ich mich dennoch nicht scheuen, das zu sagen, was sie zu tun sich nicht scheuen, damit ich in jeder Hinsicht bei den Lesern der von ihnen verübten Unzüchtigkeiten einen Schauder errege. Nachdem sie sich nämlich vereint haben, erheben sie, nicht genug an dem Laster der Hurerei, noch ihre eigene Schande gen Himmel: Weib und Mann nehmen das, was aus dem Manne geflossen ist, in ihre eigenen Hände, treten hin, richten sich nach dem Himmel zu auf mit dem Schmutz an den Händen und beten als sogenannte Stratiotiker und Gnostiker, indem sie dem Vater, der Allnatur, das, was sie an den Händen haben, selbst darbringen mit den Worten: ›Wir bringen dir diese Gabe dar, den Leib des Christus.‹ Und dann essen sie es, kommunizieren ihre eigene Schande und sagen: ›Das ist der Leib des Christus, und das ist das Passah, um dessentwillen unsere Leiber leiden und gezwungen werden, das Leiden des Christus zu bekennen.‹ So machen sie es auch mit dem Abgang des Weibes, wenn es in den Zustand des Blutflusses gerät. Das von ihrer Unreinheit gesammelte Menstrualblut nehmen sie ebenso und essen es gemeinsam. Und sie sagen: ›Das ist das Blut Christi.‹ Und wenn sie daher in der Apokalypse lesen: ›Ich sah einen Baum, der trug zwölfmal Früchte im Jahr, und er sprach zu mir: Das ist der Baum des Lebens‹, so deuten sie das allegorisch auf den in jedem Monat eintretenden weiblichen Blutgang. Wenn sie sich aber auch miteinander vermischen, so lehren sie doch, daß man keine Kinder zeugen dürfe. Denn nicht zur Kinderzeugung wird bei ihnen die Schändung betrieben, sondern um der Lust willen, da der Teufel mit ihnen sein Spiel treibt und das von Gott geschaffene Gebilde verhöhnt. Sie treiben aber die Wollust bis zur Vollendung, nehmen den Samen ihrer Unreinheit für sich und lassen ihn nicht zur Kindererzeugung tiefer eindringen, sondern essen die Frucht ihrer Schande selbst. Wenn aber einer von ihnen dabei ertappt wird, daß er den natürlichen Samenerguß tiefer einströmen ließ und das Weib schwanger wurde, so höre, was sie noch Schlimmeres unternehmen: Sie reißen nämlich den Embryo heraus zu dem Zeitpunkt, wo sie ihn mit den Händen fassen können, nehmen diese Fehlgeburt und zerstoßen sie in einer Art Mörser mit der Mörserkeule, und hierin mengen sie Honig und Pfeffer und andere bestimmte Gewürze und wohlriechende Öle, damit es sie nicht ekelt, und dann versammeln sie sich alle, diese Genossenschaft von Schweinen und Hunden, und jeder kommuniziert mit dem Finger von dem zerstampften Kinde. Und nachdem sie diesen Menschenfraß vollbracht haben, beten sie schließlich zu Gott: ›Wir ließen nicht Spiel mit uns treiben vom Archon der Lust, sondern sammelten die Verfehlung des Bruders.‹ Auch das halten sie nämlich für das vollkommene Passah. Noch vielerlei anderes Abscheuliche wird von ihnen unternommen. Wenn sie nämlich wieder einmal unter sich in Ekstase geraten sind, besudeln sie ihre Hände mit der Schande ihres Samenergusses, strecken sie aus und beten mit den befleckten Händen und nackt am ganzen Körper, um durch diese Handlung eine freie Aussprache mit Gott finden zu können. Ihre Leiber aber pflegen sie bei Nacht und bei Tage, Weiber und Männer, mit Salben, Baden und Speisen und widmen sich dem Schlaf und Trunk. Wer aber fastet, den verwünschen sie und sagen: Man darf nicht fasten; denn das Fasten ist ein Werk dieses Archons, der den Äon geschaffen hat. Man muß sich vielmehr nähren, damit die Körper kräftig sind, auf daß sie Frucht bringen können zu ihrer Zeit.«

Der Gedanke an einen Vergleich mit den geschilderten tantrischen Sexualkulten drängt sich auf. Ob es für die Barbelo-Anhänger eine direkte Beeinflussung von Indien her gegeben hat, ist ungewiß, jedenfalls nicht belegt. Wohl aber ist an die Möglichkeit einer Verbreitung dieser Kulte, wir finden sie auch bei anderen Geheimbünden und gnostischen Sekten, über die Seidenstraße zu denken.

Doch geht es hier nicht um Einflüsse und Zusammenhänge als vielmehr um die Beurteilung. So, wie die britischen Kolonialherren im neunzehnten Jahrhundert in Indien die Tantras und ihre Kulte schmähten und verurteilten, so taten es die Christen mit gnostischen Kulten in der Anfangszeit ihrer Machtergreifung. Sie schmähten, verurteilten und verleumdeten alles, was nicht in ihre enge, von greulichen Sündenvorstellungen belastete Glaubenswelt paßte, über die Celsus in seiner Schrift *Gegen die Christen* wohl die Wahrheit geschrieben hat. Christlicher Hochmut wurde gepaart mit der Intoleranz der Kirche zu einem zweitausendjährigen Fluch gegen alle, die sich nicht unterwerfen wollten oder aus

Gewissensgründen kein Credo sprechen konnten. Sie alle ver-
fielen der Ächtung, der Verurteilung und damit der Hölle Satans,
des Antichristen.

Wann diese christliche Hybris einsetzte und wie sie sich aus-
breitete, wissen wir nicht. Denn die Kirchengeschichte ist von
Anfang an geschönt und zum Teil verfälscht. So fällt es äußerst
schwer, einen Einzelfall, wie den der Barbelo-Gnostiker, die sich
selbst Christen nannten, sachlich und gerecht zu beurteilen. Die
Römer haben zur Zeit der Christenverfolgung immer wieder den
Vorwurf erhoben, die Christen schlachteten für ihre Kultmahle
kleine Kinder. Auch die Übertragung der Abendmahlsidee auf den
konkreten Alltag – die Heiligung und der Genuß von Sperma und
Menstruationsblut als Leib und Blut des Herrn – scheinen ver-
breiteter gewesen zu sein, als der überlieferte Einzelfall vermuten
läßt. Die Vorstellung, es habe ein reines, von solchen Verirrungen
freies Christentum und ein satanisches der Häretiker gegeben, ist
jedenfalls für die christliche Frühzeit nicht haltbar. Es gibt hier
kein ethisches Maß in unserem Sinne. Und eine Ausschließung all
dessen, was nach heutigen Maßstäben als pervers oder gar krimi-
nell gilt, aus der aufkeimenden Christenwelt und ihren zunächst
geheimen Kulten ist unzulässig, zumal unser Wissen über das
religiöse Leben jener Zeit äußerst begrenzt und keineswegs kon-
kret ist.

Auf alle Fälle waren die frühen Kleriker mit der Verbreitung
ihrer Sündenvorstellungen und Verteufelungen an der Ausbreitung obskurer Kulterscheinungen nicht unschuldig. Denn was sich
zu jener Zeit im kultischen Bereich ereignete und – meist geheim –
praktiziert wurde, muß zu einem großen Teil aus zeitgenössi-
schem religiösen Brauchtum verstanden werden. Dem Einzelnen
ein moralisches Bewußtsein von den praktizierten Kulthandlungen zuzutrauen, hieße ihn überfordern. Und eine oberste Autorität in diesen Fragen gab es lange nicht. Nachdem sie sich schließlich etabliert hatte, ging sie mit aller Strenge und ohne jedes
Verständnis gegen Praktiken vor, die das frühe Christentum durch
die Vermengung von Symbolik und Realität selbst mit zu verantworten hatte. So wurden Menschen nach dem Dogma schuldig,

die, in das Zeitgeschehen verstrickt, den Wandel von Lehre und Kult nicht begriffen und deshalb auch nicht nachvollziehen konnten. Sie wurden unwissend schuldig nach dem Gesetz, das eine geistliche Obrigkeit nun mit aller Strenge vertrat.

Was daraus später folgte, ist im grauenvollen Kapitel Inquisition der Kirchengeschichte ausführlich nachzulesen und muß selbst bekennende Christen noch heute erschrecken. Trotzdem wird von der Kirche für das Volk der Satan – der Böse – noch immer als bedrohend und verführend an die Wand gemalt für alle, die sich nicht bekennen. Hier aber liegt der Grund für jene Verirrungen und Verwirrungen, die im Laufe der Geschichte Christen heimgesucht haben und zu Kultformen führten, die als Satanskult und schwarze Messe noch heute schaudernd dargestellt oder auch praktiziert werden. Sie sind Ergebnisse der Verteufelung all dessen, was die Kirche verurteilt, doch in der Beichte als Geständnis von Gläubigen erzwingt. Sie lassen Abgründe im Menschen erkennen, wenn man die moralische Elle der Kirche anlegt und die Einheit von Geist und Leib auseinanderreißt. Das Ergebnis: der sündige Leib und die Forderung, Askese zu üben, um den Fängen Satans zu entkommen. Welch ein Konstrukt unnatürlicher, menschenfeindlicher Zusammenhänge, die uns da als Glaubensartikel verkauft werden. Daß sie heute kaum noch ernst genommen werden, ändert nichts an der Tatsache ihres Bestehens und ihrer Gültigkeit als Kirchengesetz.

Sprechen wir hier von denen, die Opfer wurden, ohne begreifen zu können, welche Macht sie aus der Bahn geworfen und dann verdammt hat. Nur die wenigsten von denen verschrieben sich einem Satanskult oder feierten schwarze Messen, doch viele wurden solcher Praktiken verdächtigt. Im übrigen aber müssen wir bei dem oben beschriebenen Barbelo-Kult wie auch bei den meisten späteren sexuell geprägten Kulten davon ausgehen, daß die von christlicher Seite unterstellte Unzucht und Obszönität dieser Kultmahle zumindest fragwürdig ist. Wir dürfen bei der Beurteilung jedenfalls nicht christlich-abendländische Moralmaßstäbe anlegen. Man kann Satanskult und schwarze Messe nicht aus christlicher Sicht gerecht beurteilen. Denn man muß sich vor Augen führen,

daß beide aus christlichen Praktiken hervorgegangen sind und
ihre Entstehung einer von der Kirche provozierten Antihaltung
entstammt. Dabei ist auch zu bedenken, daß der Satan aus kirchlicher Sicht Realität ist und als eine jeden Gläubigen bedrohende
Gefahr gesehen wird. Die Hingabe an seine Macht und die Feier
seiner diabolischen, sinnlich-körperlich erfahrbaren Andersartig-
keit können gewiß nicht als Todsünden gesehen und, wie es noch
Jahrhunderte später in der Hexenverfolgung geschah, mit Folter
und Verbrennung bestraft werden.

Aus tantrischer Sicht liegt hier eine doppelte Schuld der Kirche
vor: als Erzeugerin der Vorstellung von Satan und seiner Macht
und als Verfolgerin derer, die dieser suggerierten Macht unter-
lagen oder auch nur – wie in den meisten Fällen – des Umgangs
mit dieser vorgeblichen Macht verdächtigt und angeklagt wurden.

Hier wird der ganze Fluch der abendländischen Spaltung, des
christlichen Dualismus von Diesseits und Jenseits, noch einmal offenbar. Von diesem Dualismus hat sich bis in die Gegenwart in der
katholischen Beichte ein Menschen bedrängendes Stück erhalten,
das als erzwungene Indiskretion zu den erschreckenden Folgen
von Falschheit und Verlogenheit geführt hat, die den kirchlichen
Alltag weltweit immer noch überschatten.

Vergleicht man allein das, was die Kirche aus dem von ihr selbst
suggerierten Satanskult und den oft in ihren eigenen Mauern ge-
feierten schwarzen Messen zur Verteufelung ihrer wirklichen und
angeblichen Anhänger beigetragen hat, mit der Wirklichkeit, so
wird diese Falschheit und Verlogenheit auch hier und bis heute
deutlich. Sie drückt sich rein äußerlich in der mangelnden Erforschung der Phänomene wie in ihrer einseitigen, meist primitiv
kritischen Darstellung aus.

Zeugnisse aus der Zeit des frühen Christentums fehlen fast
ganz. Da die meisten späteren Berichte über den Satanskult In-
quisitionsakten entstammen, müssen wir von durch Folter erpreß-
ten Geständnissen ausgehen. In all diesen Berichten erscheint der
Satan als Widersacher Christi, und die Christenpflicht zum Gutes-
tun wandelt sich unter seiner Macht in den teuflischen Auftrag,
nichts Böses zu unterlassen. Gruppensex, Kindesopfer und Tier-

dämonen spielen in den Berichten eine sich stereotyp wiederholende, auf Folterfolgen hinweisende Rolle. So hören wir von Initianten, ihnen sei der Satan bei ihrer Einweihung in Gestalt eines Frosches oder auch einer Kröte erschienen, die sie zu küssen gezwungen wurden.

Es ist schwer, in all diesen Berichten Realität, Phantasie und meist erzwungenes Bekenntnis auseinanderzuhalten. Auch die geistigen Wurzeln realer Vorgänge, die in diesem Zusammenhang zweifellos vollzogen wurden, sind kaum zu erfassen. Dabei ist die Frage, welche Bedeutung man den einzelnen Handlungen beigemessen hat, entscheidend. Sicher spielte die pure Lust eine genauso geringe Rolle wie die von der Kirche unterstellte Verworfenheit. Wohl aber war die von den Klerikern verkündete Spaltung der Welt in ein Diesseits und Jenseits sowie der Menschen in Gute und Böse eine Ursache für die Zerstörung des in jedem Menschen angelegten Ganzheitsgefühls, das nun angeblich nur noch in Kirchengehorsam und Askese zu verwirklichen war. Versuche, mit diesem Konflikt fertig zu werden, waren unumgänglich, der Wille, sich mit Satan, dem Widersacher, auseinanderzusetzen oder sich ihm auch kultisch hinzugeben, verständlich. Dabei mögen verschiedene Denkansätze miteinander in Widerstreit gestanden haben, die zum Teil tantrische Wurzeln hatten. Hier begegnen wir dem aus östlichen Vorstellungen stammenden Gedanken, das Böse sei am besten durch das Böse selbst zu überwinden, ein Ausleben der Triebe besser als Askese. Auch die Überzeugung, der Reine, der im Geist Gründende könne durch Umgang mit Irdischem nicht unrein werden, mag hier ihren Ursprung haben. Im körperlichen Einssein, in der geschlechtlichen Vereinigung, könne er seine Erkenntnis, seine spirituelle Erfahrung auch auf den anderen übertragen. Das Ergebnis seien Heiligung und Erleuchtung.

Diese tantrischen Vorstellungen spielten gewiß in Sekten und Kulten des Vorderen Orients bis nach Alexandria und Rom eine wesentliche Rolle. Doch stießen sie in vielen Gruppen, vor allem aber bei den Christen auf entschiedenen Widerstand. Der zwischen Himmel und Erde aufgerissene Welthorizont, der sich vor

allem in der Apokalypse des Johannes zeigte, ließ den uralten
Gedanken an Einheit, an Ganzheit, an Ausgleich der Gegensätze
nicht mehr zu. Dualismus war nicht nur in der Kirche, sondern im
ganzen Leben ein bestimmender, zugleich aber bedrohlicher, ja
zerstörerischer Faktor. Er führte im Alltag zu kaum noch zu be-
wältigenden Denk- und Handlungsdefiziten, die sich vor allem in
den vielfältigen Konfliktsituationen der Großstädte mit ihrer gesellschaftlichen Hybris auf der einen und ihrer Sozialnot auf der
anderen Seite niederschlugen. Die Folge waren Unzufriedenheit
trotz Reichtum, Neid, Haß, Habsucht – weniger bei den Armen als
vielmehr bei den Reichen, die, wie wir lesen, nie genug bekommen konnten. Die Armen dagegen schieden sich in Abgestumpfte,
Gewalttätige, Revolutionäre und Nachdenkliche, die den Lebenssinn nicht im Wohlstand, sondern im Erkennen suchten – einen
Weg, den freilich nur wenige im Christentum fanden, dessen
Lehre von den unüberwindbaren Gegensätzen nicht hilfreich
schien.

Der christliche Dualismus, der mit all diesen Problemen und
ihrer Unlösbarkeit von Anfang an konfrontiert war, ist trotz der
Abwendung vieler von den Kirchen lebensbestimmender Wirk-
lichkeitshintergrund bis in unsere Zeit. Auch wenn heute kaum
noch jemand an Himmel und Hölle glaubt, beherrschen die beiden Extreme doch die meisten Menschen – ihre Wunschvorstellungen wie ihre Ängste – mehr, als wir glauben. Denn was sich
hier vollzieht, spielt sich vor allem im Unterbewußten ab, be-
drängt und bestimmt aber die Stimmungslage genauso wie die
Wunschvorstellungen. Daraus entsteht auch die aus dem Dualismus kommende Zerrissenheit des heutigen Menschen, der zwischen Geist und Welt, zwischen Sinn und Samsara nicht mehr zu
unterscheiden und so auch nicht zu entscheiden vermag. Das Bewußtsein selbst ist bei vielen gestört, ja zerrissen. Ihr Leben spielt
sich an der Oberfläche ab, ist selbst nur noch Oberfläche.

Diesem Phänomen begegneten wir auch am Schluß des Kult-
berichts über die Barbelo-Gnostiker. Nach der reinen Kulterzäh-
lung wird vom alltäglichen Leben der Kultteilnehmer gesprochen:
von ihrer intensiven Körperpflege, ihrer Lust an Speis und Trank.

Askese wird geschmäht. Das führt zu einer klaren Trennung von Kultgeschehen und Lebensführung, nicht anders, als wir sie heute bei den meisten Christen finden, für die Kirchgang das eine und weltliches Wohlleben das andere ist. Hier zeigt sich der Dualismus über zweitausend Jahre an einem sinnfälligen Beispiel.

DIE KOSMISCHE INTEGRATION

Wirklichkeit und Symbol, Leben und Kult, fallen, wie wir gesehen haben, im Christentum und seinen frühen Begleiterscheinungen – wie etwa in der Gnosis – genauso auseinander wie die Lebensganzheit selbst. Das führte zur Spaltung der westlichen Welt und damit zur zunehmenden Schizophrenie ihrer geistigen Struktur, die seit der Aufklärung aus drei unvereinbaren Teilen besteht: Philosophie, Kunst und Wissenschaft. Die Ethik – einst ein Gebiet der Philosophie – wird von der Kirche mitverwaltet. Sie spielt im Bewußtsein der meisten Menschen eine ebenso geringe, ja bedeutungslose Rolle wie die Kirche selbst.

Aus dem Kosmos geistigen Seins, der von Platon über Plotin und die Mystiker bis zu Giordano Bruno eine tragende und zugleich bewahrende Einheit darstellte, sind Philosophie und Kunst herausgefallen. Sie existieren praktisch nicht mehr als schöpferische Potenzen, sondern sind Anhängsel einer sich omnipotent fühlenden Wissenschaft, die ihrerseits zum großen Teil Dienstmagd der expandierenden Wirtschaft geworden ist. Wir haben es mit disparaten, auf längere Zeit wohl kaum überlebensfähigen Verhältnissen zu tun, denen heute nur mit einer einzigen ernstzunehmenden Geisteskraft von rettender Substanz zu begegnen ist: der Lehre Buddhas und der aus ihr hervorgegangenen und sie übergreifenden Lebenskraft des tantrischen Bewußtseins.

Das war nicht immer so. Es gab Verbindendes über Grenzen und Denkformen hinweg, was sich bis in die Welt der Symbole hinein niedergeschlagen hat. Zu ihnen zählt vor allem der heilige Kreis, dem wir bereits in unserem Mandala-Kapitel begegnet sind. Dieses Kreissymbol, das im Kult schon früh eine bedeutende Rolle spielt, hat nicht nur spirituelle, sondern auch bildhafte Wurzeln. Einige ihrer Darstellungen begegnen uns in Leisegangs *Gnosis*. Es sind die dort durch Abbildungen vermittelten heiligen Kreisformen, die sich in seltsamer Konkordanz von den buddhistischen Mandalas bis zu den mystischen Sakralsymbolen der Hildegard von Bingen und der Mappamondo im Campo Santo von Pisa erstrecken.

Dem spirituellen tantrischen Kosmos des Ostens entsprechen die Vorstellungen und Symbole der christlichen Esoterik, die sich trotz aller kirchlichen Verfolgung ihrer Anhänger – ob wir an Origenes oder Jahrhunderte später an Meister Eckehart denken – als Gegenpole von Dogmatik und Scholastik bis heute behauptet haben. Es ist kaum vorstellbar, daß eine solche Entwicklung und dynamische Entfaltung ohne das weltweite Netzwerk unterschiedlichster und doch oder gerade deshalb stark aufeinander einwirkender Geistes- und Glaubenskräfte möglich gewesen wäre. Betrachtet man die zahlreichen Ergebnisse religionsgeschichtlicher Forschung von Europa, Indien, Mittel- und Zentralasien bis nach China, dann wird klar, daß viele Verbindungen bestehen, ohne daß sie gesehen und beim Namen genannt werden. Auch die so notwendige Unterscheidung zwischen Volksglauben und symbolträchtiger Esoterik, besonders in den Religionen Mittelasiens – dem Mandäismus, Manichäismus und Mithraskult –, ist nur selten klar getroffen worden. Verbindungen zwischen den unterschiedlichen Erlösungsvorstellungen und ihrer Verwurzelung in den Texten der iranisch-mandäischen wie der tibetischen Totenbücher blieben unerkannt. Das ist bei der Differenziertheit und oft kaum durchschaubaren Textgestalt verständlich, sollte aber doch zumindest erkannt und in Zukunft kritisch angegangen werden, so schwer das einzelnen Fachwissenschaftlern auch fallen mag.

Der einzige, der die Zusammenhänge geahnt hat und in seiner enzyklopädischen *Geschichte der religiösen Ideen* auch aufscheinen läßt, ist Mircea Eliade. Nach seiner Darstellung kulminiert die Gnosis, dieses schillernde, vielgestaltige Phänomen religiöser Selbstverwirklichung, im Manichäismus. In ihm treffen sich indische, buddhistische, iranische und christliche Elemente zu einer Wirkungsmacht, die über die Seidenstraße bis nach Zentralasien und China ausstrahlte, aber, wie wir sehen werden, selbst in Europa noch späte, wenn auch wohl irritierte Anhänger gefunden hat.

Im Manichäismus, dieser von einem persischen Prinzen geschaffenen Synthese aus zum Teil sehr unterschiedlichen Elementen verschiedener Religionen und Mysterienkulte, sind höchste
Esoterik und gröbste Leiblichkeit – so in der Lehre vom Urmen-
schen – vielfältig miteinander verflochten.

Was in den tantrischen Kulten als große Einheit, als kosmische
Ganzheit begriffen und praktiziert wird, erscheint hier als Span-
nungsgefüge eines äußersten, kaum noch zu überbietenden Dualismus, in dem sich Gut und Böse nicht nur als unversöhnliche,
sondern als einander ausschließende Seinselemente gegenüberstehen. Die Gefahren eines solchen Dualismus, der den Leib durch
Askese und den Geist durch Sündenverflechtung zerstört, erkannten die Magier der Sassaniden und ließen den 216 im babylonischen Seleukeia-Ktesiphon geborenen Prinzen Mani ins Gefängnis
werfen. Damit war Manis bestimmender Einfluß in seiner Heimat
gebrochen. Um so stärker wirkte er nach seinem Tod durch ganz
Asien bis nach China und über den Vorderen Orient bis nach
Europa.

Im uigurischen Reich Zentralasiens, einem der wenig bekannten Großreiche des frühen Mittelalters, wurde der Manichäismus
763 Staatsreligion und blieb es bis zur Zerstörung des Reiches
durch die Kirgisen im Jahre 840. In dieser Zeit kam es in den
Karawanenstädten der Seidenstraße zwischen der chinesischen
Grenzstadt Dun Huang und den Großbasaren Mittelasiens zu jenen bisher nur wenig erforschten Begegnungen von Juden, Buddhisten, Tantrikern, Manichäern und nestorianischen Christen,
die wahrscheinlich zu intensiven Auseinandersetzungen zwischen den verschiedenen Bekenntnissen und ihren an den Begeg-
nungsstätten zweifellos praktizierten Kulten geführt haben.

Strenger jüdischer Monotheismus, frühbuddhistische Leibfeind-
lichkeit, christliche Prüderie, tantrischer und manichäischer Spiri-
tualismus in ihrer Gegensätzlichkeit und die den mittelasiatischen
Geheimkulten eigene Diskretion führten wohl zu jener Verschwie-
genheit im kultischen Geschehen, die in späteren Darstellungen
ihre Entsprechung fand und von der Wissenschaft realitätsabge-
wandt aufgenommen wurde. Das führte zu jenen sterilen Interpre-

tationen damaligen Lebens, die seiner Wirklichkeit im kultischen Gesamtgeschehen, wenn überhaupt, nur wenig Raum ließen.

Auch hier sind es allein die Zeugnisse der Gegner, die etwas von der weltweiten Ausdehnung bestimmter Kulte ahnen lassen, wenn auch verständlicherweise in völlig entstellter Form. Um einem solchen sehr späten Zeugnis zu begegnen, müssen wir nach Frankreich gehen, wo von einer letzten praktizierenden Gruppe sogenannter Neu-Manichäer in den Akten der Synode von Orléans aus dem Jahre 1022 berichtet wird. Dort lesen wir über Bekenner des Manichäismus, die 1019 von Südfrankreich aus nach Orléans gekommen waren und deren Zusammenkünfte wahrscheinlich von eingeschleusten Spitzeln observiert wurden:

»Sie versammelten sich nämlich in gewissen Nächten in dem genannten Haus, wobei alle Laternen in den Händen hielten, ebenso wie sie die Anrufungen der Dämonenlitanei hersagten, bis sie plötzlich einen Dämon in Gestalt irgendeines Tieres unter sich herabsteigen sahen. Sogleich riß jeder – nachdem, damit ihnen jene Vision glaubhaft erschien, alle Lichter gelöscht waren – eine Frau, die ihm unter die Hände kam, zum Mißbrauch an sich; ohne Rücksicht auf Sünde, und ob Mutter oder Schwester oder Nonne besessen wurde, die Begattung wurde von ihnen als etwas für sie Heiliges und Religiöses geschätzt; wenn in dieser schmutzigen Begattung ein Kind gezeugt worden war, wurde es am achten Tag in ihrer zahlreich versammelten Mitte bei angezündetem Feuer geprüft, durch das Feuer nach Sitte der alten Heiden, und so im Feuer verbrannt. Seine Asche wurde mit so großer Verehrung gesammelt und aufbewahrt, wie die christliche Frömmigkeit den Leib Christi aufzubewahren pflegt, um ihn den Kranken, die aus dieser Welt gehen, zur Wegzehrung zu geben. Es wohnte nämlich eine solche Kraft teuflischen Betruges dieser Asche inne, daß jeder, der von der besagten Häresie angesteckt war, und dem von dieser Asche, wenn er auch noch so wenig genommen hatte, vorgesetzt worden war, kaum jemals später den Schritt des Geistes von dieser Häresie weg zum Weg der Wahrheit zu lenken vermochte ...«

Wir müssen nach zwei Seiten hin den möglichen Wahrheitsgehalt des Berichts prüfen. Wer waren die Berichterstatter? Waren es Augen- oder Ohrenzeugen? Hörten sie vielleicht nur von dem geheimnisvollen Kultgeschehen? Oder waren es gekaufte Zeugen, denen die Priester suggerierten, was sie auszusagen hätten? Ferner spielt die Frage nach Realität und übertragener Symbolik der Ereignisse eine entscheidende Rolle.

Wenn man davon ausgeht, daß das Kultgeschehen ganz oder doch zum Teil so, wie berichtet, abgelaufen ist, muß man, um es richtig zu beurteilen, seine religiöse Bedeutung untersuchen, der man weder mit christlichen noch mit modernen moralischen oder juristischen Maßstäben gerecht werden kann. Den Versuch einer Deutung hat Gerhard Zacharias in *Zeugnisse für den Satanskult* unternommen. Da heißt es:

»Die Orgie kann als unmittelbares Ergriffensein von einer überpersönlich-göttlichen, sich im Sexus manifestierenden Gewalt erlebt werden, als Rückkehr in einen paradiesischen Zustand beziehungsweise als Vorwegnahme eines zukünftigen solchen Zustandes, aber auch als reinigende Befreiung von allem Irdisch-Persönlichen und Sinnlichen, als Ausbruch aus der Gefangenschaft durch das Triebhafte. In diesem letzteren Sinne muß wohl – entsprechend dem dualistischen Weltbild der Teilnehmer – der vorliegende Ritus aufgefaßt werden. Man zielt also auf eine Katharsis und eine ›Waschung‹ des Geistes ab, auf eine Neuspaltung aller Schichtungen des empirischen Bewußtseins durch das Mittel der Sexualität. Somit wird der ›Reine‹ noch reiner durch die Orgie, und das Sexuelle ist das Medium seiner Heiligung. Das Sinnliche schlägt um in das Geistige. Mit anderen Worten: Die Orgie wird hier zu einem Ritus der ekstatischen Befreiung und der Wiedergeburt. Indem sich dieser Ritus im Zeichen eines in Tiergestalt (als Triebsymbol) erscheinenden Dämons vollzieht, erhält er satanistischen Charakter. Im Unterschied zum spätmittelalterlichen Hexensabbat liegt jedoch – gemäß dem Ausgeführten – nur ein ›temporärer‹, vorläufiger Satanismus vor. Die durch den Dämon repräsentierte satanische Sexualität dient den Versammelten gewissermaßen nur als ›Absprung‹ zur Reinheit und Vollkommenheit.

Die Verhinderung und Beseitigung von Nachkommenschaft muß analog zu der Sitte der Gnostiker aufgefaßt werden: Das Reich des Fürsten dieser Welt darf nicht vergrößert werden. Von Wichtigkeit ist die Asche des getöteten Kindes. Nach weitverbreitetem Glauben enthält die Asche die Substanz des Lebewesens; sie hat – in Anknüpfung an ihre medizinische Wirksamkeit – magische Kraft und wird oft als Zaubermittel angewendet. Hier ist sie wohl vor allem deshalb manahaltig, weil das durch das Feuer ›geprüfte‹ Kind einen prototypischen Weg der Erlösung aus dem Kerker des Irdischen gegangen ist, also zu einem ›Heiligen‹ geworden ist. Der Genuß der Aschen-Reliquie ist darum ein mystischer Akt, der die Essenden aufs engste an die Kultgemeinschaft bindet.«

Das ist ein hervorragender Interpretationsansatz, der Einblick in die Fülle möglicher Kultvorstellungen und unterschiedlichen Kultverhaltens gibt. Er zeigt, wie weit die christliche Kirche von einem globalen Verständnis anderer religiöser Glaubensformen und fremder kultischer Vorgänge entfernt war. Dazu hätte es der Toleranz und eines klaren, undogmatischen Denkens und Urteilens bedurft. Doch die waren weder im Vatikan noch in den Studierstuben der meisten Priester zu finden.

Die Gruppe jedenfalls, von der hier aus christlicher Zeugen- oder wahrscheinlicher Denunziantensicht auf der Synode von Orléans berichtet wird, war die erste, deren Anhänger als Ketzer zum Tod auf dem Scheiterhaufen verurteilt wurden. Am 28. Dezember 1022 fanden sie den gemeinsamen Feuertod.

Die Ähnlichkeit des Kultgeschehens von Orléans mit den von Epiphanios beschriebenen Sexualriten der Barbelo-Gemeinde, die achthundert Jahre früher in einem ganz anderen Kulturkreis stattgefunden haben, ist verblüffend, doch, folgt man unseren tantrischen Spuren, nicht so sehr überraschend. Eines aber ist bemerkenswert: Im vierten Jahrhundert endete in Ägypten der Sexualkult der Barbelo-Gnostiker mit ihrem Ausschluß aus der christlichen Kirche. Achthundert christlich-abendländische Jahre später wurden die Kultanhänger als Ketzer verbrannt. Und bis heute erhebt sich in der katholischen Kirche keine vernehmbare Stimme des Verstehens oder gar der Verteidigung. Nirgendwo sonst in der Welt sind Kulthandlungen als todeswürdige Verbrechen angesehen und bestraft worden. Das gilt vor allem für den indo-asiatischen Kulturraum mit seinem Synkretismus und seiner Toleranz. Bei den Sexualkulten ist zudem noch eine andere Frage zu stellen: Wie integrieren sie sich in das Gesamtbild einer Religion? Gehören sie als Sakralhandlungen in das religiöse Gesamtgefüge eines Glaubens?

Beim Tantrismus ist diese Frage, wie wir gesehen haben, aus dem kosmischen Begreifen der Lehre eindeutig zu bejahen. Sie gehört zur Allverwobenheit eines nichtdualistischen Weltbildes, dessen Offenheit und Grenzenlosigkeit sich hier ausdrückt.

Hinauf in die spekulativen Höhen der Esoterik führt der tantrische Weg genauso wie hinab in die Niederungen des Fleisches, wobei freilich die Momente der großen Lust wieder mit hinaufgenommen werden ins Geistige, so daß ein Erleben und Erfahren des All-Einen geschieht, das Erleuchtung bringen kann. Dabei geht es um die spirituelle Bewältigung dieser Aufstiege und Abstiege. Denn aus ihrer Integration ergibt sich die kosmische Erfahrungseinheit: das Erleben der Ganzheit aus Geist, Leib und ihrer den Menschen tragenden Bewußtheit.

Aus diesem Erleben einer kosmischen Integration wollen wir einige Aspekte des jüngeren Tantrismus und seiner Erfahrenswelten als Möglichkeiten der Daseinsbewältigung in unserer Zeit zu begreifen und zu erfassen versuchen. Wir berufen uns dabei auf die zu Anfang dieses Kapitels beschworene Geisteskraft der Lehre Buddhas und ihr Fortwirken im tantrischen Bewußtsein.

DAS GEHEIME MANTRA
DES TSONGKHAPA

Die für Tibet so tragische Erfüllung der Prophezeiung Padmasambhavas hat im letzten Drittel des zwanzigsten Jahrhunderts eine
Situation entstehen lassen, die unversehens zur Verbreitung tantrischen Gedankenguts, aber auch tantrischer Praktiken über weite
Teile der Erde führte und noch immer führt. Der Grund dafür ist
die weltweite Verstreuung ins Exil gegangener tibetischer Lamas
und Rinpoches, die als hervorragende Lehrer für die Verbreitung
und Vertiefung des von ihnen vertretenen Vajrayana-Buddhismus
sorgen. Dadurch erstreckt sich heute das tantrische Netz über die
ganze Erde und erreicht durch seine Verkünder viele Menschen.

An der Spitze dieser Tantra-Verbreiter steht der XIV. Dalai Lama.
Mit seiner Einführung zum *Geheimen Mantra des Tsongkhapa* hat
er in den siebziger Jahren einen der wichtigsten neueren Texte
zum tibetischen Tantrismus geschrieben, der auch in einer mu-
stergültigen deutschen Übersetzung vorliegt.

Tsongkhapa, der Begründer der sogenannten Gelbmützen-
sekte Tibets, der Gelugpa, hat im vierzehnten Jahrhundert die
vom sittlichen Verfall bedrohten tibetischen Altsekten – die Rotmützen – durch eine strenge Mönchsordnung reformiert. Bei den
Rotmützen bestand, wie im gesamten Tantrismus, weder ein
Heiratsverbot noch eine strenge Mönchsordnung. Das hatte zu
vielerlei das Klosterleben gefährdenden Ausschreitungen geführt.
Tsongkhapa erließ deshalb für die Mönche, die bis dahin hatten
heiraten dürfen, ein Eheverbot und die Anordnung strenger geschlechtlicher Enthaltsamkeit. Trotzdem war ihm die Bedeutung
der tantrischen Elemente für den Fortbestand des esoterischen
Buddhismus klar, und er hat sie in seinen Schriften eingehend interpretiert. In diesen Texten wird deutlich, daß Tsongkhapa davon
überzeugt war, daß vielen Buddhisten – auch unter den Lamas –
die Voraussetzungen für das Verstehen und rechte Praktizieren

der tantrischen Lehren und ihrer Kulte fehlten. Das war damals
nicht anders als heute und stellt eine der Hauptschwierigkeiten
für die Verwirklichung des tantrischen Weges dar.

Das läßt der jetzt vom XIV. Dalai Lama neu herausgegebene
Text *Das Geheime Mantra des Tsongkhapa* besonders klar erkennen. Er soll im Sinne eines Schutztextes gegenüber den alltäglichen, unser Bewußtsein tangierenden Sinneseindrücken verstanden und verwendet werden. Daß es sich dabei nicht um ein für
alle Menschen verständliches und brauchbares Silbenwerk handelt, geht aus einer einführenden Erklärung des Dalai Lama hervor, die sich auf die traditionelle Geheimhaltung tantrischer Texte
bis in die jüngste Zeit bezieht. Dort lesen wir:

»Das Geheime Mantra-Fahrzeug wird verborgen gehalten, weil
es für den Geist vieler nicht geeignet ist. Übungen zur Verwirklichung von Tätigkeiten wie Befriedung, Vermehrung, Kontrolle
und Wildheit, die selbst das Vollendungsfahrzeug nicht lehrt, werden im Mantra-Fahrzeug nur im Verborgenen gegeben, weil jemand mit unreiner Motivation sich und anderen Schaden zufügen
würde, wenn er diese Übungen aufnähme. Solange der eigene
Geist noch nicht durch die dem Sutra- und Tantra-Mahayana gemeinsamen Übungen zur Reife gebracht ist (das heißt durch die
Erkenntnis von Leiden, Vergänglichkeit, Zuflucht, Liebe, Mitgefühl, die Erzeugung eines selbstlosen Geistes und die Leerheit von
inhärenter Existenz), kann es sein, daß die Übungen des Mantra-
Fahrzeugs den zerstören, der eine Praxis aufnimmt, die seinen
Fähigkeiten nicht entspricht. Eine offene Verbreitung ist unter-
sagt, und die Übenden müssen Geheimhaltung gegenüber jenen
praktizieren, die keine Gefäße für diesen Pfad sind.«

Man wird sich fragen, wie der Dalai Lama trotz dieser Einschät-
zung des »Geheimen Mantra-Fahrzeugs« und der Betonung seiner
Gefahren für Laien der Veröffentlichung und Übersetzung dieses
Textes zustimmen und ihn selbst kommentieren konnte.

Hier stehen wir vor einem schwierigen Problem, das sich nach
der Besetzung Tibets durch die Chinesen und der Vertreibung vieler seiner besten Geister – wie auch des Dalai Lama selbst – aus
dem Lande ergeben hat. Dieses Problem hängt mit jener Prophe-

zeiung zusammen, die der Begründer des tibetischen Tantrismus –
Padmasambhava – vor weit über tausend Jahren ausgesprochen
hat und die sich in unserem Jahrhundert auf so erschreckende
Weise erfüllen sollte.

Zwischen dieser Prophezeiung und dem heutigen Wirken des
Dalai Lama sowie seiner Anhänger besteht, wie wir sehen, ein un-
mittelbarer Zusammenhang, der auch für die Herausgabe des *Geheimen Mantra* maßgebend war. Mit diesem Zusammenhang und
seiner Problematik wollen wir uns angesichts der heutigen Verbreitung des Tantrismus als Voraussetzung für die rechte tantrische Wegfindung in unserer Zeit auseinandersetzen.

Wir haben vorn von den Leuchttürmen der Erkenntnis und des
rechten Weges gesprochen. Zu ihnen zählen wir allein auf Grund
seines Daseins und seines Wirkens für eine friedliche Zukunft den
Dalai Lama. Er hat mit seiner klaren, nichts Wesentliches ver-
schweigenden Einleitung zu Tsongkhapas *Geheimem Mantra* ein
Stück Wegweisung für unsere Zeit geleistet, die vielen bei der
Bewältigung ihrer Daseinsprobleme hilfreich sein wird. Zumindest
sind das Absicht und Ziel des Buches und seiner Publizierung. Es
geht dabei also nicht um die Sensation einer Geheimschrift-Ver-
öffentlichung, sondern um das Offenbarmachen von Zusammenhängen, die das Leben in unserer Zeit erleichtern können, wenn
wir den Weisungen des Textes bemüht und verständnisvoll folgen.

Der Dalai Lama macht dabei deutlich, daß es seit der Verkündung der Lehre Buddhas vor zweieinhalbtausend Jahren ja nicht
nur eine räumliche Verbreitung in viele Regionen, sondern auch
eine geistige Vertiefung gegeben hat, die er in seiner Einführung
zum *Geheimen Mantra* in drei Stufen unterteilt, die zu verschiedenen Bewußtseinsstadien und Erfüllungserlebnissen führen.
Diese Unterscheidungen beziehen sich, wie in den bekannten
Darstellungen der Entwicklung und Erweiterung der buddhistischen Lehrsysteme, auf das Hinayana – das Kleine Fahrzeug des
ursprünglichen Buddhismus –, das Mahayana – das Große Fahrzeug der Heilsverbreitung durch die Bodhisattvas – und das
Vajrayana – das tantrische Fahrzeug –, zu dem das *Geheime Mantra des Tsongkhapa* einen Weg weisen will.

Zugang und Praxis der einzelnen Fahrzeuge unterscheidet der Dalai Lama ganz offen und dabei streng nach der Eignung der Praktizierenden. Das wird deutlich in der Charakterisierung des Hinayana und seiner Anhänger. Der Dalai Lama schreibt:

»Wenn ein Hörer die Attribute des Bereichs der Begierde, also angenehme Töne, Gerüche, Geschmäcke und fühlbare Objekte, einsgerichtet als täuschend betrachtet, übt er in einer Weise, die der Praxis der Hinayana-Disziplin entspricht. Aryadeva sagt, wer dieser begierdelosen Praxis nachgeht, habe ein ›Interesse am Geringen‹, weil dieser Pfad einer Geistesnatur entspricht, der die Stärke jener ungewöhnlichen Haltung fehlt, die die Last des Wohles aller fühlenden Wesen auf sich nimmt. Er ist unfähig zu üben, indem er die große Macht der Begierde auf dem Pfad benutzt, deshalb wird ihn eine Weise gelehrt, die frei ist von Begierde.«

Die Frage, die der Dalai Lama hier aufwirft, lautet: Muß ich gegen meine Begierden ankämpfen, oder kann ich sie als Mittel auf dem Weg zur Erleuchtung einsetzen? Es gibt also nach dieser Auffassung der Lehre verschiedene Arten, sie aufzunehmen und zu praktizieren, je nach dem Fahrzeug – Hinayana oder Mahayana –, dem man sich zuwendet. Tsongkhapa selbst schreibt dazu in seinem Text:

»Es gibt niedere Lernende, die nach einem niederen Objekt ihrer Absicht streben, das allein in einer niederen Erlangung für ihr eigenes Heil besteht – dem Zustand des einfachen Auslöschens des Leidens im Existenzkreislauf.

Es gibt die höchsten Lernenden, die nach einem gehobenen Objekt ihrer Absicht streben, der höchsten Erlangung – dem Zustand der Buddhaschaft zum Heile aller fühlenden Wesen. Weil es diese beiden Arten von Lernenden gibt, die niederen und die höheren, nennt man die Fahrzeuge, mit denen sie zu ihrem jeweiligen Zustand gehen, das Niedere Fahrzeug (Hinayana) und das Große Fahrzeug (Mahayana). Lehren, die diesen beiden entsprechend gegeben wurden, nennt man die Abteilungen der Schriften des Hinayana und des Mahayana.

Das Hinayana hat zwei Arten von Anhängern: die Hörer und die Einsamen Verwirklicher. Die Pfade, die zu ihrem jeweiligen

Zustand führen, sind unterteilt in das Fahrzeug der Hörer und das Fahrzeug der Einsamen Verwirklicher. So gibt es also drei Fahrzeuge (das Fahrzeug der Hörer, das der Einsamen Verwirklicher und das Mahayana).«

Tsongkhapa charakterisiert dann die Absichten der Hinayana-Anhänger sehr genau als den Weg zur eigenen Befreiung aus dem Samsara. Dazu schreibt er: »Die mit der Anlage zu einem Hörer oder Einsamen Verwirklicher haben sich von der Last, das Wohlergehen anderer zu tragen, abgewandt und sind nur mit ihrer eigenen Befreiung beschäftigt. Die Hauptursache für die Erlangung von Befreiung ist die Weisheit, die die Bedeutung der Selbstlosigkeit erkennt, denn die Hauptursache für das Gebundensein im Existenzkreislauf ist die Vorstellung von einem Selbst (inhärente Existenz). Auch die Hörer und die Einsamen Verwirklicher (und nicht nur die Bodhisattvas) suchen, indem sie diese Tatsache verstehen, nach dieser Weisheit. Sie paaren sie mit anderen Pfaden, wie Ethik und meditativer Gleichgewichtfindung, und bringen, indem sie diese Weisheit kultivieren, alle Plagen zum Erlöschen.«

Es kann nach diesen Aussagen kein Zweifel sein, daß Tsongkhapa, genauso wie in seiner Nachfolge der Dalai Lama, dem Hinayana und seinen Praktiken kritisch gegenüberstehen. Für beide ist es ein Weg, aber nicht der beste Pfad zur Erlösung. Dem spüren sie beide auf Grund der Lehrentwicklung seit Buddha in Text und Einleitung des Buches vom *Geheimen Mantra* nach.

Für den Uneingeweihten ist es schwer, ihren Gedankengängen zu folgen, zumal diese mit vielen bei uns unbekannten Namen und Zitaten befrachtet sind. Auch die von Herausgeber Jeffrey Hopkins angefügten Erläuterungen helfen da wenig weiter. Denn es geht hier nicht um intellektuelles Verstehen, sondern um die Bereitschaft, alles loszulassen, was uns an dieses Erdenleben und seine Täuschungen bindet. Das heißt: Ziel ist die Überwindung der Täuschungen, das klare Sehen und Erkennen der innersten Zusammenhänge. Dabei scheint im Text nur selten das Illusionsgespinst des Samsara, das, was wir Realität nennen, durch, und wenn, dann nur in der Bewußtseins-, in der Wahrnehmungssphäre.

Nähern wir uns den letzten Geheimnissen dieser Texte deshalb mit Mitteln unserer Vorstellungskraft, wobei wir uns klar sein müssen, daß es dabei wirklich nur zu Annäherungen kommen kann. Wichtig ist zunächst, die Stufenfolge von Erkenntnis und Methode zu verstehen, wobei Hinayana, Mahayana und Vajrayana nicht nur der Lehre, sondern auch dem Ursprung und dem Ziel nach zu untersuchen sind. Jeffrey Hopkins erklärt die ersten beiden Stufen so:

»Der Unterschied zwischen Hinayana und Mahayana, im Sinne von Fahrzeugen, durch die man fortschreitet, liegt also nicht in der Weisheit, sondern in der Methode – das heißt, in der Motivation und den begleitenden Taten. Die Hinayana-Motivation ist der Wunsch, für sich selbst die Befreiung aus dem Existenzkreislauf zu erlangen, dagegen besteht die Motivation des Mahayana in dem Wunsch, Buddhaschaft zu erlangen, um allen fühlenden Wesen helfen zu können.«

Es geht also um die Motivation des Befreiungswunsches: Eigeninteresse oder Hilfsbereitschaft. Das ist der Schritt vom Hinayana zum Mahayana. Die weiteren Schritte zum Vajrayana und von dort zu den höchsten Tantra-Formen sind das eigentliche Thema des *Geheimen Mantra*.

In dem Kapitel »Mantra und Mudra – Kraft der Töne und der Zeichen« haben wir die Voraussetzungen des Tantra-Weges bereits angedeutet. Nun wollen wir sie aus dem Geist des Dalai Lama vertiefen und zeigen, wie ein zentraler Text des klassischen Tantrismus für heute wirksam werden kann. Das ist, wie wir sehen werden, nicht einfach.

Beim letzten Schritt, beim Schritt ins Geheimnis, ins nur schwer zu Bewältigende, müssen wir uns fragen, was das Mantra bedeutet. Es ist Zeichen auf dem Weg zur tantrischen Erfüllung, zum Begreifen des tiefsten Lebenssinns, der sich dem Erkennenden als Leere, als Nichts enthüllt. Weil solches Erkennen, solches Wissen nur wenige erfahren und ertragen können, wurde das Mantra geheimgehalten, um die Menschen vor Überforderung, vor der plötzlichen Konfrontation mit dem Abgrund zu schützen.

Heute ist das anders. Wir sind im tiefsten Abgrund, aber die meisten wissen es nicht. Die Leere ist um uns, obwohl die wenigsten sie als Wirklichkeit erkennen. Die Leere ist Schicksal, aber für die meisten nicht Erkenntnis. Das ist der Grund für die tiefe Tragik sinnlosen, aber nicht als solches eingesehenen Seins.

Zur Einsicht in die Samsara-Verflechtung und die den Menschen daraus erwachsende, ständig zunehmende Not können wir nur durch Eintritt ins Allverwobene, in den tantrischen Sinnzusammenhang gelangen. Doch das ist kein intellektueller, sondern ein spiritueller, geist- und bildverwobener Weg. Mantra ist Geist und Symbol, Buddha ist Bild und Symbol. Beide sind Verwandlungskräfte, denen wir zustreben müssen. Wenn wir sie erreicht haben, können wir anderen helfen, haben Bodhisattva-Kräfte erlangt, erkennen die in uns angelegte Möglichkeit des Buddha. Dabei geht es um die Potenzierung des Guten in uns und in anderen. Seine Verwirklichung kann wie der Tantra-Weg zu weiteren Zielen auf sehr verschiedene Weise erfolgen: durch Meditation, durch Mantra-Rezitation, durch Bildbetrachtung, aber auch – in einem fortgeschrittenen Stadium – durch reine Bildvisualisierung. So benötigen die meisten Lamas den Buddha oder ihre Initiationsgottheit – den Yidam – nicht mehr als bildhaftes Gegenüber. Er ist ihnen in der reinen Vorstellung stets gegenwärtig.

Je tiefer wir auf solche Weisen in die Mantra- und Buddha-Welt eindringen, um so weiter entfernen wir uns vom Samsara. Wir erkennen, daß Wirklichkeit Nichtwirklichkeit ist und Leere auf andere Art eine überraschende Fülle. Mit diesen Einsichten wollen wir noch einmal zum tibetischen Ausdruck solcher Gedanken bei Tsongkhapa und seinem heutigen Deuter – dem Dalai Lama – zurückkehren. Es geht um die letzten Stufen.

Den äußeren Rahmen wie die tiefste Symbolik dieses Weges stellen außer dem Lehrenden und seinen Vorbildern – den Buddhas und Bodhisattvas – als Bindeglieder Vajra, Mantra und Yoga, als kosmisch Umfassendes die Tantras und der heilige Kreis – das Mandala – dar. Das ist die Umwelt, richtiger die Allwelt, des Suchenden im alten Tibet. An ihn wendet sich Tsongkhapa zu Anfang des *Geheimen Mantra* in Versen, die er »Gründe für die Abfassung des Buches« überschrieben hat.

»Von vielen, die den Wunsch hatten, die Tantras, so wie sie von den Weisen erklärt sind,

in der rechten Weise zu praktizieren, wurden Ersuchen an mich gerichtet;

auch von einem, der zwei Sprachen spricht und über eine breite Kenntnis zahlloser Bücher verfügt.

Immer und immer wieder wurde ein dringendes Ersuchen an mich gerichtet

von jemandem, der in der vordersten Reihe aller Wesen von Verdiensten strahlt,

ein gutes Wesen, von ungewöhnlichem Denken, das die Last trägt,

das glorreiche Vajra-Fahrzeug in alle Richtungen zu verbreiten.

Wer sich bloß mit Teilen zufriedengibt und die großen Systeme nicht wie Vorschriften verwendet,

wer die Bedeutung der Schriften nicht mit fehlerlosen Gründen untersuchen kann,

wer zwar gelehrt ist, aber keine Anstrengung auf die Verwirklichung verwendet,

der kann die Sieger nicht erfreuen.

Nachdem ich dies gesehen habe und weil mein Geist tief beeindruckt ist von den Taten der Hervorragenden der Vergangenheit, die die Lehre gut praktizierten,

will ich streben, ihr System klar darzustellen.

Mögen für diese meine Anstrengung die Scharen der Himmelswandlerinnen

– die Feld-Geborenen, die Angeborenen und die Mantra-Geborenen –

voll Liebe an mich denken, wie eine Mutter an ihren Sohn,

mir all die Siddhis geben und mir die Freundlichkeit gewähren, alle (auftretenden) Hindernisse zu beseitigen.«

Diese Zielsetzung geht über Hinayana und Mahayana weit hinaus. Und doch wurzelt sie zutiefst in der Lehre Buddhas. Zu ihm führt Tsongkhapas Einleitung hin, nachdem er allen Suchenden Mut gemacht hat:

»Hat man einmal angefangen, die großen Ziele für einen selbst und für andere zu untersuchen, findet man keine Befriedigung in dem System, wie es von den Alten der Welt offenbart wurde, das besteht in dem Erreichen von Glück und dem Vermeiden von Leiden für die Dauer dieses Lebens. Nur die Lehre des Gesegneten Buddha, dessen Banner über den Drei Bereichen fliegt, ist ein Zugang für diejenigen, die (auch) die höheren Besonderheiten von zukünftigem Leben und dem darüber (die Befreiung aus dem Existenzkreislauf und das Erlangen von Allwissenheit) wünschen. Er ist die große Grundlage für das Wohlergehen aller Wesen, die bloße Ein- und Auswärtsbewegung seines Atems wird ihnen zum großen Heilmittel. Denn er hat seinen höchsten, wunderbaren Zustand erlangt, nachdem er zum Heile aller Wesen das Streben nach höchster Erleuchtung geübt hat und durch die Wogen der Taten der Buddha-Söhne, die sein selbstloser Erleuchtungsgeist in Bewegung setzte. Erleuchtungsgeist, das heißt, andere höher zu schätzen als sich selbst; es ist ein Gesprächsgegenstand, der überhaupt nicht mit der Welt übereinstimmt, finden es doch die meisten schon schwierig, sich aus der Tiefe ihres Herzens an ihm zu freuen.«

Nun entwickelt Tsongkhapa aus der Lehre Buddhas den Weg zur höchsten Erleuchtung, nicht nur für den Praktizierenden, sondern für alle, die der Hilfe bedürfen. Um die Not der Menschen, die danach suchen, sinnfällig zu machen, gibt er Beispiele aus der Vergangenheit. So zitiert er den berühmten Asvagosa, dem wir eine Lebensgeschichte Buddhas verdanken:

> »Ich befinde mich im Existenzkreislauf,
>   dem Ozean, dessen Tiefe ohne Grenze ist.
>   Die furchterregenden Seeungeheuer der Begierde
>   verzehren meinen Körper.
>   Wo werde ich nun Zuflucht nehmen?«

Tsongkhapa verdeutlicht den Streit um den rechten Weg in den fast zwei Jahrtausenden, die zu seinen Lebzeiten seit Buddhas Nirvana vergangen waren, und er zeigt die Realität der Lebens-

abläufe seither, die Gefangenschaft der meisten im Samsara. Als
Gegenposition entfaltet er die Bedeutung des Höchsten Yoga-Tantra, wie es schon Sraddhakaravarma gelehrt hatte. Hier freilich
gerät der westliche Leser – fast möchte ich sagen der Nicht-Bud-
dhist – angesichts der Fülle von Begriffen und unterschiedlichen
»Fahrzeugen« in große Verständnisschwierigkeiten. Das heißt,
historisch müssen wir uns auf den Text verlassen. Ich glaube, das
dürfen wir, ohne uns durch vorübergehende Verständnisschwierigkeiten von der Fortsetzung der Lektüre abhalten zu lassen.

Als Tor zum Geheimen Mantra-Fahrzeug zitiert Tsongkhapa
aus dem uns schon vertrauten Guhyasamaja-Tantra:

>»Ein Geist, der abhängig von einem Sinn
> und einem Objekt entsteht, wird Man genannt.
> Tra bedeutet Schutz.
> Der Schutz durch alle Vajras,
> der Versprechen und Gelübde,
> die erklärt wurden frei von den Wegen der Welt,
> nennt man ›die Ausübung des Mantras‹.«

Hier ist bereits Jahrhunderte vor Tsongkhapas Schrift klar zum
Ausdruck gebracht, worum es für den Übenden beim Höchsten
Yoga-Tantra und seiner Steigerung, dem Gottheit-Yoga, geht. Es
ist ein Weg der Identifizierung des Praktizierenden mit dem Göttlichen, mit Buddha in all seinen Erscheinungen einschließlich der
eigenen Buddha-Natur: ein Erlösungsweg also, der, je mehr ihn
beschreiten, zu einem Erlösungsweg für die ganze Menschheit
werden könnte.

Aus der Fülle der Bezüge – zu Buddha, zu seinen Nachfolgern,
zu den heiligen Schriften wie zu den Tantras, in denen sich das
Denken dieser Nachfolger ausdrückt – ergibt sich, was wir in unserem Text fortschreitend als kosmischen Allzusammenhang, als
das tantrische Gewebe erkennen.

Wir wollen diesen Erkenntnisweg noch ein Stück mit Tsongkhapa weitergehen und uns so das Geheimnis des Höchsten Tan-
tra-Pfades, soweit wie möglich, verdeutlichen, um dann, im näch-

sten Kapitel, noch einmal dem XIV. Dalai Lama und seinem Wirken in unserer Zeit für unsere Zeit zu begegnen.

Tsongkhapas Texte zu den höchsten Tantra-Stufen und zum Gottheit-Yoga sind im wesentlichen Auseinandersetzungen mit zeitgenössischen Lehren und Kommentaren. Dabei zitiert er einen Text von Jnanapada, der das rechte Verhalten auf dem rechten Wege erklärt:

> »Widme Geben, Ethik, Geduld, Anstrengung, Konzentration und Weisheit ganz der Erleuchtung.
>
> Hänge nicht zuerst an der Erleuchtung als einer Masse und halte sie dann für das Höchste.
>
> So wird die Anfänger gelehrt.«

Hier treten Mitgefühl und Geduld, aber auch Anstrengung und Konzentration als wesentliche Verhaltensattribute des Suchenden hervor. An anderer Stelle betont Tsongkhapa die Bedeutung der Selbstlosigkeit, über die Jnanapada schon in seinem Text zur »Selbstverwirklichung« meditiert hat. Dabei erscheint mir das deutsche Wort Selbstlosigkeit in besonderer Weise geeignet, die Vielsinnigkeit tantrischer Verflechtung zu erkennen und zu verstehen.

Selbstlosigkeit meint im Zusammenhang jener tantrischen Texte natürlich umgesetztes Mitleid, Hilfsbereitschaft, frohes Geben, Verzicht auf Überflüssiges, auf angehäuften Besitz. Das Wort betrifft aber zugleich unsere eigene inhärente Existenz, dieses Nichtloslassenkönnen des vermeintlichen Selbstseins, das zu überwinden allen Menschen – vor allem den Materialisten – so schwer fällt. Im Zusammentreffen beider Bedeutungen des Wortes liegt das Ziel des höchsten Erleuchtungsweges. Wo einer selbstlos sich als selbstlos – als ohne Selbst – erkennt, hat er Erleuchtung, hat er die Voraussetzungen der Buddhaschaft erlangt.

LITERATURAUSWAHL

Da Helmut Uhlig selbst nicht mehr in der Lage war, ein Literatur-verzeichnis für dieses Buch zu erstellen, werden im folgenden all die Titel aufgeführt, die er im Text erwähnt oder aus denen zitiert wurde.

Avalon, Arthur (Sir John Woodroffe): Shakti und Shakta. Weil-heim/Obb. 1962.

Bharati, Agehananda: Die Tantra-Tradition. Freiburg im Breisgau 1977.

Bhattacharyya, Benoytosh: The Indian Buddhist Iconography. Kalkutta 1968.

Buber, Martin (Übersetzer): Das Hohe Lied. In: Werke. Köln 1954–1958. München 1962–1964.

Eliade, Mircea: Yoga-Unsterblichkeit und Freiheit. Frankfurt am Main 1977.

Falkenstein, Adam: Archaische Texte aus Uruk. Leipzig 1936.

Gäng, Peter: Das Tantra der Verborgenen Vereinigung. Guhyasa-maja-Tantra. Übersetzung aus dem Sanskrit. München 1988.

Golzio, Karl-Heinz: Der Tempel im alten Mesopotamien und seine Parallelen in Indien. Universität Bonn (Diss.) 1981.

Grünwedel, Albert (Herausgeber und Übersetzer): Die Legenden des Nā-ro-pa. Leipzig 1933.

Herodot: Historien. 2 Bde. Hrsg. v. Josef Felix. Düsseldorf 1988.

Hopkins, Jeffrey (Herausgeber): Das Geheime Mantra des Tsong-ka-pa. Eingeleitet vom XIV. Dalai Lama. Düsseldorf, Köln 1980.

Laufer, Berthold (Herausgeber und Übersetzer): Der Roman einer tibetischen Königin. Leipzig 1911.

Leisegang, Hans: Die Gnosis. Stuttgart 1955.

Mellaart, James: Çatal Hüyük. Bergisch Gladbach 1967.

Mellaart, James: Excavations at Hacılar. Edinburgh 1970.

Mookerjee, A./M. Khanna: Die Welt des Tantra in Bild und Deutung. Bern, München, Wien 1978.

Müller-Karpe, Hermann: Handbuch der Vorgeschichte. 4 Bde. München 1966–1980.

Mylius, Klaus: Wörterbuch Sanskrit-Deutsch. Leipzig 1975.

Mylius, Klaus: Geschichte der altindischen Literatur. München 1988.

Patanjali: Die Wurzeln des Yoga. München 1976.

Schmökel, Hartmut: Heilige Hochzeit und Hohes Lied. Stuttgart 1956.

Schweitzer, Albert: Die Mystik des Apostels Paulus. In: Ges. Werke, Bd. 4. München 1971.

Thirleby, Ashley: Tantra-Reigen der vollkommenen Lust. München 1983.

Tucci, Giuseppe: Geheimnis des Mandala. Theorie und Praxis. Weilheim/Obb. 1972.

Uhlig, Helmut: Die Sumerer. München 1976. Bergisch Gladbach 1989.

Uhlig, Helmut: Am Thron der Götter. München 1978.

Uhlig, Helmut: Das Bild des Buddha. Berlin 1979.

Uhlig, Helmut: Tantrische Kunst des Buddhismus. Berlin 1981.

Uhlig, Helmut: Tibet. Ein verbotenes Land öffnet seine Tore. Bergisch Gladbach 1986.

Uhlig, Helmut: Die Seidenstraße. Antike Weltkultur zwischen China und Rom. Bergisch Gladbach 1986.

Uhlig, Helmut: Himalaya. Menschen und Kulturen in der Heimat des Schnees. Bergisch Gladbach 1987.

Uhlig, Helmut: Die Mutter Europas. Ursprünge abendländischer Kultur in Alt-Anatolien. Bergisch Gladbach 1991.

Uhlig, Helmut: Die Große Göttin lebt. Eine Weltreligion des Weiblichen. Bergisch Gladbach 1992.

Uhlig, Helmut: Buddha. Die Wege des Erleuchteten. Bergisch Gladbach 1994.

Uhlig, Helmut: Auf dem Pfad zur Erleuchtung. Zürich (Museum Rietberg) 1995.

Uhlig, Helmut: Buddha und Jesus. Die Überwinder der Angst. Bergisch Gladbach 1997.

Vialou, Denis: Frühzeit des Menschen. München 1992. (Universum der Kunst, Bd. 37.)

Winternitz, Moritz: Geschichte der indischen Literatur. 3 Bde. 1908–1920. Stuttgart 1968.

Wolley, Sir Leonard: Ur in Chaldäa. Wiesbaden 1957.

Zacharias, Gerhard: Satanskult und Schwarze Messe. Wiesbaden, München 1964.

»ENTZÜCKTE WEISHEIT« – TANTRA HEUTE
Das tantrische Universum als Herausforderung für unser Weltverständnis

Von Jochen Kirchhoff

Vorbemerkung

Helmut Uhligs Tantrismus-Buch ist Fragment geblieben; ein geplantes Kapitel über die Kalachakra-Initiation kommt über einige eher einführende Sätze nicht hinaus. Kalachakra ist ein Sanskritwort und heißt soviel wie »Rad der Zeit«, obwohl sich seine Bedeutung hierin nicht erschöpft. Der ihm zugeordnete Text – eben das Kalachakra-Tantra – gehört zu den schwierigsten, komplexesten des tibetischen Buddhismus und ist ohne vorherige Einweisung – besser: Einweihung – weitgehend unverständlich. Der Dalai Lama hat verschiedentlich öffentliche Kalachakra-Initiationen gegeben und deren Frieden stiftenden Wert hervorgehoben. Als Ursprungsort des Kalachakra-Tantra gilt das Königreich Shambala, ein legendärer Ort irgendwo in den Bergen jenseits des Himalaya in der Form eines achtblättrigen Lotos, der nur mittels einer spirituellen Reise erreich- und erfahrbar ist.

Wie das Buch von Helmut Uhlig dort, wo es abbricht, hätte weitergehen sollen, kann nur vermutet werden. Insofern läßt sich das achtunggebietende Fragment nicht zum Ganzen runden. Sicher ist, daß es Helmut Uhlig zentral um die kosmische Dimension des Tantrismus ging, um deren Bedeutung für Gegenwart und Zukunft. Von der Wahrheit des (tantrischen) Allzusammenhangs war er fest überzeugt, und in einem existentiellen Sinne war er selbst ein Stück weit Tantriker.

Wenn ich im folgenden den Herausforderungscharakter der tantrischen Weltsicht, des tantrischen Universums für die moderne Welt umreiße, dann berühre ich damit Aspekte, die sich leitmotivisch durch unsere langjährige Freundschaft zogen und über die wir oft gesprochen und diskutiert haben.

Tantra und die moderne Neurose

In seinem großen Essay »Apokalypse« schreibt der englische
Schriftsteller D. H. Lawrence (im Jahre 1930): »Wir haben den Kosmos verloren. Die Sonne stärkt uns nicht mehr und auch nicht der
Mond. In mystischer Sprache: der Mond ist für uns schwarz und
die Sonne ein härenes Tuch. Jetzt müssen wir den Kosmos wie-
dergewinnen, und das geschieht nicht durch einen Trick. Die vielen Beziehungen zu ihm, die in uns erstorben sind, müssen wieder
lebendig werden. Zweitausend Jahre hat es gedauert, sie zu töten.
Wie lang wird es dauern, bis sie wieder lebendig sind? Höre ich
heute Menschen über ihre Einsamkeit klagen, dann weiß ich, was
los ist. Sie haben den Kosmos verloren. Uns fehlt nichts Menschliches oder Persönliches. Uns fehlt das kosmische Leben.«[a]

Das ist aus tantrischem Geiste heraus gesprochen, ohne daß
das Wort Tantra auftauchte oder die tantrische Tradition bekannt
wäre. Durch das gesamte Werk von D. H. Lawrence zieht sich
diese eine Klage: die um die Abgetrenntheit des Menschen von
dem, was als das kosmische Leben bezeichnet und als solches ersehnt wird. Und dazu gehört für Lawrence, wie für den Tantriker,
ein dem menschlichen Wesen adäquater Umgang mit der Elemen-
tarkraft Sexualität. Adäquat heißt, nicht neurotisch abgespalten,
sondern integriert, ganzheitlich, versöhnt mit Seele und Geist, ja
Seele und Geist durchwirkend und (im tiefen Verständnis) fun-
dierend! Daß Lawrence dabei, wie viele Gleichgesinnte, das Kind
(= Geist) mit dem Bade (= lebensferner Intellekt) ausgeschüttet
hat, mag verzeihlich oder verständlich sein. Beim kosmischen Fest
des D. H. Lawrence auf der großen Bühne der Welt spielt der Geist
nur eine Statistenrolle, zeitweise wird ihm das Gastrecht in Gänze
abgesprochen (er stört das Fest). Eros – als Bios und nur als Bios –
behauptet das Feld. Das ist *so* Regression!

Hier liegt eine gefährliche Nahtstelle, die auch im modernen
Tantrismus zu Mißverständnissen und Fehldeutungen geführt
hat. Im Bezugssystem des tantrischen Buddhismus jedenfalls ist
der Geist der eigentliche Regisseur und der Autor des Stücks. Er
bestimmt das Stück. Ihn aus dem Stück zu eliminieren ist nicht

nur unsinnig, sondern buchstäblich unmöglich. Tantra ist im Kern eine Bewußtseinslehre, die dem Geist ein hohes Maß an Disziplin und Aufmerksamkeit abverlangt. Geist reduziert sich nicht auf Ratio und Intellekt, nicht auf Analyse und Trennung. Lawrence dagegen – und mit ihm viele ökologisch motivierte Menschen heute – verurteilt den Geist als Agens der Abspaltung vom Lebendigen (als »Widersacher der Seele«, wie Ludwig Klages sagt). *Auch der Geist im spirituellen Sinne wird der Lebensfeindlichkeit verdächtigt.*

Das steht ganz im lebensphilosophischen Strang der Nietzsche-Nachfolge. Schon Friedrich Nietzsche versteigt sich in das vergebliche Bemühen, den Geist vom puren Bios, vom puren Lebendigsein aus zu beurteilen, als bloßen Ausdruck des (geistfernen und geistlosen) Willens – des Willens zur Macht. Die Formel »Entzückte Weisheit« als Titel dieses Essays geht auf Nietzsche zurück:

> »Still! –
> Von großen Dingen – ich *sehe* Großes –
> soll man schweigen
> oder groß reden:
> rede groß, meine entzückte Weisheit!
> Ich sehe hinauf –
> dort rollen Lichtmeere.
> – Oh Nacht, oh Schweigen, oh totenstiller Lärm! …
> Ich sehe Zeichen –,
> aus fernsten Fernen
> sinkt langsam ein Sternbild gegen mich …
> Höchstes Gestirn des Seins!
> Ewiger Bildwerke Tafel!
> Du kommst zu mir? (…)«[2]

Nietzsches Versuch, die ekstatische und dionysische Dimension des Seins wiederzugewinnen und sie gegen das als lebensfeindlich gewertete Christentum auszuspielen, ist er nicht etwas zutiefst Tantrisches? Worum sonst ist es Nietzsche gegangen als um dieses eine – das kosmische Fest, das kosmische Leben, und zwar *ganz*, ungeteilt, nicht-dualistisch? Und ist er nicht *gerade daran* zerbrochen, dieses Fest *nicht leben zu können*?

Mit den von ihm verspotteten »Hinterwelten« hat Nietzsche radikal alles Spirituelle überhaupt abgeräumt. Das ist tragisch und hat geistesgeschichtlich fatale Folgen gehabt. Und wir tun uns heute schwer damit, den Geist im Bios und im Eros wahrzunehmen. Und umgekehrt: auch den Eros und den Bios im Geist! So kann Nietzsche als ein nicht zum Zuge gekommener Tantriker gesehen werden, womit er die Neurose des Abendlandes – gerade durch sein tragisches Ende, den Absturz in den Wahnsinn – auf den Punkt gebracht hat.

Das tantrische Universum, Helmut Uhlig hat es deutlich gemacht, ist ein zutiefst magisches Universum. Es ist eine Welt des magischen Zugleich, des magischen Ineinander all dessen, was sich vordergründig als getrennt und abgesondert manifestiert. In diesem Kosmos des tantrischen Gewebes gibt es strukturell keine isolierte Einheit: Jede Einheit beziehungsweise jede Seinsgröße, die als Einheit erscheint, ist sowohl in vertikaler als auch in horizontaler Richtung mit allen übrigen Einheiten verknüpft und verwoben. Nach oben mit der nächsthöheren Einheit (so ein Atom mit dem molekularen Verband und so weiter immer höher hinauf) und mit der nächsttieferen Einheit (so ein Organismus mit seinen zellulären Bestandteilen und so weiter immer tiefer hinab).

Analoges gilt für die horizontale Verbindung, die Verbindung auf der gleichen Seinsebene (etwa Mensch–Mensch). Zu schweigen von den vielfältigen, äußerst subtilen Wechselwirkungen und Verknüpfungen, die gleichsam diagonal verlaufen, also quer durch alle Verbindungen nach oben und nach unten hindurch und in die unerschöpfbare Weite des kosmischen Raums hinein oder hinaus. Ja, mehr noch: Im tantrischen Weltall ist der Einzelne nicht nur vertikal, horizontal oder diagonal (und wie noch) mit allen sonstigen Einheiten verbunden, sondern er repräsentiert das ganze Universum, ja, *ist* das ganze Universum! Im abendländischen Denken kennen wir dies als die Korrespondenz von Mikrokosmos und Makrokosmos (seit Paracelsus). Der Mensch, sagt Novalis, sei »eine

Analogienquelle für das Weltall«[3]. Das ist Tantrismus pur! Der menschliche Leib ist zugleich der kosmische Leib. Die Welt, noch einmal Novalis, der Romantiker, sei ein »Makroanthropos«[4] (also ein ins Große oder Kosmische übersetzter Mensch).

Die Wurzel aller Getrenntheit beziehungsweise des Gefühls der Isolation ist nach tantrischer (und nach buddhistischer) Überzeugung das Ego, die menschliche Ichheit, das fokussierte und in sich gekrümmte Bewußtsein, ein ewiges und unwandelbares Ich zu sein, wobei alle anderen Ichs wie die Welt überhaupt zum bloßen Nicht-Ich werden, zum auf ewig getrennten Anderen. Genau an dieser Spaltung, die im Bewußtsein vollzogen wird, ja das Ichbewußtsein nach tantrischer Überzeugung selbst ist, setzt der tantrische Schulungsweg an; hier beginnt die eigentliche Bewußtseinsarbeit. Das heißt nicht, wie häufig angenommen wird, daß das Ich seine Bedeutung als relativer Bezugspunkt der Erfahrungswelt verliert (das wäre gleichbedeutend mit psychotischem Ichverlust), sondern daß es seine Starrheit, seine Separatheit, seine Ummauerung, seine Undurchdringlichkeit verliert, daß es aufhört, gier- und wahnverblendet sich selbst für den metaphysischen Mittelpunkt der Welt zu halten, gleichsam für die Mitte des kosmischen Mandalas. Hierin wurzelt die buddhistische Anatma-Lehre, die Lehre von der Nicht-Ichheit, die in Asien und in Europa (bei europäischen Buddhisten) häufig so interpretiert wird, als sei das Ich einfach nichtig (nicht-ich-ig), was schnurstracks in einen verfeinerten Nihilismus führen kann und auch oft geführt hat.

Tantrisch verstanden, ist das Ich nicht nichtig, sondern »allträchtig«, »kosmosträchtig«, ewig verbunden, niemals getrennt, ein stets offenes System, ein von kosmischen Bewußtseinsströmen durchwaltetes, jeder Separatheit enthobenes Wesen, das nur *im Ganzen* wirklich ist und *als das Ganze*. Das tantrische Ich ist im stofflichen Sinne nicht eine Substanz, es ist eine Bewußtseinsform auf der Folie einer Leere, die zugleich das Alles ist. Diese Bewußtseinsform ist integraler Teil des »Weltbewußtseins«, spiegelt und atmet das Weltbewußtsein, ja, ist dieses selbst beziehungsweise niemals getrennt von ihm. Für den Tantriker ist dieses Weltbewußtsein oder Allbewußtsein oder Absolute Bewußtsein die unendliche Weite des kosmischen Raumes, die unendliche Weite und Strahlkraft des Absoluten Lichtes, eines Lichtes, das – als ein göttliches – das Wesen der Welt ausmacht, das Wissen der Welt *ist*. Nur im Allbewußtsein, das der Tantriker zu kontaktieren sich bemüht, wird das quälende Paradoxon von individuellem Sein und All-Sein aufgehoben und überwunden.

Das isolierte Körper-Ich, als gleichsam Kosmos-blinde Monade, ist ein Ich der Angst, das verzweifelt bemüht ist, die eigene Festung zu halten, vornehmlich gegen jenen äußersten Ansturm, den der physische Tod bedeutet. Je abgetrennter und isolierter das Ich, um so größer seine Angst vor dem Tod, einem Tod, den es nur als die Auslöschung seiner selbst verstehen kann, als seine Ver-Nichtsung. »Und solang du das nicht hast / dieses Stirb und Werde, / bist du nur ein trüber Gast / auf der dunklen Erde«, heißt es in einem Goethe-Gedicht. So wären die meisten heute, und durchaus nicht nur im Abendland, »trübe Gäste« einer sich zunehmend verdunkelnden Erde? Weil, würde der Tantriker sagen, sie nicht wissen oder auch nur wissen wollen, daß Leben unaufhörliche Wandlung und Veränderung bedeutet bis hin zu jener Grenze, die dem inkarnierten Körper-Ich als Tod erscheint.

Im tantrischen Universum gibt es strenggenommen keinen Tod, wenn mit diesem die endgültige Auslöschung eines integralen Teils der kosmischen Gesamtheit gemeint ist. Diese Art Auslöschung findet nicht statt, niemals und nirgends kann eine Einheit von Sein und Bewußtsein »einfach so« verschwinden beziehungsweise zu Nichts werden. Im tantrischen Universum gibt es nur eine ewige Metamorphose der Formen und Gestalten. »Gestaltung, Umgestaltung / des ewigen Sinnes ewige Unterhaltung«, heißt es im *Faust*, was auf das kosmische Spiel verweist, dem wir alle verwoben sind. – Es scheint, daß ein beträchtlicher Teil unserer Kultur aus einem von Angst durchtränkten Boden erwachsen ist. Die Angst der Ängste ist diejenige vor dem Tod. Diese Angst ist immer die Angst vor der Verwandlung. Das tantrische Universum ist keine statische Welt, sondern eine Welt, deren Kennzeichen Verwandlung ist – und Steigerung, Steigerung und Transformation, an deren Ende das zum Kosmos geweitete Bewußtsein steht, die Erinnerung an den eigenen Ursprung im All und *als All*. Das lehrt schon die Vedanta-Philosophie.

In der kollektiven Neurose, geboren aus Todesangst und Festhaltenwollen dessen, was sich ewig wandelt, scheint auch die ökologische Krise zu wurzeln, die ja der kollektive Ausdruck der Trennung und Abspaltung ist – von der Erde, vom Lebendigen, vom kosmischen Sein. So ist es folgerichtig, daß in die Ökologiediskussion der letzten zwei Jahrzehnte auch tantrische Denkfiguren hineinspielen, daß gerade im tantrischen Denken und Fühlen eine Art Rettungsimpuls gesehen wird.

Zur Angst vor dem Tod und der durch ihn bewirkten äußersten Verwandlung gehört die Angst vor dem Eros, vor der durch die Liebe ausgelösten Tiefenverwandlung und Öffnung. Die Neurose des modernen Menschen bedingt sein Unvermögen, die eigene Geschlechtlichkeit zu begreifen und auf eine ganzheitliche, integrale Weise zu leben. Und gerade an dieser Stelle gewinnt Tantra, gewinnt der tantrische Impuls, das tantrische Universum eine wachsende Attraktivität. Eros und Tod hängen auf das engste zusammen, wie nicht nur die Dichtung aller Kulturen unübersehbar belegt. Eros und Tod sind *total*. Sie dulden keine Relativierung ihrer selbst, sie ergreifen den Menschen *ganz*. Hinzu kommt, daß nur über den Eros der Eintritt in die inkarnierte Existenz möglich ist, die immer auch eine Existenz zum Tod darstellt. Jedes Neugeborene ist schon zum Tod verurteilt. Und jede Geburt ist nach tantrischer und buddhistischer Überzeugung *Wieder*geburt und hat demnach Tod und Sterben zur Voraussetzung.

Tantra geht das Ganze der menschlichen Existenz an (im doppelten Sinn dieser Formulierung) beziehungsweise hat das Ganze der menschlichen Existenz zur Voraussetzung. Der Mensch gilt in tantrischem Verständnis als kosmisches Wesen. Jeder Mensch ist, bewußt oder unbewußt, ob als »Weltmensch« oder als Buddha, kosmischer Mensch! Jeder *ist* in der Essenz kosmisches Bewußtsein. Die meisten Menschen wissen nichts davon, nur der zur Buddhaschaft und Erleuchtung Erwachte erfährt dies als Erinnerung: Er erinnert sich an das, was ohnehin immer der Fall ist, was er im strengen Verständnis gar nicht suchen oder erstreben, sondern lediglich begreifen muß. »Dieser Körper ist der Körper des Buddha«, sagt der große Zen-Meister Hakuin. Das könnte auch ein tantrischer Meister gesagt haben. Für den Tantriker ist der Leib ein Tempel, ein Heiligtum, ein kosmisches Mysterium. Und das schließt, notwendigerweise, die Sexualität ein. Eros ist kosmisches Fest.

Im tantrischen Universum gibt es keine dualistisch verstandene Trennung von Diesseits und Jenseits, vielmehr Grade, Dimensionen und Ebenen von Bewußtsein, wobei Bewußtsein stets als Bewußt-Sein verstanden wird, als das untrennbare Ineinander von manifestiertem Sein und Bewußtsein / Geist. Der tantrisch geschaute Kosmos kennt keinen toten Winkel, kein Vakuum im Sinne des puren Nichts oder Nichtseins, der Nichtexistenz. Vakuum allenfalls als Leere, die zugleich unendliche Potentialität ist, unendliche schöpferische Potenz. Was unser rational-sinnliches »Normalbewußtsein« erfaßt, ist nur ein winziger Ausschnitt.

Das tantrische Universum kehrt zurück

Wer die geistigen Auseinandersetzungen der letzten zwanzig oder fünfundzwanzig Jahre verfolgt, dem wird nicht entgehen, daß die tantrische Weltsicht, zunächst primär in Gestalt des tibetischen Buddhismus, spürbar an Boden gewonnen hat. Und fast hat es den Anschein, als *müsse* ein Diskurs, der »auf der Höhe der Zeit« ist, das Tantrische als einen integralen Teil enthalten, als sei es nicht mehr angängig, Tantra und tantrische Weltsicht zu leugnen, wie dies lange geschah. Das tantrische Universum scheint einen Archetypus zu verkörpern, der nach langer Verborgenheit nun, und zwar zunehmend machtvoller, in die allgemeine Wahrnehmung tritt. Das wird sicher auch der Not geschuldet sein, in die wir uns hineinmanövriert haben.

Die Wiederkehr des tantrischen Kosmos läßt sich in Teilen der modernen Naturphilosophie und der Kosmologie genauso beobachten wie in den Bewegungen der Tiefenökologie, des Ökofeminismus, der Bewußtseinsforschung, der Bioenergetik und der

Transpersonalen Psychologie (um nur die wichtigsten Felder zu nennen). Die Beeinflussungen durch tantrisches Denken sind je verschieden konstelliert, zeigen jeweils ganz unterschiedliche Facetten, aber – es gibt sie, sie sind nachweisbar. Tantra ist ein mächtiger Bewußtseinsfaktor im ausgehenden Jahrtausend. Und vielleicht sollte es uns nicht allzusehr bekümmern, daß es naturgemäß auch Fehldeutungen, Verkürzungen und Vereinseitigungen gibt, die das Gesamtbild mitunter unkenntlich machen. Immer mehr Menschen begreifen, daß Tantra, wie tief auch jeweils verstanden oder durchdrungen, etwas mit Heilung, mit Therapie, mit Ganzwerdung zu tun hat, mit Überwindung der modernen Neurose.

Beginnen wir mit der Geschlechterneurose, mit der Trennung und Abspaltung im Bereich von Eros und Sexualität. Gerade hier hat Tantra einen gewissen Bekanntheitsgrad erlangt. So ist für viele Tantra schlicht eine Sexuallehre oder ein Mittel zu einer erfüllteren und schöneren Sexualität. Tantra gilt als System von Praktiken, mittels deren sich der Geschlechtsverkehr länger, lustvoller und häufiger ausüben läßt. Außerdem gilt Tantra für viele als ein Zugang zum Eros und zur Sexualität, der das Weibliche als eine gleichberechtigte, in gewisser Weise als eine dem Männlichen überlegene Seinsenergie erfahrbar macht. Der (männliche) Tantriker soll den Tiger der Lust reiten, ohne von ihm abgeworfen zu werden, sprich, ohne den durch die Ejakulation eintretenden Energieverlust erleiden zu müssen. Die berühmte postkoitale Tristesse bleibt aus, wenn der männliche genitale Orgasmus (meist mit Samenausstoß) unterbunden wird. Dazu bedarf es langwährender Übungen.

Aber auch der weibliche genitale (klitorale) Orgasmus wird häufig – nicht immer – als energiemindernd oder -schwächend gewertet. Generell geht es um Gewinn und Steigerung, nicht um Verlust und Einbuße oder Beraubung. Daß der ejakulatorische Orgasmus eine energetische/feinstoffliche Beraubung darstellt, ja eine Minderung an Geistessenz, gehört zum Glaubenssatz vieler tantrischer und auch taoistischer Sexualpraktiken.

Konzentration und Ekstase –
der yogische (männliche?)
und der tantrische (weibliche?) Weg

Daß Tantra und Yoga ursprünglich eng verbunden sind, hat Helmut Uhlig gezeigt. Über diese gemeinsamen Wurzeln hinaus läßt sich jedoch aufweisen, daß der Pfad des Yoga, als ein Weg der konzentrativen Versenkung und Zusammenziehung, wohl eher archetypisch männlich und der Pfad des Tantra, als ein Weg der Entgrenzung und öffnenden Ekstase, eher archetypisch weiblich ist. Was nicht ausschließt, daß auch Männer den tantrischen Weg gehen können und Frauen den yogischen Weg. Zum yogischen Weg gehört gemeinhin die Vorstellung, daß die höheren Weihen des Geistes und der Erleuchtung nur dem Asketen offenstehen, dem aller Sinnlichkeit Entsagenden. Der Mann, der (noch) den weiblichen Körper begehrt, dies die Generallinie aller asketisch-patriarchalen Spiritualität, kann nicht Erleuchtung erlangen. Nur der gleichsam nicht-phallische Mann wird als erlösungs- und erleuchtungsfähig betrachtet. Und auch die schon tantrisch zu nennende esoterische Arbeit mit den Energien des feinstofflichen Leibes, wie sie frühe Yogis praktizierten, geht davon aus, daß die sexuellen Energien *als sie selbst* keinen Heilswert haben, vielmehr der Transformation in die im eigentlichen Sinne zum Göttlichen aufsteigenden Energien der höheren Chakras bedürfen.

Das galt nicht nur, wie man zunächst denken könnte, für den »rechtshändigen Pfad« tantrischen Wirkens (Sexualität wird nicht buchstäblich-leiblich und damit lustvoll und »ganz irdisch« zugelassen). Auch im »linkshändigen Pfad« (Sexualität wird gelebt) hat die sinnliche Lust keinen hohen Wert *als sie selbst.* Auch hier wurde die Lust als solche häufig gering geachtet; wer ihrer noch bedürfe, könne nicht weit sein auf der spirituellen Leiter des Geistes. Das ist essentiell. Den Begriff »linkshändiger Weg« gibt es demnach in einer eher schwachen und in einer eher starken Form. In der starken Form erst wird die Sexualität nicht nur gelebt, sondern wirklich und intensiv als lustvolles Geschehen auch genossen und *zugleich* ins Göttliche transformiert. Geschlechts-

liebe wird zur Gottesliebe, Lust wird zur »Lust auf das Göttliche«.
Das ist das tantrische Zentrum, soweit die Sexualität ins Spiel
kommt, und sie kommt immer ins Spiel, sie ist immer im großen
kosmischen Spiel.

Der Mann hat stets gewußt, daß er der Frau im Eros unterlegen
ist. Auch die Frau weiß das, und sie handelt danach. Nur der (männliche) Geist, das weiß der erlösungs- und machthungrige Mann, ist
in der Lage, den (weiblich dominierten) Eros zu bezwingen. Gerade
der geistige und spirituelle, der in irgendeinem Sinne schöpferische
Mann fürchtet den Eros genauso stark wie er ihn ersehnt. Und mit
gewissen Einschränkungen ist der »linkshändige Pfad« in schwa-
cher Form ein Akt der Usurpation, der (illegitimen) Machtüber-
nahme: weibliche Energien werden benutzt (und häufig *ver*nutzt),
um dem aufwärts strebenden männlichen Geist die nötige Schub-
kraft, das nötige Feuer zu verleihen. Man (Mann?) muß da sehr genau hinsehen, um zu begreifen, worum es geht. Wird die Sexualität
als sie selbst geehrt und auch in der Folge davon als lustvoll-eksta-
tisch genossen, ohne daß der Verdacht bekämpft werden muß, hier
nehme die Erlösung ernsthaften Schaden, oder ist Sexualität lediglich ein Vehikel und damit eine Raketenstufe, die, wenn sie ihren
Zweck erfüllt hat, abgeworfen oder abgesprengt wird?

Das sind die zwei Richtungen im »linkshändigen« Tantra. Die
meisten Menschen, die sich heute Tantra zuwenden, wollen,
wenn sie ehrlich sind, nur das eine: Luststeigerung, ein Ausleben
des Eros ohne Schuld und Scham, ohne neurotische Verkrampfung und Deformation. So gesehen, steht Tantra heute für viele
schlicht für gesunde, also nicht-neurotische Sexualität. Mag mit
der Erleuchtung oder dem Geist geschehen, was da wolle.

Diese Unterscheidung ist auch bedeutsam für die zentrale
Frage der Heiligkeit (Sakralität) des Eros. Ist die pure sinnliche
Lust nur eine niedere, eine minderwertige oder vorläufige Form
für das eigentlich Sakrale, das es zu erreichen gilt (und die Sexualität ist ein wichtiges Hilfsmittel für den Heilsweg), oder darf sie
sein, was sie immer ist: sinnlich-übersinnlich, lustvoll, ganz sie
selbst und schon »mit einem Bein« drüben? Darf der weibliche
Schoß ein Ort des Göttlichen sein, als er selbst? Oder der Phallus?

Tantrische Wirklichkeit ist – und das wird zuweilen vergessen – *hierarchische Wirklichkeit*: Es gibt Seinsebenen, Bewußtseinsebenen, Dimensionen (höhere und niedrigere). Die Anerkenntnis des Unten und des Oben, der höheren Chakras (oberhalb des Nabelzentrums) und unteren Chakras (unterhalb des Nabelzentrums) geht von der hierarchischen Schichtung der Bewußtseinsebenen aus. Das muß keine Mißachtung des Unten bedeuten. Der Lotos bedarf des Schlammes, dem er entwächst. Auch die tantrisch-buddhistische Unterscheidung der relativen Ebene (Samsara) von der absoluten (Buddha- und Bodhisattva-Ebene) bedeutet keinen abwertenden Dualismus (Buddha ist gut, die Sinnenwelt ist schlecht). Allerdings hat dies, was die Sexualität im eigentlichen Sinn anlangt, praktisch und in der Lehre dann doch zu einer klaren Wertung geführt, die dem Dualismus sehr nahe kommt.

Daß in Indien und im Vorderen Orient in tantrischen Riten über Jahrhunderte hinweg häufig Cannabis genommen wurde (Haschisch, Marihuana), also ein bekanntermaßen mächtiges Aphrodisiakum, ist nur aus dem »starken linkshändigen Pfad« heraus zu begreifen. Cannabis steigert die Lustfähigkeit und verhilft gerade dadurch zu einer verfeinerten und tieferen Wahrnehmung der im Eros enthaltenen Spiritualität. Es ist die Lust selbst, ihre Potenzierung und Vorantreibung bis zur Ekstase, die das Göttliche und Übersinnliche enthüllt (»übersinnlich« meint hier beides: übersinnlich im Sinne von »über die Sinne hinausreichend« und im Sinne von potenzierter, ungeheuer intensivierter Sinnlichkeit). Erst auf diese Weise wird der in allen anderen Spielarten immer noch vorhandene Dualismus zwischen Sexualität und Heilsstreben überwunden. Nur hier können sich erotische Ekstase und spirituelle Öffnung verschwistern! Und nur hier wird eine »spirituelle Ausbeutung« der Sexualenergie vermieden.

Was den kulturellen Gesamtzusammenhang angeht, so sollte aber nicht vergessen werden, daß der Sexualität eine *auch* anarchische Kraft innewohnt, die fast jeden denkbaren kulturellen Rahmen sprengt. Das ist das Tristan-und-Isolde-Syndrom. Und in diesem Betrachten ist Richard Wagners *Tristan und Isolde* eine genuin tantrische Geschichte, eine Geschichte, die auch das Rebellische, das nicht Einzufriedende des Eros zeigt. In seiner ersten Begegnung mit Isolde nennt sich Tristan Tantris; das kann kein Zufall sein. Hier muß ein alter tantrischer Stoff, wahrscheinlich aus dem Vorderen Orient, aufgegriffen worden sein.

Konzentration, das ist die Bewegung nach innen, zum Zentrum, wobei alles Sinnlich-Physische, als Peripherie, den Ausgangspunkt bildet. Ekstase ist die gegengerichtete Bewegung: die nach außen, die der Entgrenzung, der Verschmelzung des Ich mit dem Du und dem Wir, mit der Welt. »Selbst dann bin ich die Welt«, heißt es im *Tristan*. Beide Richtungsimpulse, der yogische und der tantrisch-»linkshändige«, sind offenbar komplementär aufeinander bezogen. Ihre lebendige Integration ist bis dato nicht geleistet worden, und wahrscheinlich liegt hier eine Kulturaufgabe allerhöchsten Ranges, wenn wir die Irrwege Regression und Repression vermeiden wollen.

Repression des Sexuellen: Das ist die pathologische Seite des yogischen Pfades (denn das wirkt in den allermeisten Fällen neurotisierend, nicht nur im Abendland). Regression zum puren Bios, Leibwerdung des Geistes o. ä.: Das ist die pathologische Schicht des ·»linkshändig«-tantrischen Pfades. Pathologien sind Entwicklungsanomalien, die auf jeder Bewußtseinstufe auftreten können (siehe die großartige philosophische Arbeit von Ken Wilber).

Und die alte, noch heute beunruhigende Frage: »Warum gibt es keinen weiblichen Buddha?« gehört in diesen Kontext. Alle Antworten auf diese Frage waren bisher auf die eine oder die andere Weise unbefriedigend.

Die Heilung der Geschlechterwunde –
Spiritualität und Eros

Wenn der Buddha immer Mann ist, Mann, der dem eigenen Phallus entsagt, der den weiblichen Schoß flieht, den das Geschlecht sucht, dann fühlt sich die Frau spirituell entwertet, und sie ist es auch faktisch. Dann wäre das Streben nach Buddhaschaft ein typisch männliches Projekt, bei dem den Frauen nur Rollen zugeschrieben werden, die sie ontologisch geringer einstufen als den Mann. Das hat die Frau tief verwundet und gedemütigt, ist aber auch dem Mann nicht gut bekommen. Wer Erlösung nur als Erlösung gegen die Natur begreift, nicht als Erlösung der Natur, in direkter oder indirekter Gleichsetzung von Frau und Natur, gräbt sich, nicht nur leiblich, die eigenen Wurzeln ab. Tantra versucht diesen Wahn zu vermeiden beziehungsweise zu korrigieren. So ist tantrische Rebellion gegen das asketisch Yogische und Machtbesetzte immer auch weiblich-natürlich motiviert. »Weiblich-natürlich«, das heißt auch: erotisch. »So herrsche denn Eros, der alles begonnen!« *(Faust II).* Das hat eine tantrische Wirkungsrichtung. – In einer großartigen Studie hat Miranda Shaw zu zeigen versucht, daß die tantrisch-buddhistische Tradition auch weibliche Gurus, weibliche Erleuchtete kennt *(Erleuchtung durch Ekstase. Frauen im tantrischen Buddhismus).* Das hebt die oben aufgeworfene Frage in der Substanz nicht auf ...

Fast haben wir uns daran gewöhnt, daß das Spirituelle, das Heilige, das Transzendente mit Sicherheit nicht dort aufzufinden sein könne, wo der Wille zum inkarnierten Sein am wirkungsmächtigsten ist: in der Sexualität, in der erotischen Lust. Daß hier eine Abspaltung vorliegt, eine (vielleicht der Todesangst abgerungene) Abtrennung des Physisch-Sinnlichen vom Spirituellen, eine Abspaltung oder Trennung, die etwas zutiefst Zusammengehöriges zerreißt, kommt uns zunächst nicht in den Sinn. Vergänglichkeit und Tod sind hier mächtige Argumente: Warum etwas heiligen und für spirituell erachten, was doch unwiderruflich vergeht und zerfällt? Das war das Grundmotiv aller leibabgewandten Suche nach dem Göttlichen.

Tantra hat einen anderen Ansatz: Es sucht die Herausforderung des Geistes gerade in jenen Zuständen, in denen es am schwersten fällt, bewußtseinsmäßige Klarheit und Wachheit aufrechtzuerhalten: Transzendenz durch Bejahung, Überschreitung durch Bejahung, Anerkenntnis des Göttlichen/Sakralen/Numinosen im Sinnlich-Konkreten. »Leere ist Form, und Form ist Leere«, lautet einer der Kernsätze des Mahayana-Buddhismus. Leere, das ist die absolute Form, das ist die relative Ebene. Noch einmal: »Dieser

Körper ist der Körper des Buddha.« (Hakuin) Diese Sexualität ist die Sexualität des Buddha. Dieser Phallus ist der Phallus des Buddha usw. Das ist tantrisches Denken.

Das hier in Frage stehende Dilemma (es ist nicht nur ein abendländisch-christliches) ist oft erkannt und formuliert worden, auch wo vom Tantrischen direkt nicht die Rede ist. Schon vor Jahrzehnten hat der Philosoph Walter Schubart (geboren 1897, verschollen 1941 in den Wirren des Zweiten Weltkrieges) in seinem Buch *Religion und Eros* auf die fatalen und neurotisierenden Folgen der Trennung des Spirituellen vom Erotischen aufmerksam gemacht. In der Einleitung zu seinem Buch schreibt er:

»Das Religiöse und das Geschlechtliche sind die beiden stärksten Lebensmächte. Wer sie für ursprüngliche Widersacher hält, lehrt die ewige Zwiespältigkeit der Seele. Wer sie zu unversöhnlichen Feinden macht, zerreißt das menschliche Herz. Und es ist zerrissen worden! Wer über Religion und Eros nachsinnt, muß den Finger an eine der schmerzlichsten Wunden legen, die in der Tiefe des Menschen blutet. Zur Heilung dieser Wunde beizutragen, der Geschlechterliebe das gute Gewissen und der Seele ihre Einheit zurückzugeben, ist der Sinn dieses Buches.«[5] Auch dies ist aus tantrischem Geist heraus gesprochen.

Seit den siebziger Jahren ist Tantra, verstanden als tantrische Liebeskunst und als Versöhnung von Spiritualität und Eros, ein sich zunehmend verstärkender Kulturimpuls, zu dessen Breitenwirkung *und* Verflachung gleichermaßen der indische Guru Bhagwan Shree Rajneesh alias Osho wie kein anderer beigetragen hat. Der in der einschlägigen Presse als »Sex-Guru« Geschmähte (er lebte von 1931 bis 1990) hat das Feuer und den Impetus seiner Bewegung aus dem tantrischen Weg gewonnen. Er begann als Rebell in der sexualitätsfeindlichen indischen Gesellschaft und wurde schließlich zum heftig umstrittenen und wirkungsreichen Guru von Zehntausenden von Westmenschen. Was seiner Bewegung als Organisation die Durchschlagskraft verlieh, waren primär Frauen. Frauen waren es, die seine Impulse an die große Masse der Schüler weitergaben. Er lebte von ihnen und sie von ihm.

Das macht Osho/Bhagwan auch zu einer Klingsorgestalt, obwohl dies das ganze Phänomen nicht erschöpft oder beschreibt. Osho/Bhagwan verstand es, virtuos auf der tantrischen Klaviatur zu spielen; und viele seiner Schüler tragen diesen Impuls noch heute weiter. Die meisten Bücher und Workshops zum Thema Tantra stammen aus der Rajneesh-Schule. In einem seiner frühen Vorträge (in Bombay/Januar 1973) sagte er einmal:

»Die andere Welt wird zum Ideal, zur Zukunft, zum Wunsch, zur Vision, und zugleich wird *diese* Welt zur Sünde. Dann fühlst du dich schuldig damit. Und jede Religion, die dich schuldig macht, macht dich neurotisch. Es treibt dich in den Irrsinn! In diesem Sinne ist Tantra die einzig gesunde Religion. Und immer dann, wenn eine Religion gesund wird, wird sie Tantra, sie wird tantrisch.«[6]

Tantra als »die einzig gesunde Religion«: Das ist eine treffende Formel. Von der Verflachung des tantrischen Gedankens durch die Rajneesh-Bewegung war bereits die Rede. Dies festzustellen bedeutet nicht, die ungeheure kulturelle und psychologische Bedeutung gering zu achten, die Osho/Bhagwan auf dem Felde des tantrischen Bewußtseins zukommt. Ohne ihn gäbe es das Thema in dieser Breite heute nicht, was man natürlich bedauern und kritisieren kann. Und es gibt gute Gründe für dieses Bedauern und diese Kritik. Aber man sollte es sich nicht zu einfach machen. Gerade das »Unreine«, zutiefst Vermischte und sogar pathologisch Durchsetzte ist ein tantrischer Stoff, eine tantrische Herausforderung. Im übrigen wird trotz allem viel transportiert, was in die Zukunft weisen kann.

Für Unzählige geht es erst einmal um Therapie, um nichts anderes, um Heilung der vielleicht schmerzlichsten aller Wunden: der Liebeswunde, der Wunde des Geschlechts und am Geschlecht. Nicht von ungefähr hat die Gralslegende auch dieses Thema: das des Siechtums am Geschlecht. Und hier könnte sich Tantra als die einzige erfolgversprechende Therapie erweisen (mit allen Einschränkungen, die immer mitzudenken sind). Tantra akzeptiert das, was da ist, geht aus von dem, was der Fall ist. Und Sexualität am und im sinnlich-lebendigen Leib ist immer der Fall (und, für den Mann, der Phallus), bewußt oder unbewußt. Ob die Sexualität nun gelebt oder unterdrückt wird – anwesend, auch als scheinbar abwesende, ist sie immer. Das gilt auch dort, wo man/frau es vielleicht am wenigsten vermutet: in den Hochburgen der abstrakten Naturwissenschaft, die sich, in radikalem Gegensatz zum tantrischen Universum, methodisch bewußt von allem Sinnlich-Unmittelbaren, allem Eros und aller weiblichen Verbindung fernhalten. Nichts stört den abstrakten Geist, das (vorgeblich leiblose) männliche Forschersubjekt, mehr als das Tantrisch-Weibliche, als die Ekstase des Eros, die liebende Verschmelzung der Geschlechter. Nicht daß der Diener des abstrakten Geistes nicht auch ein Liebender sein kann, er kann es, und er darf es *als private Existenz*! Die (allein wichtige) Forschung ist leibfern und abstrakt; genau dies macht ihre enorme Durchschlagskraft aus, der im globalen Maßstab bislang nichts gewachsen zu sein scheint.

Tantrische Wissenschaft sähe auf eine grundstürzende Weise anders aus. Sie *sieht* anders aus. Ihr Ausgangspunkt ist immer die konkrete und stets unmittelbare Erfahrung und nicht, wie im Falle der technischen Naturwissenschaft, das mathematisch skelettierte Erfahrungsmaterial, dem das Leben abgezogen wurde. (Genau das meint und bewirkt der Akt der – mathematisch gefaßten – Abstraktion.)

Die dadurch bewirkte Schizophrenie ist die Spaltung des forschenden Subjekts in den Privatmenschen, der lebendig und erotisch sein darf, und den Sachwalter des wissenschaftlich-technischen Apparats, der eben dies nicht sein, es jedenfalls während des Arbeitsprozesses nicht manifestieren darf. Was einer liebt, wie einer lebt und was er glaubt, wichtig ist allein, daß richtig gemessen wird, um es auf eine kurze Formel zu bringen.

Tantra ist gegen jede Form der Schizophrenie, jede Form der Spaltung und wahnhaften Abtrennung von der Ganzheit des Lebendigen. Der abstrakt-wissenschaftliche Blick auf die Dinge ist ein kalter und tötender Blick, ein Blick ohne Liebe und ganzheitliche Partizipation, der Blick des Tantrikers dagegen ist ein sehr sensibler und wacher Blick, ein Blick voller Mitgefühl und Nichtgetrenntheit. Der Tantriker lebt primär die existentielle, der im Mainstream der technischen Naturwissenschaft Tätige dagegen primär die getrennt-beobachtende und abstrakt-rechnende Dimension (wenn denn »Dimension« hier das richtige Wort ist). Größere Gegensätze lassen sich kaum denken.

Ein Elementarteilchenphysiker, der als Privatmensch vielleicht einen Tantra-Kurs besucht, weil er seine verkrustete Sexualität aufbrechen und beleben möchte, ist deswegen als Physiker noch immer das Gegenbild eines Tantrikers. Ob es gelingen kann, die abstrakt-wissenschaftliche Zugangsweise mit der tantrischen zu versöhnen oder auf einer höheren Ebene zu integrieren, muß die Zukunft zeigen.

Tantrische Sexualität ist eher weiblich gestimmt und bestimmt; die zugespitzte Form des genitalen Orgasmus weicht einer sich über den ganzen Körper erstreckenden Erregung, die keiner »Entladung« im herkömmlichen Sinn bedarf. Tantra nähert die männliche Sexualität, die für sich genommen eher aggressiv und direkt ist, der weiblichen an.

Eines der in der New-Age-Szene am häufigsten gelesenen Bücher zur tantrischen Liebeskunst ist Margo Anands *Tantra oder Die Kunst der sexuellen Ekstase (The Art of Sexual Ecstasy. The Path of Sacred Sexuality for Western Lovers).*[7] Es geht also, wie der englische Untertitel andeutet, um »heilige Sexualität«, um die Wiedergewinnung der sakralen Schicht des Sexuellen, die mit einer einschränkungslosen Akzeptanz der eigenen Leiblichkeit und Geschlechtlichkeit beginnt und im das Ich entgrenzenden Ritual endet. Bücher dieser Art haben einen sehr hohen praktischen und therapeutischen Wert, sie sind im besten Wortsinn Helfer auf dem Weg zu einer ganzheitlich integrierten und sakralen Sexualität. Ihr Anspruch ist kein philosophischer oder geschichtlicher. Indem man dies feststellt, ist man sich der Ebene bewußt, um die es hier geht; wenn man es bei dieser Ebene beläßt, sind Bücher wie das von Margo Anand sinnvoll und fruchtbar. Überfrachtet man sie dagegen oder fordert man ihnen eine philosophische oder esoterische Differenziertheit ab, stößt man schnell an die inneren Grenzen des ganzen Ansatzes.

Was Osho/Bhagwan betrifft und die vom ihm initiierte Bewegung, so wird gerade hier ein weiteres Element des Tantrismus deutlich, das zugleich zu den sensibelsten gehört: die überragende Rolle, die der Guru spielt, der spirituelle Führer oder Meister. Der Schüler übergibt sich dem Guru in bedingungslosem Vertrauen, und gerade dies setzt eine Bewußtseinsverfassung voraus, die allem widerspricht, was seit der Aufklärung im Abendland an Emanzipation – und sei es nur als Postulat – errungen wurde. Es ist eine Bewußtseinsverfassung, die der asiatischen Spiritualität von alters her entspricht und auch dort ihren legitimen Platz hat.

Anders sieht die Sache aus, wenn man das Guru-Schüler-Modell auf den Westen überträgt beziehungsweise wenn ein Abendländer, der notwendig das Erbe der Aufklärung in sich trägt (auch deren »Dialektik«, siehe Adorno/Horkheimer), sich als Schüler einem Guru anvertraut, womit er notwendig ein beachtliches Stück Emanzipationsgewinn aufgibt. »Shoes and minds are to be left at the gate«, hieß es in Poona. Am Eingang zur Danteschen Hölle war die Hoffnung abzugeben oder fallenzulassen, am Eingang zum »buddha-field« von Osho/Bhagwan ging es um die Schuhe und den Geist. Das englische Wort »mind« meint Geist primär im Sinne der Ratio, des Intellekts, des Verstands; ist Geist im Sinne der idealistischen Philosophie gemeint, wird das Wort »spirit« verwendet. Und gerade unzählige Intellektuelle haben dem tantrischen Meister Osho/Bhagwan gegenüber auch den letzten Rest von kritischer Distanz aufgegeben, jedenfalls für eine gewisse Zeit. Und die zunehmend wachsende Schar westlicher Schüler und Anhänger läßt auch den Guru nicht unbeeinflußt; hier tritt eine Psychodynamik in Kraft, die auf schleichende Weise auch den Guru prägt, seine Maßstäbe verwischt und zu (häufig sehr subtilem) Machtmißbrauch einlädt. Oshos/Bhagwans Biographie ist ein beklemmendes Beispiel dafür.

Ins Monströse gesteigert wird das angedeutete Guru-Syndrom bei dem Amerikaner Franklin Jones (alias Da Free John, Da-Love Ananda oder Adi Da), der sich von seinen Anhängern als Gott verehren läßt (im Sinne asiatischer Spiritualität). »Adi Da« hat minutiöse Anweisungen ausgearbeitet, wie seine Schüler, seine »devotees«, mit ihrer Sexualität umzugehen haben. In seinem Hauptwerk, dem *Dawn Horse Testament*, widmet er siebzig Seiten der

Darstellung tantrischer Sexualpraktiken und ihrer spirituellen Rechtfertigung. Zu Beginn des einschlägigen Kapitels heißt es (und das ist reiner Tantrismus): »Die sexuelle Aktivität selbst muß umgewandelt werden in Geist-Leben (Spirit-Life), in das Spirituelle, das Transzendentale und die Göttliche Fülle.«[8] Der »normale« Orgasmus wird von »Adi Da« als Vergeudung der spirituellen Energie gewertet; um diese zu erhalten, bedürfe es des Emporziehens der Sexualenergie in den Kopfbereich.

Vielleicht der wichtigste Wegbereiter der tantrischen Renaissance in den letzten Jahren war der Arzt und Naturforscher Wilhelm Reich (1897–1957), der die Bioenergetik begründete, also ein wesentliches Element aller relevanten Körpertherapien. Auf der Suche nach den biologischen Wurzeln der Sexualenergie war Wilhelm Reich auf eine kosmische Grundenergie gestoßen, die er »Orgon« nannte und deren Erforschung sein Lebenswerk ausmachte. Diese Orgonenergie ist keine der in der herkömmlichen Physik bekannten Energien. Bis heute ist – selbst unter Reich gegenüber wohlwollend Eingestellten – umstritten, ob diese Orgonenergie so tatsächlich existiert. Daß mit den von Reich angeregten Methoden auch Heilungen möglich sind, kann mittlerweile als erwiesen gelten.

Die orgasmische Entladung im Menschen war für Reich ein überall in der Natur anzutreffendes Geschehen, ein Element der Pulsation alles Lebendigen. Stets hat Reich die biologische und psychische Bedeutung des Orgasmus betont. Der nicht orgasmusfähige Mensch ist nach Reich krank, weil diese Unfähigkeit zur lustvollen Entladung einer bis in die Zellen hineinreichenden Blockade und Zusammenziehung (Kontraktion) entspringe. In seinem Buch *Äther, Gott und Teufel* gibt Reich eine naturphilosophische Gesamtschau seiner Theorie der Orgonenergie, die unverkennbar Züge des tantrischen Universums aufweist, ohne allerdings die Grenzlinie zum Spirituellen hin zu überschreiten.[9]

Ein kleiner, aber notwendiger Exkurs
zum Orgasmus

Die Frage »Orgasmus oder Nicht-Orgasmus« im tantrischen Verständnis berührt einen subtilen und heiklen Punkt. Die Entdeckung des Orgasmus, der eigenen Orgasmusfähigkeit war ja für unzählige Frauen ein kaum auszulotender Gewinn an Freiheit, Lebendigkeit und lustvoller Selbstbestätigung nach einer so beschämend langen Zeit der Tabuisierung und Repression durch die patriarchale christliche Kultur, in der es an den elementarsten Einsichten in das Wesen des Sexuellen mangelte. Die Klitoris als Lustorgan mußte erst entdeckt werden, und die männlichen Kenntnisse allein der weiblichen Anatomie waren erschütternd gering. Das ist psychologisch und kulturell entscheidend wichtig.

Der Westmensch, ob Frau oder Mann, der Tantra praktiziert, Tantra im sexuellen Sinn, tut dies vor dem Hintergrund einer langen und düsteren Geschichte der Verleugnung, Unterdrückung und Pervertierung des Eros, die keineswegs an ihr Ende gelangt ist. Will sagen: In jeder Form sexuellen Erlebens ist diese Geschichte anwesend, und es gibt kaum gänzlich neurosefreie Sexualität. Und jedes Innehalten des zum Orgasmus drängenden leiblich-psychischen Geschehens macht ja nur dann einen (auch tantrischen) Sinn, wenn die Orgasmusfähigkeit nicht wieder (nun auf andere Weise) unterdrückt wird. Tantrischer »Nicht-Orgasmus« setzt die tiefe Erfahrung des Orgasmus voraus. Nur dann wird nicht eine neue Spielart der Unterdrückung praktiziert. – Zum Orgasmus gehören Loslassen, Sich-öffnen, Strömen, gehört ein kleiner, kurzer »Bewußtseinstod« u. ä. Diese strömende Öffnung ist biologisch, seelisch, sozial von ungeheurem Wert.

Die Befreiung der orgasmischen Potenz der Frauen – auch in der autoerotischen und homoerotischen Liebe – ist von den Frauen erkämpft worden. Diese Befreiung läßt zugleich ein ganz anderes Moment aufsteigen, das Männer jahrtausendelang unter Verschluß hielten: die wilde, anarchische, »hexische«, selbstbestimmte Kraft des Weiblichen. Ist diese Kraft selbst tantrisch, oder bedarf sie einer »tantrischen Disziplin« und Zügelung? Sind Frauen

Tantrikerinnen per se, oder bedürfen sie, genau wie die Männer, nur mit anderer Akzentsetzung, der tantrischen Schulung? Hier hängt alles davon ab, wie der – weibliche – Orgasmus erlebt, gewertet und zugelassen wird.

Es gibt tantrische Rituale, die auch dem weiblichen Orgasmus, wie dem männlichen, strenge Zügel anlegen – meist im Sinne einer kontrollierten Verzögerung oder Hinausschiebung zur Erreichung höherer (spiritueller) Ziele oder zum Zweck der Luststeigerung.

Das ist eine Gratwanderung. Wer immer heute (sexuelles) Tantra praktiziert, muß wissen, worauf er sich einlassen möchte. Geht es um Freisetzung der (wilden, anarchischen, ungezügelten, vielleicht gar in der Übersteigerung: dämonischen) orgasmischen Energie oder aber um deren Beherrschung, Zähmung, Zügelung? Geht es um den Fluß oder das Flußbett? Das ist bei Männern »einfacher«, als es hier – zunächst! – um die Fähigkeit geht, die eigene Ejakulation hinauszuzögern, den eigenen Rhythmus der Lust dem der Frau anzunähern. Multiple Orgasmen, verbunden mit Ejakulation, sind dem Manne in der Regel unmöglich; er braucht längere Zeit, um sich zu regenerieren. Also ist die Zurückhaltung des Samens, von der Empfängnisverhütung abgesehen, ein Mittel, der Frau zu größerer und längerwährender Lust zu verhelfen.

Ist das Tantra? Ist das nicht schlichte Liebestechnik, deren Wert nicht zu bestreiten ist? Was hat das mit der angestrebten kosmischen Dimension zu tun? Und wird diese nicht erst erschlossen im wirklichen Liebesakt, also einer Verschmelzung, die nur in den seltenen Fällen wirklicher, bedingungsloser Liebe gelingen kann? Liebe in diesem Sinne ist nicht lehrbar, weder tantrisch noch sonstwie. – Vielleicht ist auch der kunstvoll verzögerte Orgasmus oder die Lehre vom Nicht-Orgasmus zur Erreichung »höherer Stufen« ein Trick der Männer, sich die weibliche Energie dienstbar und verfügbar zu machen. Tantra wäre dann gerade keine weibliche Angelegenheit, sondern eine zutiefst männliche, patriarchale...

In allen indischen Sprachen fehlen übrigens, soweit ich weiß, die Wörter für Orgasmus und Klitoris. Warum?

*Der Kosmische Mensch: Das tantrische
Universum wird erfahrbar. Tantra und die
moderne Bewußtseinsforschung*

Die in den sechziger und siebziger Jahren eingetretene Öffnung
zum Spirituellen wäre ohne die durch das machtvolle Halluzinogen LSD hervorgerufenen Bewußtseinsdurchbrüche nicht so erfolgt, wie sie dann geschah und bis heute weiterwirkt. LSD, ein
halbsynthetisches Mutterkornderivat (1938 beziehungsweise 1943
durch den Chemiker Albert Hofmann entdeckt), führt schon in geringen Dosierungen zu einer auf vehemente Weise veränderten
Selbst- und Weltwahrnehmung. Für viele waren LSD-Erfahrungen
die ersten authentischen und zutiefst erschütternden Erfahrungen
eines gänzlich anderen Bewußtseinszustandes, den als »sakral«
und »mystisch« zu bezeichnen nur dem fremd erscheint, der diese
Erfahrungsdimension nicht kennt. Schon Anfang der sechziger
Jahre wurden Parallelen aufgezeigt zwischen den durch LSD aufgerissenen Horizonten eines bis dahin unvorstellbaren Bewußtseinsuniversums und den im tibetischen Totenbuch (Bardo-Thödol) dargestellten nachtodlichen Erlebnissen.

Darauf war die westliche Welt nicht vorbereitet, und so ist eine
zureichende Auseinandersetzung und Integration in größerem
Maßstab ausgeblieben. Die an der traditionellen Spiritualität Ausgerichteten waren zunächst eher geneigt, die LSD-Effekte als Verzerrungen der eigentlichen und wahren »Anderswelt« zu werten,
nicht aber als echte und authentische spirituelle Öffnungen »nach
drüben«. Osho/Bhagwan, nun wahrlich kein Mann der traditionellen Spiritualität, sprach gleichwohl für viele, als er die Einnahme
von LSD *ohne* eine langjährige meditative Bewußtseinsschulung
ablehnte. Fehle diese Vorarbeit, so Osho/Bhagwan, dann sei
das Bewußtsein nicht in der Lage, die aufbrechenden Bewußtseinsräume zu integrieren.

Diese Warnung war nur allzu berechtigt, wie auch der massenhafte und unkontrollierte Konsum als Genußmittel zeigte. Hier gilt
etwas ähnliches wie für Cannabis (Haschisch/Marihuana), wenngleich Cannabis im engeren Sinne nicht als Halluzinogen gilt;

Cannabis hat erst oberhalb einer bestimmten Konzentration und Menge halluzinogene Wirkungen. In der herrschenden Medizin und Psychiatrie werden diese Erfahrungen mit psychotropen Substanzen, allen voran die als extrem einzustufenden unter LSD-Einfluß, ohnehin als pathologisch bezeichnet, wobei nicht zu leugnen ist, daß hier – wie auch bei sonstigen »mystischen Zuständen« – pathologische Elemente einschießen können.

Entscheidend für unseren Zusammenhang ist, daß die durch LSD bewirkten Bewußtseinsveränderungen plötzlich und häufig schockartig Zugänge zu verborgenen Räumen der Seele eröffneten, wie sie in traditionellen Kulturen nur nach langer Vorbereitung in rituellen oder kultischen Zusammenhängen erfahrbar waren und als Einweihung galten, als Öffnung der Pforte des Todes, als sakrale Todeserlebnisse. Dies war nun jedermann, der nur willens dazu war, als Erfahrung möglich, eine Art Demokratisierung alten Mysterienwissens, alter Mysterienerfahrung, wie es schien. Schnell jedoch wurde die Notwendigkeit begriffen, den fehlenden spirituellen Rahmen gleichsam nachzuholen und nachzuarbeiten, was, kulturell bedingt, an Vorarbeit fehlte. Viele gingen vom LSD den Weg in die asiatische Spiritualität; die meisten wandten sich, kurzfristig oder dauerhaft, dem tantrischen Buddhismus zu.

Und gerade dies ist von innerer Konsequenz und Logik. Denn nur die Vieldimensionalität des tantrisch-buddhistischen Universums bot einen geeigneten Rahmen für die erfahrene und erlebte Vieldimensionalität der LSD-»Reisen«. LSD stand Pate bei der Geburt der »postmodernen Spiritualität«, wenn man es so nennen will. Ohne LSD keine New-Age-Bewegung, keine Transpersonale Psychologie, keine Bewußtseinsforschung. Vielleicht auch: ohne LSD und Cannabis kein »revival« tantrischen Erlebens.

Eine Schlüsselfigur der Bewußtseinsforschung seit Jahrzehnten ist der Psychiater Stanislav Grof, dem 1956 – er war gerade fünfundzwanzig Jahre alt – sein damaliges materialistisches Weltbild durch die ersten LSD-Erfahrungen in Stücke geschlagen wurde. Grof, gebürtiger Tscheche, ging 1967 in die USA und wurde zu einem Pionier der Transpersonalen Psychologie. Sein allein quantitativ immenses Forschungswerk in Sachen »veränderte Bewußtseinszustände« hat Grundlagenarbeit geleistet und ist ein Essential für jeden, der sich ernsthaft um eine Phänomenologie der grenzüberschreitenden Erfahrungen und deren Einordnung oder Deutung bemüht.

In seinem neuesten Buch *Kosmos und Psyche. An den Grenzen menschlichen Bewußtseins (The Cosmic Game)* stellt er zentrale Merkmale des in veränderten Bewußtseinszuständen erfahrbaren inneren Universums dar; er nennt diese Zustände »holotrop« (auf das Ganze gerichtet) und grenzt sie von den »hylotropen« Bewußtseinszuständen ab, die auf die Materie und das Körper-Ich gerichtet sind. Holotrope Bewußtseinszustände lassen sich auch ohne psychotrope Substanzen erzielen, etwa durch eine bestimmte Form der Atemarbeit – zum Beispiel Hyperventilation in kontrollierten und geschützten therapeutischen Zusammenhängen – oder durch Fasten, Schlafentzug, langdauernde Meditation, Musikerfahrungen, gesteigerte oder tantrische Sexualität. Grof nennt dies die »Techniken des Heiligen«.

In *Kosmos und Psyche* schreibt Grof über die holotrope oder kosmische Erlebnisdimension:

»Jahrhundertelang sind diese Erfahrungen und die Seinsbereiche, die sie erschließen, im Kontext verschiedener spiritueller Philosophien und mystischer Traditionen der Welt beschrieben worden. Zu ihnen gehören Vedanta, Hinayana- und Mahayana-Buddhismus, Taoismus, Sufismus, Gnostizismus, christliche Mystik, Kabbala und viele andere hochentwickelte spirituelle Systeme. Die neuen Erkenntnisse bestätigen und untermauern im wesentlichen die Position dieser alten Lehren und stehen damit in radikalem Gegensatz zu den fundamentalen Thesen der materialistischen Wissenschaft zum Bewußtsein, zur menschlichen Natur und zum Wesen der Wirklichkeit. Sie sprechen deutlich dafür, daß Bewußtsein kein Produkt des Gehirns, sondern ein primäres Seinsprinzip ist und daß es bei der Erschaffung der Erscheinungswelt eine entscheidende Rolle spielt.

Ein weiteres überraschendes Ergebnis dieser Forschungen ist, daß sie darüber hinaus den Status der menschlichen Psyche in völlig anderem Licht erscheinen lassen. Sie zeigen, daß die Psyche

eines jeden von uns, im weitesten Sinne verstanden, umfangsgleich mit dem gesamten Sein und letztlich identisch mit dem
kosmischen schöpferischen Prinzip ist. So radikal dieser Schluß
die Weltsicht moderner technischer Gesellschaften in Frage stellt,
so umfassend stimmt er mit dem Bild der Wirklichkeit überein,
das sich in den großen spirituellen und mystischen Traditionen
der Welt findet, der ›ewigen Philosophie‹ oder Philosophia peren-
nis, wie sie der angloamerikanische Schriftsteller und Philosoph
Aldous Huxley nannte.«[10]

Die menschliche Psyche erfährt sich in den holotropen Bewußtseinszuständen von einem bestimmten Punkt der Steigerung
an als gleichsam ausgegossen in die Weite des Kosmos, als auf vielen sich auf subtile Weise durchdringenden Ebenen verwoben mit
all dem, was zunächst, vom begrenzten Körper-Ich aus, als draußen oder unüberbrückbar getrennt erscheint. »Wir träumen von
Reisen durch das Weltall, ist denn das Weltall nicht in uns?«[11] Dies
schreibt der romantische Dichter Novalis (der übrigens Erfahrungen mit Opium hatte). Das innere Weltall wird zum äußeren Weltall – und umgekehrt.

Ein sorgfältiges Studium der holotropen und transpersonalen
Erfahrungen zeige, so Grof, »daß die Grenzen zwischen der individuellen menschlichen Psyche und dem übrigen Kosmos letztlich
willkürlich und überwindbar sind«. »Diese Arbeit liefert überzeu-
gende Indizien dafür, daß in letzter Analyse jeder von uns mit der
Totalität des Seins umfangsgleich ist. Praktisch bedeutet das, daß
uns alles, was wir in unserer alltäglichen Bewußtseinsverfassung
als *Objekt* wahrnehmen würden, auch als eine entsprechende *subjektive* Erfahrung begegnen kann, wenn wir in einem holotropen
Zustand sind. Zusätzlich zu allen Elementen der materiellen Welt
im gesamten Feld von Raum und Zeit können wir auch Aspekte
anderer Wirklichkeitsdimensionen wie archetypische Wesen und
mythische Bereiche des kollektiven Unbewußten erleben.«[12]

Der holotrope Bewußtseinszustand enthüllt eine Welt, die
offenbar zum tantrischen Universum gehört, im tantrischen Universum wurzelt, ja dieses geradezu ist (in welchem Grad der
»Deckungsgleichheit« auch immer). Hier erfahren die im »Normal-

bewußtsein« enthaltenen Unterscheidungen zwischen innen und
außen, hier und dort, heute und gestern (und morgen!), ich und
du und wir, u. ä., eine überraschende, ja bestürzende oder erschüt-
ternde Relativierung. Die so vertraute rationale Ichheit nebst allen
ihr zugeordneten Koordinaten der Umweltorientierung gerät aus
den Fugen, verschiebt sich ins Unabsehbare, in ein Meer von ja-
genden Impulsen, Fluktuationen, Farben, Klängen, jähen Erinne-
rungen, Visionen, beseligenden oder Angst einflößenden Wesenheiten. Die Nachtod-Erfahrungen aus dem Bardo-Thödol werden
zur erfahrbaren Größe. Die Demontage des rationalen Selbst geht
häufig einher mit dem Gefühl, abzustürzen ins Bodenlose, jeden
Halt zu verlieren, und es wird gleichsam eine Armee von feinstofflichen Soldaten aufgeboten, um das Ich zur bedingungslosen Aufgabe zu zwingen.

Der eine Zustand muß erst abgeräumt werden, bevor der andere, tiefere, weitere, mächtigere ins Bewußtsein treten kann.
Naturgemäß hängen diese Transformationen mit der Intensität
und Wucht des Erlebens zusammen und lassen sich nicht exakt
voraussagen. Die alte Form muß weichen, damit die neue Form
werden kann. – Im tibetischen Buddhismus ist die Mandala-Medi-
tation ein wichtiges Koordinatensystem, das dem Einzelnen hilft,
den zunächst chaotisch anmutenden Fluten aus unbekannten Räumen und Dimensionen standzuhalten und diese zum strahlenden
Licht des Erleuchtungsbewußtseins umzuschmelzen. Meist sind
die in holotropen Zuständen auftretenden Bewußtseinsverschie-
bungen derartig dramatisch und überraschend, daß zu einer im engeren Sinne meditativen Arbeit nur wenig Raum bleibt, ein Punkt,
der von Kritikern dieser Zustände, soweit sie durch psychoaktive
Substanzen herbeigeführt werden, immer wieder ins Feld geführt
wird.

Auffallend auch, daß Sexualität in diesen Zuständen, wenn sie
nicht in Übergangsstadien ins Abgründige und Monströse verzerrt
wird beziehungsweise ihre abgründige, dämonische Seite offenbart, als kosmische, als weltenschaffende Kraft erfahren wird, als
kosmisches Sakrament, als göttliches Geschenk, ja als Manifesta-
tion des Göttlichen selbst in die Wahrnehmung tritt. Die Gottes-

trunkenheit sufischer Mystiker wird hier zur beglückend erfahrenen Wirklichkeit. Wenn Geburtserfahrungen auftreten, überhaupt
Erfahrungen/Erinnerungen an mit der physischen Geburt zusam-
menhängende Phänomene und Umstände (Grof nennt diesen
Bereich »perinatal«; er unterscheidet vier perinatale Matrizen, entsprechend den vier Stadien des Geburtsvorgangs), dann sind damit häufig transpersonale Entgrenzungen verbunden, die Geburt
und Tod eigentümlich zusammenschließen, ja, fast identisch erscheinen lassen.

Die physische Geburt ins Tageslicht hinein entspricht der gei-
stig-seelischen Geburt ins kosmische Licht hinein im Moment des
physischen Todes, was insbesondere im tibetischen Totenbuch
und verwandten Überlieferungen betont wird. Und die (als sakral
empfundene) Sexualität erscheint aufs engste verknüpft mit Anfang und Ende der physischen Existenz, sowohl die Geburt – genauer: das Gebären – als auch der Tod können mit orgasmischen
Zuständen verglichen werden. Viele Frauen haben, durch den
Schmerz des Gebärens hindurch, ekstatische/orgiastische Empfindungen, erleben transpersonale Durchbrüche, einen »Anhauch
von drüben«. In der traditionellen Medizin wird diesen Wahrneh-
mungen und Gefühlen keine Beachtung geschenkt, beziehungsweise sie werden nicht als authentische Erfahrungen einer höhe-
ren/weiteren Dimension gewürdigt.

Jeder, der, wie auch immer induziert, transpersonale/holotrope
Zustände erlebt hat, weiß, daß diese häufig (aber nicht immer) mit
einer umfassenden Erotisierung einhergehen. Und mitunter wird
der Eros als eine Art Membran erlebt zwischen »hier« und »drüben«, zwischen Sinnenwelt und seelisch-geistiger Welt. Das ist
Teil des tantrischen Mysteriums. Erosbejahung, so begreift man in
diesen Zuständen, ist die Wurzel jeder Bejahung, Erosverneinung
die Wurzel jeder Verneinung. Eros ist heiliger Boden, ist eleusi-
nisches Licht …

Der Drogenprophet Timothy Leary hat gelegentlich Vergleiche
angestellt zwischen bestimmten psychoaktiven Substanzen und
religiösen Richtungen; so verglich er Tantrismus mit Cannabis,
Buddhismus mit LSD und Hinduismus mit Meskalin (übrigens den

Katholizismus mit Alkohol!).[13] Buddhismus: Das war für Leary in erster Linie tantrischer oder tibetischer Buddhismus, im Grunde also »rechtshändiger Tantraweg«, und Tantra war für ihn die Einheit von gelebter Sexualität und Spiritualität, also der »linkshändige Tantraweg«…

Im Kontext der von ihm dargestellten Makrokosmos-Mikrokosmos-Identität in holotropen Bewußtseinszuständen zieht Grof auch expressis verbis das tantrische Universum heran. Er schreibt:

»Im Weltbild der tantrischen Wissenschaft wird das Verhältnis zwischen dem Kosmos und dem menschlichen Organismus nicht als bloße Metapher oder gedanklicher Notbehelf begriffen. Alle tantrischen Schriften erklären, daß der menschliche Körper buchstäblich ein Mikrokosmos sei, der den gesamten Makrokosmos widerspiegele und in sich fasse. Wenn man den eigenen Körper und die eigene Seele gründlich erforschte, bekäme man hierdurch die Erkenntnis sämtlicher Erscheinungswelten … Graphisch wird dies im Purushakara-Yantra dargestellt, dem Bild des Kosmischen Menschen. In dieser Figur befindet sich die materielle Welt, in der wir leben, im Bereich des Bauches, der obere Teil des Körpers und der Kopf enthalten die verschiedenen himmlischen Reiche, und im Unterleib und in den Beinen liegen die Unterwelten.

Der Buddha beschrieb das Verhältnis zwischen dem Körper und der Welt mit den Worten: ›Wahrlich, ich sage euch, in diesem klafterhohen Körper liegt die Welt und das Entstehen der Welt und das Vergehen der Welt.‹ In der Kabbala erscheinen die zehn Sefirot, archetypische Prinzipien, die verschiedene Stufen der göttlichen Emanation darstellen, als der göttliche Leib des Adam Kadmon mit Kopf, Armen, Beinen und Geschlechtsorganen. Der menschliche Körper ist nur eine winzige Nachbildung dieser Urgestalt. Ähnliche Vorstellungen finden sich auch im Gnostizismus, in der hermetischen Tradition und in anderen mystischen Systemen. (…)

Die Beobachtungen der modernen Bewußtseinsforschung haben neues Licht auf diese alte mystische Vorstellung geworfen, die vom Standpunkt der materialistischen Wissenschaft aus völlig absurd erscheint. Die Transpersonale Psychologie hat entdeckt, daß es in holotropen Zuständen möglich ist, die Identität mit fast jedem

Aspekt der physischen Realität aus Vergangenheit und Gegenwart wie auch mit verschiedenen Aspekten anderer Dimensionen des Seins zu erfahren. Sie hat bestätigt, daß der gesamte Kosmos auf geheimnisvolle Weise der Psyche eines jeden von uns eingeschrieben ist und in der tiefen systematischen Selbsterforschung zugänglich wird.«[14]

So ist die moderne Bewußtseinsforschung in gewisser Weise in der Lage, empirisch zu verifizieren, was zu den Eckpfeilern des tantrischen Universums gehört. Das tantrische Universum ist keine Fiktion eines vormentalen, vorrationalen Bewußtseinszustandes (obwohl diese Elemente auch hineinspielen), sondern Empirie, Erfahrungswissenschaft. Wobei die Ergebnisse dieser (subtilen) Erfahrungswissenschaft mit den kulturell und geschichtlich bedingten Sprachmitteln ausgedrückt werden, die jeweils zu Gebote stehen. Insofern wirken hier zugleich projektive Faktoren, denen niemand ausweichen kann. Das aus dem Kosmos Herausgeschaute muß interpretiert, muß in Sprache gefaßt und eingeordnet werden, und es gibt kulturell bedingte Begrenzungen und Konditionierungen, die sehr sorgfältig betrachtet werden müssen. Nichts ist hier schädlicher als erkenntnistheoretische Naivität...

Das führt uns in einem letzten Gedankenschritt auf das große Feld jener Ansätze innerhalb der zeitgenössischen Kosmologie und Naturphilosophie (auch Ökologie), die sich durch das Bemühen auszeichnen, das mechanistische Denken, den reduktionistischen Ansatz zu überschreiten, ohne Wissenschaft überhaupt aufzugeben. Hier hat das tantrische Universum – als archetypische Größe – eine kaum auszuschöpfende Bedeutung.

Die Weltseele als tantrischer
Bewußtseinsraum? Tantra
und die »Wiedergeburt der Natur«

Tantrisch verstanden ist der Raum, also der Weltenraum, unendliche, strahlende Weite, unendliches, strahlendes Bewußtsein. In der Tiefe wurzeln wir darin, ja, wir sind das, wir sind selbst, in unserem tiefsten Sein, unendliche, strahlende Weite. Raum, der von Bewußtsein erfüllt ist, der selbst nichts anderes ist als unendliches Bewußtsein, ist immer *der eine Raum*, gibt es und kann es doch nichts geben außerhalb desselben. Der eine Raum, das eine unendliche Bewußtsein, was ist er anderes als das Eine überhaupt, die Einheit, das Eine-Ganze, von dem schon die Vedanta-Philosophie spricht? Der Raum, als das Eine-Ganze, ist er nicht Brahman selbst, ist er nicht göttlich, vielleicht das Göttliche selbst?

Hans Wolfgang Schumann schreibt in seinem Buch *Die großen Götter Indiens*: »Die Veden sprechen vom Urprinzip als dem Einen, die Brahmana-Texte führen dafür den Namen Brahman ein. Gemeint ist nicht der Gott Brahma – dieser ist sehr viel jüngeren Datums –, sondern das neutral vorgestellte Absolute, das Göttliche schlechthin. Das Brahman ist die Weltseele.«[15]

Der Begriff der Weltseele – aus der platonischen Philosophie herrührend (siehe Platons Dialog »Timaios«) – ist von den Philosophen der Renaissance (vermittelt über den Neuplatonismus) als eine kosmologisch fruchtbare Vorstellung erkannt worden, als der Schlüsselbegriff einer philosophisch begründeten Weltanschauung, die den Menschen als kosmisches Wesen begreift und ihm seine kosmische Würde zurückgibt, deren er durch das Christentum verlustig gegangen war.

Die menschliche Geist-Seele wurzelt in der allverbindenden Weltseele, die Weltseele vermittelt die göttlichen Formen an die Sinnenwelt, sie durchtränkt und beseelt die Materie. Jeder Winkel ist von Bewußtsein erfüllt. Wortmächtiger als jeder andere hat dies der Philosoph Giordano Bruno (1548–1600) zum Ausdruck gebracht, der wohl größte Verkünder des Einen als des Unendlichen, des Unendlichen als des Einen. Ernst Bloch nennt Bruno den »Minnesänger der Unendlichkeit«, eine Formel, in der bereits indirekt ein tantrisches Element mitschwingt. Es ist kein Zufall, daß derselbe Giordano Bruno in seiner Schrift *Die heroischen Leidenschaften* eine Erkenntnistheorie darstellt, die von der erotischen Liebe als dem Urmuster jedweder Verbindung ausgeht und die liebende Verschmelzung zweier Menschen mit der im philosophischen Erkenntnisakt zu vollziehenden Subjekt-Objekt-Ver-

schmelzung in Parallele setzt. Im Kern verkündet Giordano Bruno
eine tantrische Erkenntnistheorie.

Auch seine grandiose Kosmologie der Alleinheit und Unendlichkeit kann mit einigem Recht als tantrisch bezeichnet werden,
ohne daß Bruno einen der einschlägigen tantrischen Texte gekannt hätte. Wobei es möglich ist, wie Helmut Uhlig andeutet, daß
über die Brücke des Neuplatonismus (Ammonios, Plotin u.a.)
auch asiatisch-tantrisches Geistesgut in verwandelter Form Eingang ins westliche Denken gefunden und so auch Bruno erreicht
hat. Zugleich zeigen die Schriften Brunos, daß hier ein notwendiger Bewußtseinsschritt vollzogen wurde, der das Mentale in hö-
herem Maße einbezieht, einschließlich der empirischen Natur-
erkenntnis und ihrer philosophischen Durchdringung, ohne die
das westliche Denken seit Descartes auszeichnende Abspaltung
des Mentalen zu vollziehen.[16] So läuft die seit den siebziger Jahren
spürbare Renaissance des Brunoschen Denkens, der Brunoschen
Kosmologie synchron zu der Renaissance und Wiederentdeckung
des tantrischen Universums.

Auch die auffällige Rehabilitierung des lange verpönten Termi-
nus Weltseele in der modernen Naturphilosophie gehört in diesen
Kontext. Der Physiker und Philosoph Carl Friedrich von Weizsäcker schreibt in seinem Buch *Zeit und Wissen* von 1992 über die
philosophischen Implikationen der Quantentheorie:

»Wenn es erlaubt ist, die Quantentheorie als Theorie der Information auch auf Information über seelische Vorgänge anzuwenden, so folgt aus der Urtheorie, daß die ›denkende Substanz‹
zugleich auch als ›ausgedehnte Substanz‹ in Erscheinung treten
muß. Der cartesische Dualismus ist dann theoretisch in Strenge
widerlegt. Durch die Verknüpfung dieser beiden Holismen – einerseits dem Ganzen der Dinge im Raum, andererseits der Einheit
von Seele und Leib – stellt sich dann unmittelbar die Frage nach
der Weltseele.«[17] Und an anderer Stelle heißt es: »In den Abschnitten zur Deutung der Quantentheorie (...) wurde darauf hingewie-
sen, daß ihr Beitrag zum Begriff der Ganzheit sehr wohl eine Weltseele, einen wissenden Weltgeist zuläßt.«[18]

Merkwürdigkeiten und Paradoxien im Mikrobereich der Materie, die mit der klassischen Mechanik unverträglich waren, hatten zu einer Grundlagenrevision der Physik gezwungen. Das klassische Billardkugeluniversum – klar bestimmbare Körper auf eindeutig berechenbaren Bahnen im leeren Raum, beherrscht von einer lückenlosen, mathematisch beschreibbaren Kausalität – hatte sich als unzulänglich erwiesen, die Eigenarten des atomaren Bereichs verstehbar zu machen. Teilchen war Welle und Welle Teilchen beziehungsweise manifestierte sich in je verschiedenen Beobachtungssituationen mal als das eine, mal als das andere. Die klassischen Grundgrößen Körper, Geschwindigkeit und Bahnverlauf schienen sich seltsam aufzulösen zugunsten nur noch statistisch zu erfassender Wahrscheinlichkeiten. Existenz und Nicht-Existenz gerieten ins Wanken. Was sich nach der aristotelischen Logik ausschließt – das eine kann nicht *zugleich* ein anderes sein –, drängte sich als atomare/subatomare Wirklichkeit auf. Licht und Materie foppten gleichsam den Beobachter beziehungsweise bezogen ihn auf eine verwirrende Weise mit ein. War der Beobachter in der klassischen Physik (als er selbst, also in seinem Bewußtsein) unüberbrückbar getrennt von der beobachteten Objektwelt, so wurde er nun in einen Strudel hineingerissen, der ihn zum Mitspieler machte. Die erkenntnistheoretische Diskussion darüber ist bis heute nicht abgerissen und hat eine unübersehbare Flut erklärender Literatur hervorgebracht.

Schon die Gründerväter der Quantentheorie oder Quantenmechanik – Werner Heisenberg, Niels Bohr, Erwin Schrödinger, Wolfgang Pauli u.a. – waren bemüht, zu einer ganzheitlichen, das heißt Materie und Psyche verbindenden Weltvorstellung zu gelangen, die auch spirituelle und tiefenpsychologische Elemente einschließt. Lange vor dem berühmten Buch *Das Tao der Physik* von Fritjof Capra Mitte der siebziger Jahre war die Aufmerksamkeit gerichtet auf eine mögliche Verbindung der neuen Theorien und Erkenntnisse mit den großen Traditionen des asiatischen Denkens mit ihrem andersartigen Wirklichkeitsverständnis. Jüngst hat der in den USA lebende indische Physiker Amit Goswami den eindrucksvollen Versuch unternommen, die Neue Physik mit der Einheitslehre der Vedanta-Philosophie zu erklären, die davon ausgeht, daß *alles* Bewußtsein ist, was auch der tantrischen Lehre entspricht.[19]

Der Systemtheoretiker Ervin Laszlo hat sich auf andere Weise bemüht, die Widersprüche und Seltsamkeiten der Quantentheorie – wie auch die Lücken und Unzulänglichkeiten der herrschenden Biologie und der herrschenden Lehre vom Bewußtsein – mit einer neuartigen Feldtheorie zu erklären. Laszlo postuliert ein »Subquantenfeld« oder »Psi-Feld« als universellen Wirklichkeitsgrund, das »als eine Art Intelligenz oder als verallgemeinerte Psyche angesehen werden« kann, »die im Schoß der Materie wirkt«[20]. Das kommt der Vorstellung der Weltseele sehr nahe, ohne daß diese direkt erwähnt würde.

Der Biochemiker Rupert Sheldrake, der die Formel von der »Wiedergeburt der Natur« in der modernen Naturphilosophie prägte und Anfang der achtziger Jahre mit seiner Theorie der morphischen oder morphogenetischen Felder zur Erklärung der Formbildung in der Natur Weltruhm erlangte, nimmt in direkter Weise Bezug auf den Gedanken der Weltseele. Zwar wird der Tantrismus in seinem Buch *Die Wiedergeburt der Natur* nur am Rande erwähnt, in der geistigen Substanz jedoch ist das Buch vollständig vom Geiste des tantrischen Gewebes der Welt getragen und erfüllt.[21] Es ist der in der Neuen Naturphilosophie, der Theorie des Bewußtseins/der Bewußtseinsentwicklung (Transpersonale Psychologie) sowie der spirituellen Ökologie (Tiefenökologie) sich durchsetzende Gedanke, daß das Universum keine große Maschine ist, als die es im mechanistischen Denken erscheint, sondern ein umfassend lebendiges, systemisch vernetztes Gefüge.

Moderne Systemtheorien vermeiden den Begriff Organismus für die Welt, um animistische Vorstellungen nicht aufkommen zu lassen, sie sprechen von »Organisation« (eine zentrale Formel ist die »Selbstorganisation«), von Muster und Struktur. Auch der Geist wird im systemischen Denken als Muster oder Struktur gesehen, als »Muster, das verbindet« (Gregory Bateson). Sheldrake scheut sich nicht, animistische Naturvorstellungen auf neuer, differenzierter Ebene wiederzubeleben, also die Idee der Allbeseeltheit, die nicht identisch ist mit der Idee der Weltseele, aber ihr doch nahe steht.

Was früher Seelen oder wirkende Wesenheiten waren, sind heute »Felder« oder »Energien«. Wiedergeburt der Natur: Das meint die Wiederentdeckung eines lange verschütteten organischen Zusammenhangs in der Natur. In der kausal-mechanischen Weltsicht war die Natur im Grunde tot; wie so etwas wie Leben in diese tote Natur hineingeraten konnte, war ein großes Rätsel, das noch Kant quälte. Es schien keine Verbindung zu geben zwischen einer blinden Gesetzen gehorchenden Materie und der vielfältigen Entwicklung des Lebendigen. Rupert Sheldrake, ein großer Wissenschaftler und zugleich tief spiritueller Mensch, gehört zu den herausragenden Gestalten der Neuen Naturphilosophie, die von den meisten Angehörigen der etablierten Wissenschaft noch immer ignoriert oder verächtlich gemacht werden. Erst ganz allmählich scheint sich hier eine Wende anzubahnen.[22]

Die modernen Systemtheorien, die konzeptionell weniger »radikal« sind als Sheldrake (auch viele Systemtheoretiker stehen der Theorie der morphischen Felder eher reserviert bis ablehnend gegenüber), sind ein groß angelegter Versuch, den cartesischen Dualismus zu entkräften, also die Zerschneidung der Welt in (unausgedehnten) Geist und (ausgedehnte) Materie. Geist gilt im systemischen Denken als immanent, er ist integraler Teil des Weltprozesses und wirkt nicht »von außen« oder (spirituell verstanden) »von oben« auf die Materie ein; genau dies bezeichnet der berühmte Begriff »Selbstorganisation«. Auch das Erkennen selbst gilt als integraler Teil des Weltprozesses, woraus eine gewisse – eingestandene – Zirkelhaftigkeit folgt, die jede »Absolutheit« ausschließt. Der Mensch, als Erkennender, ist der Welt unlösbar verbunden.

Auch hier haben wir eine Doktrin der Nicht-Getrenntheit, wie sie der tantrische Buddhismus darstellt, und folgerichtig neigen etliche Systemtheoretiker dem Buddhismus zu. Einer der berühmtesten und wirkungsmächtigsten ist der Biologe und Erkenntnistheoretiker Francisco Varela. Seit vielen Jahren gibt es einen intensiven Gedankenaustausch zwischen Systemtheorie und tibetischem Buddhismus, an dem sich auch der Dalai Lama wiederholt beteiligt hat.[23]

Morphische Felder sind nach Sheldrake immaterielle Organisations- und Formprinzipien der Natur; sie formen Atome, Moleküle, Kristalle, Lebewesen, Gesellschaften, aber auch geistige Gewohnheiten; sie sind kollektive und individuelle Erinnerungsträger. Was diese Feldvorstellung primär leistet, ist eine ganz neuartige Erklärung der Morphogenese, also der Formbildungsprozesse lebender Organismen, wo die herkömmliche Biologie weitgehend versagt. Wie und warum aus einem Zellhaufen ein lebender Organismus wird, läßt sich mittels der herrschenden Gentheorie nicht einmal ansatzweise verständlich machen. Sheldrakes Feldtheorie ist gut vereinbar mit dem tantrischen Universum, ja – weitergedacht – gar nicht zu lösen von ihm. Sie ist per se tantrisch. Sie ist ein großartiger (bis heute nicht widerlegter) Ansatz und ein respektgebietender Versuch, eine neue Wissenschaft des Lebens zu begründen, die nicht reduktionistisch verfährt (wie die akademische Biologie).

Der Denker, der – als eminenter Kenner der östlichen und der westlichen Philosophie und Spiritualität – wie kein anderer wirklich tantrisch denkt, und zwar auf eine hochkomplexe, ausdifferenzierte Weise, ist der amerikanische Philosoph Ken Wilber, seit vielen Jahren der führende Theoretiker der Transpersonalen Psychologie. In seinem Buch *Eros, Kosmos, Logos (Sex, Ecology, Spirituality)* gibt er eine Gesamtschau der heute relevanten Geistesströmungen (einschließlich der Systemtheorie), die jeden Reduktionismus und Dualismus zu vermeiden sucht. Es ist eine tantrisch geprägte Lehre der Einheit von Aufstiegs- und Abstiegsbewegung, von Transzendenz und Immanenz, und der Einheit von innen und außen, individuell und kollektiv. Kein Teil ist wirklich und nur Teil, sondern zugleich ein Ganzes, das wiederum kein im absoluten Sinne Ganzes ist.

»Die Wirklichkeit insgesamt ist nicht aus Dingen oder Prozessen zusammengesetzt, sondern aus Holons. Das heißt, sie besteht aus Ganzen, die zugleich Teile anderer Ganze sind, ohne daß es nach oben oder unten eine Grenze gäbe. Die Aussage, daß Holons

Prozesse und nicht Dinge sind, trifft in gewisser Weise zu, verfehlt aber das Wesentliche, nämlich daß Prozesse nur in anderen Prozessen existieren. Es gibt keine Dinge oder Prozesse, nur Holons.

Mit diesem Ansatz unterlaufen wir den alten Streit zwischen Atomismus (alle Dinge sind im Grunde vereinzelte, individuelle Ganze, die nur zufällig in Wechselwirkung miteinander eintreten) und Holismus (alle Dinge sind nur Stränge oder Teile eines größeren Gewebes oder Ganzen). Beide Anschauungen sind unrichtig. Es gibt weder Ganze noch Teile, sondern nur Ganze/Teile.«[24] Und eben das sind Holons (nach einem Begriff von Arthur Koestler).

Diese Holons oder Ganze/Teile im Universum, die sowohl sich selbst erhalten als auch überschreiten (transzendieren), folgen einem ihnen immanenten schöpferisch-spontanen Prinzip: »Holons emergieren.« Das heißt, sie organisieren sich, ohne daß diese Selbstorganisation aus den Komponenten ihrer Bestandteile strikt vorhersagbar wäre, wodurch ein Moment von Unbestimmtheit ins große kosmische Spiel kommt, also ein Stück Freiheit und Spontaneität. Diese kreative/spontane »Emergenz« erfolgt hierarchisch (oder holarchisch), das heißt, es gibt Stufen, Grade, Ebenen. »Jedes emergierende Holon transzendiert und inkorporiert seine(n) Vorläufer. Ein emergierendes Holon bewahrt einerseits die vorausgehenden Holons, die es in sich aufnimmt, als solche, *negiert* aber ihre Getrenntheit und Vereinzeltheit.«[25]

Die kosmische Evolution ist zugleich das kosmische Mandala. Die ewige evolutionäre Bewegung hin zur Selbstrealisierung und Selbsterinnerung des Absoluten ist zugleich das Immer-schon-angekommen-Sein im Absoluten und als das Absolute. Die Evolution ist das kosmische Spiel, das der Weltgeist mit sich selbst spielt. Kosmisches Werden vollzieht sich, im unendlichen Wechselspiel der hierarchisch miteinander verwobenen Holons, auf der Folie der ewigen Leere, der Göttlichkeit des unendlich strahlenden Seins. Ken Wilbers Philosophie ist nicht nur vom tantrischen Buddhismus stark beeinflußt (ist mit gewissen Abstrichen ein philosophischer Ausdruck desselben), sondern auch von der Vedanta-Philosophie der Einheit und Göttlichkeit der Welt sowie von anderen nicht-dualen Denk- und Weisheitssystemen der Menschheit, die nach Wilber alle im Kern auf das gleiche deuten, das gleiche sind...

Die Lehre Wilbers auch nur in Umrissen zu kennzeichnen, würde den Rahmen dieses Essays sprengen. Wichtig für unseren Kontext ist allein die eminente Bedeutung des Tantrischen in dieser Philosophie. Hans Wolfgang Schumanns Gleichsetzung von Brahman und Weltseele erscheint mir gerade unter den Auspizien dieser subtilsten Form zeitgenössischen nicht-dualen Denkens legitim. Das letzte philosophische Gespräch, das ich mit Helmut Uhlig führte – wenige Wochen vor seinem Tod, und zwar im Rahmen eines philosophischen Arbeitskreises –, war dem integralen, West und Ost umspannenden Denken Ken Wilbers gewidmet.

Kommen wir zum Ende und versuchen wir zu resümieren: Tantrisches Denken erweist sich in einem zunehmend wachsenden Grad als eine (offene oder verborgene) Bezugsgröße für jene Neuorientierung unseres Weltverständnisses, die sich an allen Fronten als unverzichtbar und notwendig erweist. Es ist möglich, daß sich darin ein epochaler Bewußtseinswandel ankündigt.

Im letzten wissen wir nicht, welche Tiefenverwerfungen im Gange sind und wohin uns diese tragen werden. Und wie immer das von vielen erhoffte, ersehnte oder auch nur postulierte Weltverständnis aussehen wird, das auf integrale Weise das bis dato Zersplitterte und Fragmentierte zur Einheit fügt und die tragische Spaltung von Natur und Geist überwindet, der tantrische Impuls – die »entzückte Weisheit« des Tantra – wird daran Anteil haben.

ANMERKUNGEN

1 Lawrence, D. H.: Apokalypse. Leipzig 1932, S. 109.
2 Zitiert in: Günter Schulte, Philosophie der letzten Dinge. München 1997, S. 234.
3 Novalis: Werke und Briefe. München 1962.
4 Novalis, ebd., S. 511.
5 Schubart, Walter: Religion und Eros. München 1989, S. 7.
6 Bhagwan Shree Rajneesh: The Book of the Secrets, 2. New York 1979, S. 301.
7 Anand, Margo: Tantra oder Die Kunst der sexuellen Ekstase. München 1989.
8 Da Avabhasa (»Adi Da«): The Dawn Horse Testament. Middletown/California 1994, S. 271.
9 Reich, Wilhelm: Äther, Gott und Teufel. Frankfurt/Main 1984. Zu W. Reichs Orgontherapie siehe: Heiko Lassek, Orgontherapie. Heilen mit der reinen Lebensenergie. München, Bern, Wien 1997.
10 Grof, Stanislav: Kosmos und Psyche. An den Grenzen menschlichen Bewußtseins. Frankfurt/Main 1997, S. 21f.
11 Novalis, a.a.O., S. 342.
12 Grof, a.a.O., S. 39.
13 Zitiert in: Hans-Hinrich Taeger, Spiritualität und Drogen. Markt Erlbach 1988, S. 73.
14 Grof, a.a.O., S. 94.
15 Schumann, Hans Wolfgang: Die großen Götter Indiens. München 1996, S. 17.
16 Siehe: Jochen Kirchhoff, Giordano Bruno. Reinbek 1997. (Rowohlts Monografien, 285.)
17 Weizsäcker, Carl Friedrich von: Zeit und Wissen. München 1992, S. 353.
18 Weizsäcker, ebd., S. 406.
19 Goswami, Amit: Das bewußte Universum. Wie Bewußtsein die materielle Welt erschafft. Freiburg im Breisgau 1995.
20 Laszlo, Ervin: Kosmische Kreativität. Neue Grundlagen einer einheitlichen Wissenschaft von Materie, Geist und Leben. Frankfurt/Main 1995, S. 196.
21 Sheldrake, Rupert: Die Wiedergeburt der Natur. München, Bern, Wien 1991.
22 Dürr, Hans-Peter/Franz-Theo Gottwald (Hrsg.): Rupert Sheldrake in der Diskussion. Das Wagnis einer neuen Wissenschaft des Lebens. München, Bern, Wien 1997.
23 Siehe das Buch: Gewagte Denkwege. Wissenschaftler im Gespräch mit dem Dalai Lama. Hrsg. v. Jeremy W. Hayward und Francisco J. Varela. München 1996. (Serie Piper, 2115.)
24 Wilber, Ken: Eros, Kosmos, Logos. Frankfurt/Main 1996, S. 57.
25 Wilber, ebd., S. 77.

REGISTER

Daniel Odier
Tantra
Eintauchen in die absolute Liebe

Zwei Jahrzehnte lang sucht Daniel Odier vergeblich
nach einem geistigen Lehrer, ehe er in der Einsamkeit des Himalaya den Weg zu Devi findet, der im
Verborgenen lebenden Asketin und Meisterin des
geheimnisumwobenen Tantrismus. Nach atemberau-
benden Prüfungen führt sie ihn in die esoterische
Lehre des wahren Tantra ein. Odíer lernt, daß tantrische Sexualität und Mystik eins sind, und er erfährt
die Macht der absoluten Liebe des Weiblich-Göttlichen.

ISBN 3-404-70150-X

BASTEI
LÜBBE